*Wolfgang Beudels / Rudolf Lensing-Conrady /
Hans Jürgen Beins*
... das ist für mich ein Kinderspiel
Handbuch zur psychomotorischen Praxis

Wolfgang Beudels / Rudolf Lensing-Conrady / Hans Jürgen Beins

… das ist für mich ein Kinderspiel

Handbuch zur psychomotorischen Praxis

borgmann

© 1994 verlag modernes lernen, Borgmann KG, D - 44139 Dortmund
Edition: borgmann publishing

9., unveränd. Aufl. 2003
Gesamtherstellung: Löer Druck GmbH, Dortmund

Titelfoto: Beudels
Fotos: Beudels, Beins, Lensing-Conrady, Köffers

Bestell-Nr. 8523   ISBN 3-86145-221-9

Urheberrecht beachten!
Alle Rechte der Wiedergabe dieses Fachbuches zur beruflichen Weiterbildung, auch auszugsweise und in jeder Form, liegen beim Verlag. Mit der Zahlung des Kaufpreises verpflichtet sich der Eigentümer des Werkes, unter Ausschluss der § 52a und § 53 UrhG., keine Vervielfältigungen, Fotokopien, Übersetzungen, Mikroverfilmungen und keine elektronische, optische Speicherung und Verarbeitung (z.B. Intranet), auch für den privaten Gebrauch oder Zwecke der Unterrichtsgestaltung, ohne schriftliche Genehmigung durch den Verlag anzufertigen. Er hat auch dafür Sorge zu tragen, dass dies nicht durch Dritte geschieht.

Zuwiderhandlungen werden strafrechtlich verfolgt und berechtigen den Verlag zu Schadenersatzforderungen.

Inhalt

E. J. Kiphard – zum Geleit		7
Vorwort		9
1.	Einführung in dieses Handbuch	10
2.	Einiges über Psychomotorik	14
3.	Spiel- und Übungsbeispiele aus der Praxis und für die psychomotorische Praxis	23
	3.1 Grobmotorik	25
	3.2 Feinmotorik	55
	3.3 Gleichgewicht	81
	3.4 Konzentration	105
	3.5 Entspannung	127
	3.6 Wahrnehmung	153
	3.7 Reaktion	181
	3.8 Ausdauer	203
	3.9 Denken und Bewegen	227
	3.10. Sozialverhalten	251
4.	Mit und ohne Gerät? ...in jedem Fall Psychomotorik!	273
	4.1 Alltagsmaterial	274
	4.2 Standardgeräte	284
	4.3 Psychomotorische Übungsgeräte	290
5.	Nachschlag	297
	5.1 ... nach Wirkungsschwerpunkten in der Reihenfolge der Nennung	288
	5.2 ... in alphabetischer Reihenfolge	303
	5.3 ... nach exemplarischen Einsatzbereichen	308
	5.3.1 – zur Begrüßung	308
	5.3.2 – zur aktiven Pause	308
	5.3.3 – umsonst und draußen	310
	5.3.4 – auf kleinem Raum	312
	5.3.5 – ohne spezielle Geräte	314
6.	Zum Weiterstöbern ...Literaturliste	316
7.	Nachwort zur 8. Auflage	320

Zum Geleit

„Man sieht nur mit dem Herzen gut." Dieser Satz aus dem Buch „Der kleine Prinz" von de Saint-Exupéry könnte als Leitsatz über der psychomotorischen Arbeitsweise stehen.

Psychomotorisch arbeitende Kolleginnen und Kollegen, wie auch die Autoren dieses neuen Praxisbuches, werden in erster Linie versuchen, das Kind in seinen vielfältigen Ausdrucksweisen zu verstehen. Und sie werden mit der Sprache des Herzens, die allein vom Kind verstanden wird, antworten. In diesem Sinne geht es der Psychomotorik einerseits darum, vom Bewegungsverhalten des einzelnen Kindes auf seine psychische Befindlichkeit zu schließen und darin seine individuellen Bedürfnisse, Probleme und Nöte zu erkennen. Andererseits wird über glückhafte Bewegungs- und Gemeinschaftserlebnisse, über kleine und kleinste Erfolge im motorischen Leistungsbereich in positiver Weise Einfluß genommen auf die psychische Befindlichkeit. Insofern ist Psychomotorik ein pädagogisches bzw. therapeutisches Prinzip, das die Methodik des Vorgehens sowie die Art und Weise des Umgangs miteinander, die Atmosphäre während der Förderstunden bestimmt.

Psychomotorik steht aber andererseits auch für eine neue Idee, die sich gegen alles Mechanische und Funktionalistische, aber auch gegen den alles beherrschenden Verstand wendet und den Menschen, das Kind in den Mittelpunkt allen Denkens und Handelns stellt. Aus dieser ganzheitlich-humanistischen Einstellung, der unbedingten Achtung vor dem Kind, entstand in den 70er Jahren eine Bewegung, der sich zunächst hunderte, dann tausende begeisterte PsychomotorikerInnen anschlossen. In dem 1976 gegründeten „Aktionskreis Psychomotorik" fanden sich vor allem junge, aber auch viele im Herzen jung gebliebene ältere Fachleute aus Pädagogik, Psychologie und Medizin zusammen, um diese Idee weiterzutragen und die psychomotorischen Ideale in der eigenen Arbeit mit Kindern zu verwirklichen. Recht eigentlich hat sich die psychomotorische Bewegung aus einer langen Reihe, einer Kette von persönlichen Begegnungen zwischen idealistischen und engagierten Kolleginnen und Kollegen entwickelt, die sich dieser Idee verpflichtet fühlten, ja von ihr geprägt wurden und die dann ihrerseits wieder andere damit begeistern und überzeugen konnten.

Für mich als Begründer der deutschen Psychomotorik ist es beglückend zu wissen, daß die psychomotorische Idee lebt und von vielen begeisterungs- und hingabefähigen Bewegungsfachkräften täglich vor Ort weitergetragen und weiterentwickelt wird.

Drei solcher idealistischen Bewegungspädagogen haben in diesem Buch ihre jahrelangen Erfahrungen in der psychomotorischen Förderung benachteiligter Kinder zusammengetragen und systematisiert. Es ist von Praktikern für die Praxis geschrieben worden,

Möge es vielen jungen PsychomotorikerInnen als richtungsweisende Handreichung dienen. Ich wünsche dem Buch eine weite Verbreitung.

E.J. Kiphard

Vorwort

Die Zeit ist reif für Psychomotorik.

In einer Zeit, in der sich Kindheit problematisch verändert, Kindsein manchmal schwer fällt, Erwachsene Jugendidealen hinterherlaufen und eine größer werdende Zahl älterer Menschen auf eine darauf wenig vorbereitete Umwelt trifft, sehen sich Erzieher, Lehrerinnen, Therapeuten oder Übungsleiterinnen nach neuen Orientierungen um. Auch in Auseinandersetzung mit bestehenden Bewegungskonzepten (Stichwort: „Sport") ist Psychomotorik salonfähig, ja, zu einem Hoffnungsträger geworden.

Psychomotorik ist reif für die Zeit.

Das dies so ist, verdanken wir in erster Linie einem frischen, ansteckenden und undogmatischen Umgang in der Praxis. Seit KIPHARDs Pioniertaten sind vielerorts psychomotorisch arbeitende Initiativen entstanden, die in der Praxis entwickelten, was heute unter Psychomotorik verstanden wird – so auch im *Förderverein Psychomotorik Bonn*.

Psychomotorik ist deshalb so aktuell geworden. In Familien, Kindergärten, Schulen und Vereinen wächst ein Bedarf an Vorschlägen und Ideen für eine solche Orientierung ihrer Angebote. Unterstützt wird diese Entwicklung durch Erfolgsmeldungen von Kindern, Eltern oder Ärzten.

Was uns darüber hinaus antreibt, aus dem „Nähkästchen zu plaudern", ist der Spaß, den wir in der langjährigen psychomotorischen Entwicklungsförderung mit Kindern erlebten und diesen vermitteln konnten.

Lassen Sie sich anstecken...es ist ein Kinderspiel!

Die Verfasser

1. Einführung in dieses Handbuch

Wir möchten einige Informationen vorausschicken, die Aufbau und Inhalt dieses Handbuches verdeutlichen.

Nicht beteiligen wollen wir uns mit diesem Buch an den kontroversen Diskussionen etwa um eine Systematik des Sports oder der Ganzheitlichkeit in der Psychomotorik. Diese Diskussionen bleiben ohnehin häufig unverständlich und unfruchtbar für den suchenden Praktiker, der dann oft genug auch noch als „Laie" verunglimpft wird. Im Gegenteil, wir widmen gerade diesen Praktikern unsere Arbeit, die wir zunächst in einen übergreifenden Rahmen stellen (S. 14ff), um uns dann an Förderschwerpunkten (S. 23ff) zu orientieren, wie sie uns in der täglichen Praxis immer wieder begegnen.

Dieser Ansatz führt zu einer Gliederung der Praxisvorschläge nach pragmatischen Gesichtspunkten:

1.1 Förderschwerpunkte

Eine Differenzierung nach Förderschwerpunkten muß nicht im Widerspruch zu einer ganzheitlichen Betrachtung des Menschen stehen. Es ist ohnehin kaum möglich und gar nicht wünschenswert, einen Aspekt psychomotorischer Kompetenzen isoliert zu „behandeln". Gleichwohl ist es für eine effiziente Praxis auch wesentlich, sein Augenmerk auf einzelne Merkmale zu richten und sich diesen verstärkt zuzuwenden. Auch mit Schwerpunktsetzung ist ganzheitliche Förderung möglich.

Diese Ausrichtung geht dabei ganz eindeutig von den jeweiligen Teilnehmerinnen, Klienten, Kindern, Menschen... aus, um die wir uns mit Hilfe der Psychomotorik bemühen.

Die Zuordnung vielfältiger und variierbarer Spielformen zu einem bestimmten Wirkungsbereich kann nicht eindeutig sein. So wird das Spiel COBAL (D 19) sicher auch in den Bereichen Sozialentwicklung (S) und Gleichgewichtsaufbau (G) wirksam. Wir haben uns dann für eine Kategorie entschieden (● vor der Rubrik), auf andere mögliche verwiesen (✔ vor der Rubrik). Bei anderer Auslegung, Durchführung und Variation paßt die eine oder andere Übungsform auch in einen anderen Bereich. Sinngemäß gilt diese Variationsbreite natürlich auch für Altersangaben oder Gruppenstärken.

Bei der Auswahl der Wirkungsbereiche haben wir uns für die folgenden 10 Schwerpunkte entschieden, die jeweils vorweg schlaglichtartig dargestellt werden:

Grobmotorik	(GM)	ab S. 25
Feinmotorik	(FM)	ab S. 55
Gleichgewicht	(G)	ab S. 81
Konzentration	(K)	ab S. 105
Entspannung	(E)	ab S. 127
Wahrnehmung	(W)	ab S. 153
Reaktion	(R)	ab S. 181
Ausdauer	(A)	ab S. 203
Denken und Bewegen	(D)	ab S. 227
Sozialverhalten	(S)	ab S. 251

Zu jedem dieser Arbeitsschwerpunkte haben wir je 20 Spielideen ausgewählt, die zunächst inhaltlich, dann organisatorisch beschrieben und schließlich variiert werden.

Wir haben uns für eine durchgehende schematische Darstellungsform der vielen verschiedenen Spielideen entschieden, auch wenn es andere Möglichkeiten gibt, Spielideen mitzuteilen. Es klingt in unseren Ohren manchmal sympathischer und ist angesichts des maßgeblichen Anteils, den sie ohnehin am Zustandekommen dieser Spielesammlung haben, nur gerecht, wenn Kinder ihre Spiele erklären (Jonas, 7 Jahre):

Drachenspiel

Erst braucht man ein Seil und dann ist da einer der Drache. Der bindet sich das Seil um den Arm und dann ist unter der Schnur und neben dem Drachen so'n Reifen und da sind dann Schätze drin: ein Eimer und fünf Schaufeln. Und dann gibt's viele Kinder und einen Drachen und das ist dann der Rudi. Mit dem spielen wir und wenn der Rudi uns gefangen hat, dann müssen wir am Reifen stehen, versteinert. Nach Freischlagen, ist man wieder frei. (Und wer schlägt frei?) Die anderen Kinder! (Und wieviel können da mitmachen?) Och, bis 100! (Bis 100 Kindern, so viele? Und wie geht das mit dem Seil?) Ja, das ist oben irgendwo festgebunden. Der kann nicht weiter als das Seil.

Da müßte unbedingt ein Erwachsener dabei sein. (Wieso, das können doch auch nur Kinder spielen?) Ja, dann ist das nicht so gut, weil dann sind ja die Schätze sofort weg und das Kind kriegt ja nie

> einen. Sind die Schätze weg und das Kind hat noch keinen gefangen. (Muß denn der Erwachsene immer der Drache sein ?) Äh, nee nicht immer! Mm, der als letztes 'ne Schaufel oder 'nen Eimer rausgeholt hat, der muß Drache sein. (Und, können da alle Kinder mitmachen, große und kleine ?) Kleine nicht! Nur große! (Warum können die Kleinen nicht mitmachen?) Sind nicht schnell genug. (Aber die können doch dann auch versuchen draußen einen Schatz rauszuholen? Die können dann vielleicht nicht der Drache sein, aber den Schatz rauben?) Ah, dann werden sie aber sofort gefangen und dann muß man immer so viel befreien! Das ist so doof. (Wie alt sind denn große Kinder, die da mitmachen können?) Äh, ab vier Jahre.

Alles klar, so geht es also auch. Es wäre sicher einmal spannend, Kinder ihre eigenen Spiele formulieren zu lassen. Aber dieses Buch wendet sich in erster Linie an diejenigen, die Spiele und Übungsformen anderen nahebringen. Und so haben wir versucht, eher nüchtern beschriebene Spielideen mit Fotos zum Leben zu erwecken.

1.2 Materialer und organisatorischer Hintergrund der Übungs- und Spielangebote

Den oft unterschiedlichen organisatorischen und materialen Hintergrund psychomotorischer Praxis haben wir im Auge, wenn wir die Frage der Übungsgeräte diskutieren. Psychomotorik ist für uns eine Sichtweise vom Menschen und ein pädagogisches Konzept. Dies darf nicht abhängig sein von materialen Situationen. Auch im Wasser, einem in diesem Buch bewußt nicht speziell behandelten Medium (viele der genannten Spiele lassen sich mit kleinen Veränderungen auch im Wasser durchführen), gelten die Grundsätze der Psychomotorik!

Gleichwohl gibt es eine Reihe von Hilfsmitteln, die das Angebot ergänzen, variieren, bereichern und effektivieren. Wir stellen diese Umgebung auf drei Ebenen dar:

1. Alltagsmaterialien ab S. 274

2. Standardgeräte (Turnhallen) ab S. 284

3. Psychomotorische Übungsgeräte ab S. 290

Ein Handbuch wird nicht unbedingt an einem Stück durchgelesen. Es wendet sich in erster Linie an PraktikerInnen, die in dieser oder jener Situation Anregungen suchen. Nicht „Rezepte" wollen wir geben, sondern Möglichkeiten aufzeigen, die noch vielfach verändert werden können und an die jeweilige Zielgruppe anzupassen sind. Damit Sie schnell geeignete Vorschläge für Ihre Arbeit finden, haben wir die Spiele nach mehreren Gesichtspunkten im „Nachschlag" (S. 297ff) geordnet:

1. Gliederung nach Wirkungsschwerpunkten in der Reihenfolge der Nennung
2. Alphabetische Reihenfolge
3. Gliederung nach exemplarischen Einsatzbereichen

    – Begrüßungsspiele

    – Aktive Pause / Freispiel

    – Spiele für draußen

    – Spiele auf kleinem Raum

    – ohne spezielle Geräte

Eingangsbemerkungen müssen sich immer auch mit einem für die Autoren unbequemen Thema befassen, dem der Geschlechternennung. Wir wollen natürlich Lehrer und Lehrerinnen gleichermaßen ansprechen und wissen auch, daß alle Lehrer/-innen SchülerInnen unterrichten. Aus sprachlichen Gründen haben wir uns aber dafür entschieden, nicht in jedem Fall beide Geschlechter zu nennen, sondern abwechselnd jeweils vom Erzieher, der Übungsleiterin, den Teilnehmern etc. zu sprechen, und hoffen, daß in etwa eine Gleichbehandlung gelungen ist.

2. Einiges über Psychomotorik

Die Zeit ist reif für die Psychomotorik, aber der Begriff „Psychomotorik" ist nicht neu. In Frankreich sowie in Deutschland wird er schon seit Anfang dieses Jahrhunderts verwendet, um aus verschiedener – zunächst meist neurophysiologischer – Sicht Zusammenhänge zwischen Bewegung und Seelenleben zu erklären. Der zunächst für viele eher abstoßende, zumindest aber „verdächtige" Begriff möchte aufgrund seiner Unverständlichkeit und dem oft angstbesetzten Teilbegriff „psycho-" aber auf eine zentrale menschliche Erscheinung hinweisen, nämlich auf die enge und untrennbare Verbindung von Bewegen (lat.: movere = bewegen) und Wahrnehmen bzw. Erleben (griech.: psyche = Seele, Leben). Der Fachausdruck betont, daß menschliche Bewegung wesentlich mehr ist als Fort-Bewegung. Er will darauf hinweisen, daß bei unseren Bewegungen viele andere bewußte und unbewußte Prozesse beteiligt sind. Wir bewegen uns nicht isoliert von allen und allem. Während wir uns bewegen, nehmen wir mehr oder weniger bewußt unsere Umwelt (Dinge und Personen) wahr, reagieren auf diese in einer bestimmten Art und Weise und wirken immer auch auf diese ein. Zudem sind unsere Bewegung und Körperhaltung vielfach – ebenfalls bewußt und unbewußt – auch Ausdruck unseres Innenlebens. Sehen wir uns Kinder an, wird dieser Zusammenhang sofort klar: sie hüpfen vor Freude, trampeln vor Zorn, sind völlig in ein Spiel vertieft, zeigen mit ihrem ganzen Körper, in all ihren Bewegungen Enttäuschung oder gar Trauer. Bei Erwachsenen wird diese direkte Ausdrucksform oft unterdrückt oder versteckt. Das „Innenleben" Erwachsener drückt sich dann erst in psychosomatischen Symptomen aus, die in Redewendungen wie „es geht mir an die Nieren" und „es schlägt mir auf den Magen" symbolischen Niederschlag finden. In der Sprache finden sich noch viele Hinweise auf diese Verbindung von innerer Befindlichkeit und Bewegtheit. Ohne Probleme lassen sich unzählbare „psycho-motorische" Begriffe und Redewendungen ausmachen: „Aufeinander eingehen", „sich fallenlassen", „bedrückt sein", „sich wohlfühlen", „sich verkriechen", „aus sich herausgehen", „bewegt sein", „sich abwenden", und vieles mehr. Diese wenigen Beispiele zeigen anschaulich, daß der Mensch sich nicht aufteilen kann, daß Bewegung vom Erleben und Wahrnehmen nicht zu trennen ist: Der Mensch denkt, fühlt und handelt ganzheitlich.

Das, was heute in Deutschland allgemein unter „psychomotorischer Entwicklungsförderung" verstanden wird, geht im wesentlichen auf die Arbeit Ernst J. KIPHARDs zurück. Es ist sicher ein Glücksfall der Geschichte, daß mit KIPHARD – von Hause aus Clown und Sportlehrer – eine so charismatische und engagierte Leitfigur die Entwicklung der Psychomotorik vorantreibt. Er setzt die Erkenntnis, daß Bewegung, Wahrnehmung und Erleben unmittelbar zusammenhängen, seit etwa dem Ende der 50er Jahre pädagogisch und therapeutisch um. Am Anfang stand seine Idee, verhaltens- und entwicklungsgestörten sowie von Behinderung bedrohten Kindern über eine motorische Förderung einen Weg zur Persönlichkeitsentfaltung zu ermöglichen. Über die Motorik sollten Wege gefunden werden, die helfen können, psychische Prozesse zur Harmonisierung und Stabilisierung der Persönlichkeit in Gang zu setzen. In Zusammenarbeit mit HÜNNEKENS und HECKER entwickelte er als Behandlungsmethode in der Westfälischen Jugendklinik in Gütersloh die sog. „psychomotorische Übungsbehandlung" (PMÜ) – ein aus heutiger Sicht unglücklicher Begriff –, die aber noch in weiten Teilen Grundlage für vielfältige Formen und inhaltliche Gestaltung einer ganzheitlichen, psychomotorischen Entwicklungsförderung darstellt. Die Erfahrungen, die in Frankreich aus funktionaleren Zugängen vorlagen, beeindruckten KIPHARD wenig. Dafür band er aber vielfältige Anregungen und Elemente aus anderen Bereichen ein, die zu dem charakteristischen bunten Bild führten, das die heutige Psychomotorik bietet (z.B. die Kleinkindergymnastik nach DIEM, Anregungen aus der rhythmisch-musikalischen Bewegungserziehung nach DALCROZE, SCHEIBLAUER, JACOBS und PFEFFER, aus der MONTESSORI-Pädagogik, aus dem HATHA-YOGA, dem Biodrama nach PLÄTZER sowie aus der Ausdruckstherapie nach SCHWUNG).

KIPHARD stützte sich gezielt auf den Begriff „Psychomotorik": Dieser sollte der weitgehend kritiklos bestehenden einseitigen funktional-mechanistischen Auffassung von menschlicher Bewegung eine ganzheitliche Sichtweise gegenüberstellen. Damit wandte er sich entschieden gegen die in der Sportpraxis vorherrschende Leistungs- und Produktorientiertheit. Der Einheit von Erleben und Bewegen wurde in der Praxis durch freies und ungebundenes Handeln und Äußern der Kinder Rechnung getragen und dies wurde zur Grundlage des psychomotorisch-pädagogischen Handelns. Geht man von der Ganzheitlichkeit des Menschen aus, hilft dies zu erklären, warum sich die Erfolge der PMÜ bei den geförderten Kindern und Jugendlichen nicht nur auf den Bewegungsbereich selbst erstreckten, sondern auch Verbesserungen im Verhaltensbereich und sogar hinsichtlich der intellektuellen Leistungsfähigkeit zur Folge hatten.

Psychomotorisch geförderte Kinder und Jugendliche lernen allmählich, sich selbst realistischer einzuschätzen, die eigenen Stärken und Schwächen zu erkennen und zu akzeptieren; sie sammeln „Ich-Erfahrung" und bauen ihre „Ich-Kompetenz" aus. Sie lernen aber auch, mit anderen Personen angemessener umzugehen, sich selbst auch einmal zurückzunehmen oder – umgekehrt – sich mit anderen fair auseinanderzusetzen; somit gewinnen sie allmählich an „Sozial-Erfahrung" und erhöhen ihre „Sozial-Kompetenz". Auch die Auseinandersetzung mit der dinglichen Umwelt, die sie auf vielfältige Art und Weise erforschen und erproben, erhöht ihre „Material-Erfahrung" und steigert ihre „Sach-Kompetenz".

Es ist unschwer nachzuvollziehen, daß das nach KIPHARD entwickelte Praxiskonzept und seine offensichtlichen Erfolge zunehmend interessanter für den gesamten Bereich der Erziehungswissenschaften, insbesondere der Sonder- und der Sportpädagogik wurde. Der sich anschließende psychomotorische „Praxisboom" hält bis heute an. Psychomotorik zu erfühlen und zu verstehen ist möglich. Psychomotorik zu erklären und zu definieren ist schwierig. In diesem Licht ist die Antwort des 8jährigen David auf die Frage, was denn Psychomotorik sei, sicher relevant: „Weiß nicht, ist auch egal, macht riesig Spaß!"

Unterschiedliche, gleichwohl erfolgreiche Angebotsstrukturen wurden in vielen Regionen erstellt, etwa in Hamburg, München, Bonn, Borken, Kassel, Marburg, Bielefeld oder Braunschweig. Im vorschulischen und schulischen Bereich hat die Psychomotorik Einzug gehalten und z.T. schon einen festen Platz im pädagogischen Konzept so mancher Einrichtung gefunden. Neben dem Förderangebot für Kinder und Jugendliche wird z.Zt. verstärkt das Angebot für Erwachsene und ältere Menschen ausgebaut.

Mit der erfolgreichen Praxis wurde die Frage nach einer umfassenden wissenschaftlichen bzw. theoretischen Begleitung und weiteren Forschung zunehmend relevanter. Daneben trat auch der Wunsch, Psychomotorik „lehrbar" zu machen. Äußere Kennzeichen dieses Bemühens sind hier v.a. die Gründung des „Aktionskreises Psychomotorik" (1976), mit einer eigenen Fortbildungsakademie und die Einführung von Studiengängen an Fachhochschulen und Hochschulen (Motopädie und Motologie).

Die gegenwärtige Entwicklung wird geprägt durch die Entstehung regionaler Institutionen, die im Rahmen ihrer Angebotsarbeit Fortbildungen mit direktem Praxisbezug anbieten können. Ein weit gediehenes Modell dieser Entwicklung stellt die „Rheinische Akademie im Förderverein Psychomotorik Bonn" dar.

Wie eingangs erwähnt, kann nicht die Absicht eines psychomotorischen Praxishandbuches sein, hier in die theoretische Diskussion einzusteigen. Es würde den Rahmen dieses Buches sprengen, wollten wir die Psychomotorik in das Spannungsfeld zwischen Therapie, Pädagogik und Sport einzuordnen versuchen. Ohne zu verschweigen, daß Psychomotorik unterschiedlich definiert wird, wollen wir an dieser Stelle vielmehr praxisorientierte Handreichungen geben, wie eine pädagogisch und therapeutisch ausgerichtete Psychomotorik die Praxis vor Ort bereichern kann.

Eine psychomotorische Übungs-, Förder- oder vielleicht besser Spielstunde ist eine bunte, sich meist ständig ändernde und nur eingeschränkt planbare Veranstaltung. Gewiß, der allgemeine Rahmen kann vom Übungsleiter vorgegeben werden (indem er beispielsweise aufgrund eines bestimmten Geräteangebots Vorschläge macht). Grundsätzlich aber haben alle Teilnehmer über weite Strecken die Möglichkeit, sich aktiv am Förderprozeß zu beteiligen. Dies bedeutet jedoch nicht, daß eine Förderstunde auf eine Leitung verzichten könnte. Im Gegenteil, der Psychomotoriker bemüht sich darum, das Kind, den Jugendlichen oder auch den ihm anvertrauten Erwachsenen in ihrer Individualität zu entdecken, um dann über den (Bewegungs-)Dialog aus seinen Erfahrungen heraus Hilfestellung anbieten zu können. Im Gegensatz (vor allem zum Schulunterricht) nähern sich dabei Interaktion und Kommunikation einer eher symmetrischen Struktur. Gerade in Gruppen mit jüngeren Kindern wird dies deutlich und bedeutsam: Die Übungsleiterin spielt nach gleichen Regeln und Vorgaben mit; sie geht im wörtlichen wie im übertragenen Sinne auf „Augenhöhe". So z.B., indem sie sich mit dem Kind auf einer Ebene unterhält, gemeinsam durch einen Tunnel kriecht oder auf einem Rollbrett liegt; so aber auch, indem sie immer wieder versucht, sich durch Perspektivenwechsel in die Welt des Kindes einzudenken und seine Probleme aus der kindlichen Sicht zu sehen.

Daß der Prozeß dabei wichtiger ist als das Produkt, bedarf eigentlich keiner Erwähnung. Das größere Wissen und die größere Erfahrung (der

Psychomotorikerin) werden bewußt nicht eingesetzt, um möglichst schnell ein bestimmtes Ergebnis zu erzielen. Dagegen steht Zeit zur Neuentdeckung und Erforschung der individuellen wie sozialen Handlungsmöglichkeiten.

Psychomotorik ist in der Regel eine Kleingruppenveranstaltung (fünf bis acht Teilnehmer). Nur so ist eine individuelle Betreuung und Förderung möglich. Auch bei kleinen Gruppen brauchen gerade Kinder häufig eine längere „Anlaufzeit", bis sie sich an die neue Gruppe oder an die neue Umgebung gewöhnt haben. Hier übt die Psychomotorik keinen Zwang aus. Jeder darf sich allmählich an das Geschehen herantasten und ganz behutsam Tuchfühlung aufnehmen. Ohne Diskriminierung und schon gar ohne Sanktionen ist jederzeit ein Rückzug aus dem Geschehen möglich. Wer signalisiert, daß er erst einmal in Ruhe gelassen werden möchte, wird in Ruhe gelassen.

Die Psychomotorik macht prinzipiell keine Vorgaben, welche Übung an welchem Gerät auszuführen ist. Die Mutigen werden schwierigere Dinge versuchen, die Ängstlichen zunächst – oft unbeobachtet von den anderen – einfachere, bis sie sehen, daß sie mehr können als sie geglaubt haben. Und wenn dann ein bis vor kurzem als schier unüberwindlich geltendes

Hindernis überwunden worden ist, werden sie allmählich ein größeres Risiko eingehen. Sollte man dabei auch einmal „auf die Nase fallen", wird es sicherlich in dieser Atmosphäre noch einmal versucht, bis es gelingt. Für alle bietet die Psychomotorik Anlässe, Geräte und Materialien in der Vielfalt ihrer Einsatzmöglichkeiten zu entdecken.

Über allem steht ein Grundanliegen: Der Psychomotoriker weiß um die Schwächen der betreuten Menschen. Doch sie werden nicht übend hervorgehoben und in den Mittelpunkt gestellt, um weitere Mißerfolge und Frustration zu vermeiden. Bei jedem Kind, jedem Erwachsenen lassen sich auch Stärken entdecken und gerade dort liegt der Handlungsansatz. Vorhandenes Können wird nicht überstrapaziert, wohl aber unterstützt und ausgebaut, wenn zur Jonglage zunächst langsam schwebende Tücher statt schnell fallender Bälle verwendet werden. Der erreichbare Erfolg, das Erlebnis ein „Jongleur" zu sein, motiviert zu neuen Taten.

Die Umsetzung des psychomotorischen Gedankenguts unter pädagogischen Aspekten scheint auf vielen Ebenen möglich:

* als „Familienveranstaltung" (innerhalb der Familie oder als gemeinsamer Besuch einer Eltern-Kind Veranstaltung),
* im Vorschulalter (z.B. in Fördergruppen oder Frühfördereinrichtungen, wie krankengymnastischen, bewegungstherapeutischen oder heilpädagogischen Einrichtungen),
* im Kindergarten (durch Einbinden von Bewegung in den Kindergartenalltag),
* im Schulalter (durch Umorientierung des Schulunterrichts und Veränderung des „Sport"-Unterrichts sowie als ergänzendes Programm für Kinder mit Schwächen und Problemen),
* nach der Schule als begleitendes „Lebensstilkonzept".

Die Zielsetzungen, die sich durch eine primär pädagogische Orientierung mit einer psychomotorischen Förderung verbinden sind vielfältig. Sie können hier nur angedeutet werden.

Für das Vorschul- und Grundschulalter steht sicherlich im Vordergrund, daß über die Psychomotorik Spaß an der Bewegung vermittelt werden kann. Gerade Kinder, die (im Sportunterricht) immer unter Mißerfolgserlebnissen zu leiden haben, erhalten im Rahmen einer solchen Förderung vielfältige Erfolgsgelegenheiten, so daß allmählich der Teufelskreis (Mißerfolg – Rückzug – mangelnde Übung – Mißerfolg...) durchbrochen werden kann.

Psychomotorik kann vom Kindergarten bis zum Ende der Schulzeit ein wertvolles Gegenmittel gegen den immer noch vorherrschenden „Sitzunterricht" darstellen. Kinder und Jugendliche haben zunehmend weniger Gelegenheiten sich zu bewegen, zu spielen. Psychomotorik kann sich als Teil eines Konzeptes gegen eine bewegungseinschränkende Umwelt verstehen. Es kann nicht das Ziel sein, auf den Sportunterricht zu verzichten, wohl aber der durchgängigen Funktionalisierung der Fächer (Bewegung ist Sache des Sportunterrichts) entgegenzuwirken. Daneben sollte zusätzlicher Raum für freies, ungebundenes Spielen und Bewegen geschaffen werden.

Psychomotorik kann aber auch bei der Erarbeitung derjenigen Lernvoraussetzungen helfen, die im Unterricht gefordert werden. Gewiß ist hier vor übertriebenen Erwartungen zu warnen, doch berichten Lehrerinnen übereinstimmend immer wieder, daß die Kinder sich durch die psychomotorische Förderung hinsichtlich ihrer Verhaltensweisen, Konzentration, ihrem Selbstvertrauen, ihrer Graphomotorik oder sprachlichem Ausdruck verbesserten.

Für Erwachsene kann eine pädagogisch orientierte Psychomotorik bedeuten: Neuerfahrung, Wiederentdeckung des eigenen Körpers, den Körper (wieder) spüren; Neuentdeckung, daß Bewegung – unabhängig von bestimmten Sportarten – Spaß machen kann. Auch Erwachsene können in einen bisher nie erfahrenen Bewegungsdialog mit anderen treten und sich über Bewegung den anderen mitteilen. Dadurch sehen sie, daß andere vielleicht die gleichen Schwächen oder Probleme haben. Sie können

Phantasie und Kreativität (durch „neue Bewegungen", durch die Einsicht, was alles mit einfachen Materialien möglich ist) wiederentdecken. Psychomotorik fördert nicht zuletzt das Wohlbefinden. Man kann sich entspannen, den Streß reduzieren und auf sehr freudvolle Weise „mal abschalten". Sehr wichtig finden wir es auch, daß über eine selbst erfahrene Psychomotorik der Zugang zur Denk- und Handlungswelt unserer Kinder erleichtert wird. Dadurch wird möglicherweise eher erkannt, wie die Umwelt umgestaltet werden kann und muß, um endlich kindgemäßer zu sein.

                                            Und nun,
                                                ab in die PRAXIS.......

3.
Spiel- und Übungsbeispiele aus der Praxis und für die psychomotorische Praxis

3.1 Grobmotorik (GM)

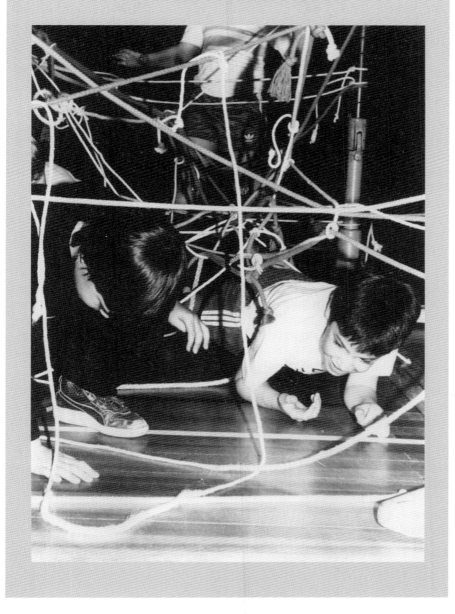

Grobmotorik – Tolpatsch und Klassenclown –

Ob wir eine Treppe hochgehen, mit dem Fahrrad fahren, auf einen Baum klettern (sofern dazu in unserer nächsten Umgebung überhaupt noch eine Gelegenheit besteht) oder gar etwas so kompliziertes versuchen wie Rudern oder eine Rolle auf einem Barren: Dies alles sind Beispiele für großräumige Bewegungen, zu deren Realisierung wir vor allem das, was man Grob- oder Großmotorik nennt, benötigen. Diese großräumigen Bewegungen werden umso ökonomischer, zielgerichteter und auch „geschmeidiger" ausgeführt, je besser die Zusammenarbeit bzw. Zuordnung von Sinneswahrnehmung, Zentralnervensystem und Muskulatur funktioniert.

Wir alle kennen Menschen, die hinsichtlich der Steuerungsfähigkeit ihres Körpers kleinere und größere Probleme haben. Der sprichwörtliche Tolpatsch fällt viel häufiger „auf die Nase" als andere, stößt sich oft den Kopf, rennt alle und alles um, kurz: er bewegt sich so ungeschickt, daß ihm fast nichts so richtig gelingt. Er hat irgendwann keine Lust mehr, sich überhaupt noch **groß**-artig zu bewegen; die Angst, sich zu verletzen und/oder zum Gespött der anderen zu werden, führt zum Rückzug. Durch diesen Rückzug wiederum fehlen ihm Gelegenheiten, seine Schwierigkeiten abzubauen.

Es gibt aber auch Tolpatsche, die sich in ihrer Rolle gefallen. Sie haben gemerkt, daß sie für ihre ungelenken und ungeschickten Bewegungen „Belohnungen" in Form von Heiterkeit und Gelächter erhalten. Sie werden zum Clown. Während jedoch der „echte" Zirkus-Clown nach der Vorstellung wieder ein ganz „normaler" Mensch wird, besteht bei diesen die große Gefahr, daß sie ihre Rolle nicht mehr ablegen und mit ihr verwachsen und so immer und überall Clown sind.

Die folgenden Übungen und Spiele versuchen, Lerngelegenheiten zu schaffen, die helfen sollen, die Grobmotorik zu verbessern. Es geht v.a. darum, über die Psychomotorik Erfolgserlebnisse zu vermitteln, um den Teufelskreis von Mißerfolg – Angst – Rückzug allmählich aufzubrechen. Die Freude über gelungene, zunehmend komplexere Bewegungen (z.B. Klettern über ein großes Hindernis mit einem Sprung „in die Tiefe") bewirkt dann auch ein wachsendes Zutrauen in die eigenen Fähigkeiten.

Eggert, D./Kiphard, E.J. (Hrsg.): Die Bedeutung der Motorik für die Entwicklung normaler und behinderter Kinder. Schorndorf 1980

Kiphard, E.J.: Bewegungs- und Koordinationsschwächen im Grundschulalter. Schorndorf 1990

Kiphard, E.J.: Motopädagogik. Dortmund 1984

● Grobmotorik	Entspannung	Denken und	
Feinmotorik	Wahrnehmung	Bewegen	**GM 1**
Gleichgewicht	✔ Reaktion	✔ Sozialverhalten	
✔ Konzentration	Ausdauer		

Der verschluckte Stock

Die Teilnehmer gehen oder laufen durch die Halle, als hätten sie einen Stock verschluckt (gerader Rücken, Beine möglichst durchgedrückt lassen). In dieser Körperhaltung können sie versuchen, Fuß- oder Handball zu spielen.

Gruppengröße: 4-12

Material:

- 1 Ball

Altersgruppe: ab 7

Organisationshilfen:

- auf genügend große Tore achten (z.B. Weichbodenmatten)

Variationen:

- statt eines Balles kann auch ein Luftballon oder ein Pezzi-Ball genommen werden

- ein Spielleiter, der die Teilnehmer, die jetzt „Roboter" sind, während des Spiels lenkt

Querverweise:

- „Wildgewordene Roboter" (S14)

GM 2	● **Grobmotorik**
	  Feinmotorik
	  Gleichgewicht
	✔ **Konzentration**
		Entspannung
		Wahrnehmung
		✔ **Reaktion**
		Ausdauer
			Denken und
			Bewegen
			Sozialverhalten

Der verschwundene Ball

Alle Teilnehmer stehen mit dem Rücken nahe zur Wand. Zwischen dem Rücken und der Wand befindet sich ein Ball (Gymnastikball). Jetzt sollen verschiedene Bewegungen ausprobiert werden, ohne daß der Ball dabei verloren geht, z.B.: hinsetzen und aufstehen; hinlegen; Drehungen um die Längsachse (dadurch ist eine Fortbewegung möglich); aneinander vorbeigehen.

Gruppengröße: 1-15

Material:

– 1 Ball pro Teilnehmer

Altersgruppe: ab 7

Organisationshilfen:

– Bänke usw. von der Wand wegziehen

Variationen:

– bei jüngeren Teilnehmern können statt Bälle auch Luftballons genommen werden

– über am Boden liegende Hindernisse steigen

– um Ecken gehen

– Treppen steigen

– zu zweit Rücken an Rücken mit dem Ball dazwischen

Querverweise:

– „Reaktionsball" (R 10)

• Grobmotorik Feinmotorik Gleichgewicht Konzentration	Entspannung Wahrnehmung ✔ **Reaktion** ✔ **Ausdauer**	Denken und Bewegen Sozialverhalten	**GM 3**

Kinkerlitzchen mit dem Luftballon

Einen Luftballon mit verschiedenen Körperteilen hochspielen: Hand, Nase, Ellbogen, Rücken, Oberschenkel u.v.m., ohne daß der Luftballon auf den Boden kommt. Wer möchte, kann das gleiche mit zwei oder mehr Luftballons versuchen.

Während der Luftballon in der Luft ist, versuchen die Teilnehmerinnen sich hinzusetzen oder hinzulegen und schnell wieder aufzustehen, bevor er auf dem Boden landet.

Jeder kann sich selbst eine bestimmte Reihenfolge der zu berührenden Körperteile vorgeben (z.B. Finger – Kopf – Oberschenkel – Ellbogen – Finger usw.), die er dann einzuhalten versucht.

Gruppengröße: beliebig

Material: 2-3 Luftballons pro Person

Altersgruppe: ab 5

Organisationshilfen:

– Luftballons möglichst vor der Stunde aufblasen

– Reserve bereithalten

Variationen:

– als Partner- oder Gruppenübung

– mit sog. „Zeitlupenbällen"

Querverweise:

– „Fliegende Tücher" (GM 9)

GM 4	• **Grobmotorik** Feinmotorik Gleichgewicht ✔ **Konzentration**	Entspannung ✔ **Wahrnehmung** Reaktion Ausdauer	Denken und Bewegen Sozialverhalten

Frisbee – Golf

Mehrere Gymnastikreifen (mindestens vier) sind in der Halle verteilt. Sie dienen gleichzeitig als „Abwurfring" und „Ziel". Dabei ist die Reihenfolge vorgegeben. Die Wurfscheibe soll in möglichst wenigen Versuchen vom Abwurf in das entsprechende Ziel gelangen. Die Mitspielerin darf – wie beim Golf – dort weiter machen, wo die Frisbeescheibe liegen bleibt. Hat sie das Ziel erreicht, geht es von dort aus weiter.

Gruppengröße: 2-10

Material:

– Gymnastikreifen
– Schaumstoff – Frisbees (eine Scheibe pro Person)

Altersgruppe: ab 4

Organisationshilfen:

– bei größeren Gruppen Trennung von Abwurf- und Zielreifen
– im Alter von 4-8 Jahren eher als Zielwurfspiel

Variationen:

– statt Gymnastikreifen: Turnmatten (können auch mit Kreide beschriftet werden) oder andere Ziele (z.B. Basketballkorb)
– auch als Gruppenwettkampf möglich
– statt Frisbees Bierdeckel, Reissäckchen,...

Querverweise: – „Komm in meinen Reifen" (K 7)

• Grobmotorik Entspannung ✔ Denken und	
Feinmotorik ✔ Wahrnehmung Bewegen	**GM 5**
Gleichgewicht Reaktion ✔ Sozialverhalten	
✔ Konzentration Ausdauer	

Irrgarten

Mit Hilfe von Stabklammern und Reifenhaltern mit Seilchen, Reifen, Schwunghörnern, Bettlaken oder Schwungtüchern wird ein Irrgarten gebaut. Zusätzlich werden auf Balltragestäbe, die in Stabklammern befestigt sind, Gymnastik- oder Tennisbälle gelegt.

Nach dem gemeinsamen Bau können die Teilnehmer einzeln oder in einer langen Schlange einen Weg durch diesen Irrgarten suchen. Dabei soll möglichst nichts berührt werden und die Bälle dürfen nicht herunterfallen.

Gruppengröße: 5-20

Material:

- Stabklammern, Reifenhalter, Balltragestäbe
- Seilchen, Gymnastikreifen, Gymnastik-, Tennisbälle

Altersgruppe: 4-10

Organisationshilfen:

- gemeinsamer Aufbau ist wichtig
- darauf achten, daß ein zusammenhängendes Gebilde entsteht

Variationen:

- ein Irrgarten nur aus Seilchen, die von einem Teil der Gruppe „kreuz und quer" gehalten werden

Querverweise:

- „Einmauern" (K 20)

GM 6	● **Grobmotorik** Feinmotorik Gleichgewicht ✔ **Konzentration**	Entspannung ✔ **Wahrnehmung** Reaktion ✔ **Ausdauer**	Denken und Bewegen Sozialverhalten

Reifenstraße

Gymnastikreifen werden so aneinandergelegt, daß sie eine lange Straße durch die Halle bilden. Alle Teilnehmerinnen gehen oder laufen bis zum Ende der Straße und kehren dann an den Anfang zurück. Beim Begehen der Straße dürfen die Reifen nicht berührt werden. Die Straße kann auf sehr vielfältige Art „benutzt" werden:

– einbeinig/zweibeinig hüpfen mit und ohne Drehungen

– nur der rechte/linke Fuß darf auf der Straße gehen

– in einigen (markierten oder farbigen) Reifen laut oder sehr leise sein

– „Sekundenzeiger": Zweibeiniges Hüpfen, dabei von Reifen zu Reifen ganz wenig um die Längsachse drehen (etwa um eine „Sekunde"), bis eine komplette Drehung vollzogen ist

– Partnerübung: Ein Partner geht vor und findet neue Aufgaben, die der folgende auch ausprobieren kann

Gruppengröße: 5-20

Material:

– möglichst viele, wenn vorhanden, auch bunte Gymnastikreifen

– Gegenstände (z.B. Kegel oder Klebestreifen) zum Markieren einzelner Reifen

Altersgruppe: ab 4

Organisationshilfen:

– Reifenstraße zwischendurch wieder ausrichten, um Verletzungen durch Treten auf die Reifen zu verhindern

● Grobmotorik	Entspannung	Denken und	
Feinmotorik	✔ **Wahrnehmung**	Bewegen	**GM 6a**
Gleichgewicht	Reaktion	Sozialverhalten	
✔ **Konzentration**	✔ **Ausdauer**		

Reifenstraße

- Komplexität der Aufgabenstellung auf Alter abstimmen

Variationen:

- an Stelle von Gymnastikreifen können auch – bedingt – Turnmatten benutzt werden (Markierung durch Kreide)

Querverweise:

- „Hausbesetzer" (R 16)
- „Flußüberquerung" (GM 12)

GM 7	• **Grobmotorik**
	  Feinmotorik
	  Gleichgewicht
	✔ **Konzentration**
		Entspannung
		Wahrnehmung
		✔ **Reaktion**
		✔ **Ausdauer**
			Denken und
			Bewegen
			Sozialverhalten

Rollende Reifen

Jeder Teilnehmer erhält einen Reifen und kann folgende leichte und schwerere Spielchen mit dem rollenden und sich drehenden Reifen versuchen:

- den Reifen rollen und genauso schnell laufen oder gehen, wie der Reifen sich bewegt; dabei darauf achten, daß man an den anderen Reifen ohne „Unfall" vorbeikommt

- den Reifen rollen, ihn überholen, auf ihn warten und ihn dann mit verschiedenen Körperteilen abstoppen und aufnehmen: Mit einem Fuß, mit dem ausgestreckten Arm, mit dem Oberschenkel, mit dem Kopf („durch das Fenster schauen")

- durch den vorbeirollenden Reifen springen

- „Seilchenspringen" mit dem Reifen

- den Reifen auf der Stelle drehen und mit einem einzigen Tritt und einem lauten Knall stoppen

- den Reifen auf der Stelle drehen, in gleicher Richtung mitlaufen und mit dem Reifen auch immer kleiner und langsamer werden, bis es ganz still ist (auf den Boden legen)

Gruppengröße: 3-10

Material:

- ein Reifen pro Teilnehmer

Altersgruppe: 4-15

Organisationshilfen:

- bei größeren Gruppen und jüngeren Kindern kann der Spielleiter die Rolle des „Verkehrspolizisten" übernehmen

● Grobmotorik Feinmotorik Gleichgewicht ✔ Konzentration	Entspannung Wahrnehmung ✔ Reaktion ✔ Ausdauer	Denken und Bewegen Sozialverhalten	**GM 7a**

Rollende Reifen

Variationen:

- als Partnerübung: Ein Partner versucht die Übung des anderen nachzumachen
- „Reifenschlagen" (mit Stöcken, Papierrollen, Schuhen etc.)

Querverweise:

- „Reifendrehen" (A 14)
- „Zauberreifen" (K 1)

GM 8	● Grobmotorik 　Feinmotorik 　Gleichgewicht ✔ Konzentration	Entspannung Wahrnehmung Reaktion Ausdauer	Denken und 　Bewegen ✔ Sozialverhalten

Mutige Schatzsucher

Aus mehreren kleinen und großen Kästen, Weichbodenmatten und Turnbänken wird eine zusammenhängende Hindernisbahn gebaut. Auf den kleinen Kästen stehen einige Kegel (bis zu vier oder fünf), die den Weg erschweren. Zum Teil stehen einige Kegel so zusammen, daß ein Gymnastikball oder ein anderer Gegenstand, der den „Schatz" darstellen kann (z.B. Tuch, Schuhkarton), dazwischen liegt. Die Schatzsucher sollen so vorsichtig gehen, daß kein Kegel umfällt (diese sind gefährliche Schlangen!). Wer es sich zutraut, den „Schatz" den „Schlangen" zu entreißen, kann diesen bis zum Ende des Weges mitnehmen.

Gruppengröße: 5-15

Material:

– kleine und große Kästen

– Gymnastikbälle, kleinere Alltagsmaterialien als „Schätze"

– Kegel

– Weichbodenmatten, Turnmatten

Altersgruppe: 5-12

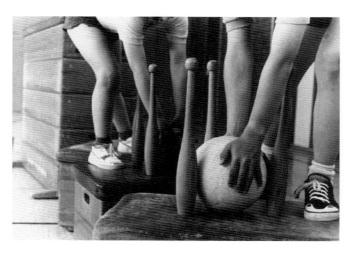

| • Grobmotorik Feinmotorik Gleichgewicht ✔ Konzentration | Entspannung Wahrnehmung Reaktion Ausdauer | Denken und Bewegen ✔ Sozialverhalten | **GM 8a** |

Mutige Schatzsucher

Organisationshilfen:

– bei jüngeren Kindern empfiehlt es sich, weniger Hindernisse und nur vereinzelt Kegel aufzubauen

– auf Abstand achten, damit die Teilnehmer genügend Zeit haben, den „Schatz" zu bergen

Variationen:

– als „Expedition" durchführen: Alle sind Teilnehmer einer „gefährlichen Expedition", sie sollen den Weg ohne Schaden überstehen und dabei noch „Schätze" sammeln.

– es gibt unterschiedlich „wertvolle" Schätze (abhängig vom Schwierigkeitsgrad, wie diese zu bergen sind)

– ein Teil der Gruppe spielt „Urwaldbewohner": Diese können von einem vorher festgelegten Ort die Schatzsucher „zwingen", den Weg von vorne zu beginnen, wenn sie diese z.B. mit Schaumstoff-Frisbees, Luftschläuchen oder Softbällen treffen.

Querverweise:

– „Weg über den Bach" (W 20)

GM 9	● Grobmotorik Feinmotorik Gleichgewicht Konzentration	Entspannung ✔ **Wahrnehmung** ✔ **Reaktion** Ausdauer	Denken und Bewegen Sozialverhalten

Fliegende Tücher

Die Teilnehmerinnen stehen sich paarweise gegenüber. Jede hat ein Jongliertuch. Auf ein verabredetes Zeichen werfen sie es beide an ihrer Stelle hoch in die Luft und laufen zum noch schwebenden Tuch der Partnerin. Das Tuch soll gefangen werden, bevor es den Boden berührt. Beide Mitspielerinnen können nach Wunsch den Abstand zwischen sich vergrößern. Das Spiel kann auch mühelos erweitert werden, indem mehrere Teilnehmerinnen das gleiche Spiel in Kreisform durchführen. Hierbei rücken sie nach dem Hochwerfen der Tücher um eine oder sogar um mehrere Positionen weiter.

Gruppengröße: 4-18

Material: ein Jongliertuch pro Teilnehmerin

Altersgruppe: ab 4

Organisationshilfe:

– darauf achten, daß der Abstand nicht zu groß gewählt wird

Variationen:

– statt einem können auch zwei Jongliertücher genommen werden

| • Grobmotorik Feinmotorik Gleichgewicht Konzentration | Entspannung ✔ **Wahrnehmung** ✔ **Reaktion** Ausdauer | Denken und Bewegen Sozialverhalten | **GM 9a** |

Fliegende Tücher

- statt Jongliertücher: Luftballons
- bei Platzwechsel verschiedene Fortbewegungsformen ausführen (z.B. hüpfen, krabbeln)
- bei der Partnerübung zusätzliche Bewegungsaufgaben einbauen (z.B. sich die Hand geben, einmal umeinander laufen und zum eigenen Tuch zurück, ein Tuch zwischen vorgegebenen Körperteilen, wie Rücken, Po ... auffangen)

Querverweise:

- „Ballmaschine" (S 11)
- „Kinkerlitzchen mit dem Luftballon" (GM 3)

GM 10	● Grobmotorik 　Feinmotorik ✔ **Gleichgewicht** 　Konzentration	Entspannung 　Wahrnehmung ✔ **Reaktion** 　Ausdauer	Denken und 　Bewegen 　Sozialverhalten

Rollbrettpendel

Die Teilnehmerinnen stehen jeweils auf einem Rollbrett und halten sich an einem Tau fest. Durch ein leichtes „in die Knie gehen" und wieder aufrichten können sie sich auf dem Rollbrett hin und her bewegen und immer mehr Schwung bekommen.

Gruppengröße: 1-8 (je nach Anzahl der Rollbretter, Taue und Ringe in der Halle)

Material:

– ein Rollbrett pro Teilnehmerin

Altersgruppen: ab 8

Organisationshilfe:

– darauf achten, daß man sich vor dem Aufsteigen auf das Rollbrett am Tau festhält

– auf Sicherheitsabstand zur übrigen Gruppe achten

Variationen:

– mit jüngeren Kindern ist eine ähnliche Übung im Sitzen auf dem Rollbrett möglich; dabei können sie versuchen, sich nach dem Schwungnehmen loszulassen und möglichst weit zu rollen

– als „Crash-Kurs" gegen eine Weichbodenmatte rollen lassen

Querverweise: –

• Grobmotorik	Entspannung	Denken und	
Feinmotorik	Wahrnehmung	Bewegen	**GM 11**
Gleichgewicht	✔ **Reaktion**	Sozialverhalten	
Konzentration	Ausdauer		

Weg da!

Nach dem Musiktitel H. van Veens („Weg da!") laufen die Kinder durch den Raum und versuchen die verschiedenen Textaussagen in Bewegung umzusetzen (rennen, tanzen, springen, hinfallen und gleich wieder aufstehen).

Gruppengröße: beliebig

Material:

– Cassettenrekorder

– Musikcassette

Altersgruppe: ab 4

Organisationshilfen:

– es kann hilfreich sein, nach den jeweiligen Textelementen die Musik kurz anzuhalten, um für die Bewegungsausführung mehr Zeit zu geben

Variationen:

– Zusammensetzung der einzelnen Elemente zu einer szenischen Darstellung des Gesamttextes

Querverweise: –

GM 12	● Grobmotorik ✔ Feinmotorik ✔ Gleichgewicht Konzentration	Entspannung ✔ Wahrnehmung Reaktion Ausdauer	Denken und Bewegen Sozialverhalten

Flußüberquerung

Die Mitspielerinnen stehen an einer Seite der Halle nebeneinander. Jede hat eine größere Anzahl Bierdeckel in der Hand. Sie sollen versuchen, die Bierdeckel, die große Steine darstellen, so zu werfen, daß eine Überquerung des Flusses (d.h. des Spielfeldes) möglich wird. Sie versuchen also nur, über die „Steine" zu gehen. Bevor sie in den Fluß fallen, dürfen sie sicherlich auch Steine der Mitspielerinnen benutzen!

Gruppengröße: 2-10

Material:

– viele Bierdeckel

Altersgruppe: ab 5

Organisationshilfen:

– Hüpfen und Laufen je nach Bodenbeschaffenheit unterbinden: Rutschgefahr!

Variationen:

– unterschiedliche Bierdeckel austeilen: So findet jeder „seinen" Weg

– statt Bierdeckel: Teppichfliesen

– Umsetzen: Die Steine hinter sich aufnehmen und vor sich in den Fluß werfen

Querverweise:

– „Reifenstraße" (GM 6)

● Grobmotorik Feinmotorik ✔ Gleichgewicht Konzentration	Entspannung Wahrnehmung Reaktion Ausdauer	Denken und Bewegen ✔ Sozialverhalten	**GM 13**

Artistenball

Zwei Turnbänke stehen parallel etwa 2 Meter voneinander entfernt. Auf den Bänken stehen sich jeweils zwei Partner gegenüber und versuchen, sich einen Gymnastikball zuzuwerfen, ohne daß die Mitspieler die Bänke verlassen müssen. Verschiedene Möglichkeiten, sich den Ball zuzuwerfen, können ausprobiert werden:

– der Ball soll einmal im Zwischenraum auftippen

– nach dem Fangen eine Drehung auf der Bank ausführen und zurückwerfen

– nach dem Fangen eine halbe Drehung ausführen und dann den Ball durch die gegrätschten Beine werfen

– mit einer Hand fangen und werfen

– auf den Bänken sitzen und sich den Ball mit den Füßen zuwerfen

Der Schwierigkeitsgrad wird gesteigert, indem die beiden Partner dabei von einem Ende der Bank zum anderen gehen.

Gruppengröße: 2-10

GM 13a	● Grobmotorik Feinmotorik ✔ Gleichgewicht Konzentration	Entspannung Wahrnehmung Reaktion Ausdauer	Denken und Bewegen ✔ Sozialverhalten

Artistenball

Material:

- ein Gymnastik- oder Softball für zwei Mitspieler
- Turnbänke

Altersgruppe: 4-10

Organisationshilfen:

- bei jüngeren Kindern oder bei Kindern mit Koordinationsschwierigkeiten empfiehlt es sich, statt der Bänke kleine Kästen, Kastenoberteile oder Schaumstoffblöcke zu nehmen
- den Abstand so wählen, daß jedes Kind ein Erfolgserlebnis hat
- gut geeignet für Eltern-Kind-Gruppen. Hierbei stehen oder sitzen die Kinder und die Eltern abwechselnd auf der Bank (nur eine Bankreihe)

Variationen:

- jeweils zwei kleine Kästen dienen als „Insel", zwischen denen die „Post" (der Ball) hin- und hergeschickt wird. Der Abstand kann dann selbständig erweitert werden
- zwischen mehreren Inseln wird eine Post geschickt
- statt Kästen können für jüngere und ängstliche Kinder auch Gymnastikreifen benutzt werden
- statt Bälle können auch Reissäckchen, Frisbees oder Luftballons benutzt werden

Querverweise:

- „Reaktionsball" (R 10)

• Grobmotorik	Entspannung	Denken und	
Feinmotorik	✔ **Wahrnehmung**	Bewegen	**GM 14**
Gleichgewicht	✔ **Reaktion**	Sozialverhalten	
Konzentration	Ausdauer		

Sprungteufel

Ein Minitrampolin wird in eine Bewegungsbahn so eingebaut, daß vor und hinter dem Trampolin ein kleiner Kasten steht. Die Teilnehmerinnen versuchen, mit zwei Füßen vom Kasten in das Trampolin und von dort wieder mit zwei Füßen auf den dahinterstehenden Kasten zu springen. Von dort geht es in die Weichbodenmatte. Allmählich wird der Schwierigkeitsgrad gesteigert. Auf die beiden kleinen Kästen wird jeweils ein weiterer aufgesetzt, um dann die gleiche Bewegung erneut zu versuchen. Dann wird – mit der entsprechenden Hilfestellung – der Kastenturm hinter dem Trampolin übersprungen. Die kleinen Kästen können außerdem durch große ersetzt werden. Zusätzlich können auf der Weichbodenmatte Markierungen (Vierecke, Kreise, Punkte...) angebracht werden (durch Kreide oder Klebestreifen), die – auf Zuruf – „angesprungen" werden sollen.

Gruppengröße: 5-15

Material:

– Minitrampolin

– kleine und große Kästen

– Kreide, Klebeband

Altersgruppe: 6-15

Organisationshilfen:

– der Übungsleiter sollte Vorerfahrungen im Einsatz des Minitrampolins haben

– eine Hilfestellung am Trampolin

– das Trampolin sollte in eine lange Bewegungsbahn eingebaut werde, damit nicht nur gesprungen wird und keine Wartezeiten entstehen

GM 14a	• **Grobmotorik** **Feinmotorik** Gleichgewicht Konzentration	Entspannung ✔ **Wahrnehmung** ✔ **Reaktion** Ausdauer	Denken und Bewegen Sozialverhalten

Sprungteufel

Variationen:

– statt der Kästen hinter dem Trampolin kann auf verschiedene Arten eine Zauberschnur gespannt werden. So wird diese Übung mit dem „Gummitwist" kombiniert (z.B. auf die Schnur springen, in das „Fenster" springen usw.)

Querverweise: –

• Grobmotorik
  Feinmotorik
✔ Gleichgewicht
✔ Konzentration
	Entspannung
	✔ **Wahrnehmung**
	  Reaktion
	  Ausdauer
		Denken und
		Bewegen
		Sozialverhalten
			GM 15

Immer langsam!

Den Mitspielerinnen wird ein bestimmtes Thema als Bewegungsaufgabe gestellt. Die Ausführung soll dabei in extremer Zeitlupe geschehen. Die „Bearbeitung" des Themas kann, je nach Inhalt, alleine, partnerweise oder in einer Gruppe ausgeführt werden. Nachdem die Bewegung eingeübt wurde, trifft sich die ganze Gruppe in einem Kreis und die Aufführung kann beginnen.

Mögliche Themen:

— Schlägerei im Westernsaloon, Boxkampf

— Einhundertmeterlauf mit Start

— Begrüßung

— Foul beim Fußballspiel

Gruppengröße: 2-20

Material: —

Altersgruppe: ab 5

Organisationshilfen:

— darauf achten, daß die Themen gut bekannt bzw. kindgemäß sind

— eventuell Weichboden oder Turnmatten unterlegen

	• Grobmotorik	Entspannung	Denken und
GM 15a	Feinmotorik ✔ **Gleichgewicht** ✔ **Konzentration**	✔ **Wahrnehmung** Reaktion Ausdauer	Bewegen Sozialverhalten

Immer langsam

Variationen:

– Themen vorher auf Zettel schreiben, dann verdeckt ziehen, die Gruppe versucht, das Thema zu erraten

– einfaches Material (Zeitungen, Luftballons, Bälle...) zur Verdeutlichung heranziehen

Querverweise:

– „An der Nase herumführen" (D 8)

● Grobmotorik	Entspannung	Denken und	
Feinmotorik	Wahrnehmung	Bewegen	**GM 16**
✔ Gleichgewicht	Reaktion	✔ Sozialverhalten	
Konzentration	Ausdauer		

Steilwand

Aus Weichbodenmatten, großen und kleinen Kästen, Turnmatten und Bänken wird an der Sprossenwand mit Hilfe von Seilchen eine hohe und steile Kletterwand gebaut. Bei einer sehr steilen Wand kann mit einem oben befestigten Tau eine Kletterhilfe gegeben werden. Auf der hinteren Seite der Sprossenwand kann wieder heruntergeklettert werden.

Gruppengröße: 5-10

Material:

- große und kleine Kästen
- Weichbodenmatten, Turnmatten
- Seilchen
- Taue
- Turnbänke

Altersgruppe: ab 6

Organisationshilfen:

- nach allen Seiten absichern
- bei jüngeren Kindern die Wand entsprechend flach bauen

Variationen:

- in eine große Bewegungslandschaft integrieren (z.B. mit „Basislager", „Höhlen" u.ä., an denen man sich ausruhen kann, „Verpflegungsstationen")
- eventuell als „Hausaufgabe" Vorbereitungen treffen lassen (z.B. Zeichnungen)
- wenn die Gelegenheit sich bietet (z.B. im Winter), die Halle verdunkeln und mit Taschenlampen die Steilwand als „Expedition" erklettern

Querverweise:

- „Seenot" (GM 20)

GM 17	• Grobmotorik Feinmotorik Gleichgewicht Konzentration	Entspannung ✔ **Wahrnehmung** ✔ **Reaktion** ✔ **Ausdauer**	Denken und Bewegen Sozialverhalten

Übersetzen

Jeder Teilnehmer hat zwei große Zeitungsblätter, auf denen er steht. Durch schnelles Weiterlegen der Zeitung, die gerade nicht betreten wird und anschließendes Umsteigen usw. soll eine vorher bestimmte Strecke überbrückt werden, ohne daß die Zeitung verlassen wird. Die Zeitungsblätter sollen im Ziel nicht zerrissen sein.

Bei Jugendlichen und Erwachsenen läßt sich die gleiche Spielform mit zwei Personen auf der Zeitung oder mit mehr (4 bis 6) Personen auf Gymnastikmatten durchführen.

Gruppengröße: 1-20

Material:

– Zeitungen

– Teppichfliesen

– Matten

Altersgruppe: alle Altersgruppen

Organisationshilfen: –

Variationen:

– an Stelle von Zeitungen können auch Teppichfliesen genommen werden

– bei sehr großen Gruppen und kräftigeren Teilnehmern ist das gleiche Spiel auch mit zwei Weichbodenmatten durchführbar

Querverweise:

– „Flußüberquerung" (GM 12)

| • Grobmotorik
Feinmotorik
Gleichgewicht
Konzentration | Entspannung
✔ **Wahrnehmung**
Reaktion
✔ **Ausdauer** | Denken und
Bewegen
✔ **Sozialverhalten** | **GM 18** |

Berg und Tal

Aus Weichbodenmatten, Turnmatten, Kastenteilen und kleinen Kästen wird unter den Ringen oder dem Trapez gemeinsam eine „Berg- und Talbahn" gebaut, die die Mitspieler zunächst überklettern können. Die Berge werden gebaut, indem die Weichbodenmatte über zwei kleine Kästen oder Kastenteile gelegt wird. Dann werden die Ringe oder ein Trapez eingesetzt. So können die Mitspieler versuchen, über den ersten Berg zu fliegen, ohne ihn zu berühren und erst auf dem zweiten zu landen.

Gruppengröße: 8-15

Material:

- Weichbodenmatten, Turnmatten
- kleine Kästen, große Kästen
- Ringe, Trapez

Altersgruppe: 3-12

Organisationshilfen:

- nach allen Seiten durch Turnmatten absichern
- wenn Ringe oder Trapez eingesetzt werden, Richtung des Wegs vorgeben

Variationen:

- ältere Teilnehmer können dabei auch Gegenstände transportieren

Querverweise:

- „Steilwand" (GM 16)

GM 19	• **Grobmotorik** Feinmotorik Gleichgewicht Konzentration	Entspannung Wahrnehmung ✔ **Reaktion** Ausdauer	Denken und Bewegen ✔ **Sozialverhalten**

Luftballontennis

Die Mitspielerinnen versuchen, sich zu zweit oder in der Gruppe einen oder mehrere Luftballons mit Hilfe von Schleuderhörnern zuzuspielen. Ziel könnte es sein, daß kein Luftballon den Boden berühren darf. Mit einem dicken, stabilen Luftballon kann das Spiel zum „Luftballon-Volleyball" erweitert werden. Dabei spielen sich zwei Mannschaften den Ballon über eine Schnur zu oder versuchen ein Wettspiel nach ähnlichen Regeln wie beim Volleyball.

Gruppengröße: 1-20

Material:

– ein Schleuderhorn pro Person
– Luftballon

Altersgruppe: ab 6

Organisationshilfen:

– darauf achten, daß beim Zuspielen genügend Sicherheitsabstand eingehalten wird

Variationen:

– jeweils ein Mitspieler spielt mit dem Schleuderhorn einen Luftballon hoch und versucht dabei, kleinere Hindernisse (wie kleine Kästen oder gespannte Zauberschnur) zu überwinden

Querverweise:

– „Kinkerlitzchen mit dem Luftballon" (GM 3)

● Grobmotorik	Entspannung	Denken und	
Feinmotorik	Wahrnehmung	Bewegen	**GM 20**
✔ Gleichgewicht	Reaktion	✔ Sozialverhalten	
Konzentration	Ausdauer		

Seenot

Auf einem großen Kasten (Schiff) stehen 6-8 „Matrosen". Ziel ist es, sich von diesem „in Seenot" befindenden Schiff mittels der Taue auf das „Rettungsschiff" (ein gegenüberstehender großer Kasten) zu schwingen. Natürlich sollen alle gerettet werden, ohne daß jemand ins Wasser fällt.

Gruppengröße: 6-10

Material:

– zwei Weichbodenmatten, Turnmatten

– zwei große Kästen

– Taue

Altersgruppe: ab 7

Organisationshilfen:

– die Weichbodenmatten jeweils hinter die Kästen legen; zwischen den Kästen Turnmatten

– bei jüngeren „Matrosen" kleinere Kästen nehmen

Variationen:

– zusätzlich versuchen, auch die „Schiffsladung" (z.B. Bälle, Kartons...) zu retten

Querverweis:

– „Steilwand" (GM 16)

3.2 Feinmotorik (FM)

Feinmotorik – Psychomotorik im Handumdreh'n –

Unter Feinmotorik verstehen wir die Fähigkeit zu kleinräumigen, gezielten und besonders abgestimmten Bewegungen, für die uns Kopf und Gesicht, Füße und vor allem Hände zur Verfügung stehen. Wer z.B. im Zoo gesehen hat, wie ein Gorilla mit den Füßen Erdnüsse schält, versteht, daß die Reduktion dieser Fähigkeiten beim Menschen vor allem auf die Hände ein Ergebnis seiner Genese ist. Wie trainierbar diese Fähigkeiten sind und wie rückholbar diese Vergangenheit noch ist, belegen z.B. eindrucksvoll contergangeschädigte Menschen, wenn sie etwa mit den Füßen malen. Nicht nur für den Uhrmacher ist Feinmotorik von fast lebenswichtiger Bedeutung. Das Baby lernt Begreifen durch das Greifen. Und Schreiben, als eine grundlegende Kulturtechnik, wird wesentlich durch eine feine Abstimmung zwischen prozeßbegleitenden visuellen Wahrnehmungen, taktilen Reizen und Bewegungen von Fingern, Hand und Arm ermöglicht. Das Greifen ist hier noch kleinräumiger. Die Ende des ersten Lebensjahres erlernte Fähigkeit, den Daumen der Hand gegenüberzustellen, erlaubt z.B. das Festhalten des Stiftes. Diese feinmotorische Leistung setzt eine ständige Rückkopplung der Motorik mit den beteiligten Sinnen (vor allem dem visuellen Bereich) voraus (z.B. Auge-Hand–Koordination).

Ferner ist Feinmotorik nur möglich über einen dosierten, auf die jeweilige Handlung abgestimmten Krafteinsatz. Sämtliche Muskelimpulse müssen der Situation angemessen werden. Baut ein Kind (daran haben auch viele Erwachsene Spaß) ein Kartenhaus, erhöhen überschießende Bewegungen die Gefahr des Einsturzes.

Merke ich beim Kirschkuchenessen, daß da ein Kern mit hineingerutscht ist, helfen feine Bewegungen von Zunge und Gebiß, diesen zu lokalisieren und auszuspucken, ehe ein Zahn in Mitleidenschaft gezogen wird.

Aufbauend auf Wahrnehmungsübungen werden diese Zusammenhänge in der psychomotorischen Praxis immer wieder aufgegriffen. Dabei ist es wichtig, daß Kontrolle und Dosierung der Aktivitäten von der Situation und Aufgabenstellung ausgehen. Eigenerfahrung sollte nicht durch zu enge Vorschriften beeinträchtigt werden.

Kiphard, E. J.: Motopädagogik. Dortmund 1990 (4. Auflage)

Pauli, S. /Kisch, A.: Geschickte Hände – Feinmotorische Übungen für Kinder in spielerischer Form. Dortmund 1993

Sinnhuber, H.: Spielmaterialien zur Entwicklungsförderung. Dortmund 1986

Grobmotorik	Entspannung	Denken und	
● **Feinmotorik**	✔ **Wahrnehmung**	Bewegen	**FM 1**
Gleichgewicht	Reaktion	Sozialverhalten	
✔ **Konzentration**	Ausdauer		

Handschatten

Die Mitspielerinnen sitzen in einem verdunkelten Raum zwischen einer starken Lichtquelle und einer Leinwand oder weißen Wand. Mit den Händen und Fingern werden zunächst verschiedene Formen (z.B. Tierköpfe) an der Wand dargestellt. Die Darstellungen können dann von den anderen Mitspielerinnen erraten und nachgeahmt werden. Mit ein wenig Übung können kleine Szenen (z.B. zwei Tiere begegnen sich) oder Geschichten gespielt werden.

Gruppengröße: 2-5

Material:

– Overheadprojektor / Diaprojektor / gebündelte Lichtquelle

Altersgruppe: alle Altersgruppen

Organisationshilfen:

– günstig ist es, wenn die Lichtquelle auf einem Tisch steht, so daß die Mitspielerinnen darunter sitzen können

– verschiedene Abstände von der Lichtquelle verändern die Größe

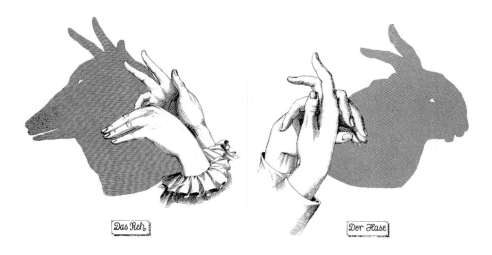

FM 1a	Grobmotorik ● **Feinmotorik** Gleichgewicht ✔ **Konzentration**	Entspannung ✔ **Wahrnehmung** Reaktion Ausdauer	Denken und Bewegen Sozialverhalten

Handschatten

– Mitspielerinnen im Wechsel spielen und zuschauen lassen

Variationen:

– eventuell können auch die Füße einbezogen werden

Querverweise:

– wird der ganze Körper eingesetzt (Menschenschattenspiel), liegt der Übungsschwerpunkt eher im Bereich der Grobmotorik und Körperwahrnehmung

(Schattenspiele entnommen aus: Schattenspiele. Copyright (1984), Coppenrath Verlag, Münster.)

Vogel im Flug

Grobmotorik	Entspannung	Denken und	
● **Feinmotorik**	✔ **Wahrnehmung**	Bewegen	**FM 2**
Gleichgewicht	Reaktion	✔ **Sozialverhalten**	
Konzentration	Ausdauer		

Kinnmalerei

Die Teilnehmer malen sich die untere Gesichtshälfte so an, daß ein umgekehrtes Gesicht darauf entsteht. Ein Teilnehmer legt sich auf den Rücken, der andere bemalt das Kinn mit einer Nase, mit Augen, Ohren, evt. einer Brille,.... Die obere Gesichtshälfte und der Hals des „Modells" werden verdeckt, so daß nur das gemalte Gesicht und der Mund zu sehen sind. Der liegende Teilnehmer übt jetzt mit dem Mund und Kinn Bewegungen und Grimassen ein und erzählt etwas dazu.

Haben die Partner sich gegenseitig bemalt und sich einen kleinen Dialog ausgedacht, kann eine kleine Vorführung beginnen. Ein besonderes Bonbon ist es, wenn die Szenen mit einer Videokamera gefilmt werden und die Teilnehmer sich anschließend selber sehen und hören können.

Gruppengröße: beliebig

Material:

– Schminke und Stifte

– Tücher

– falls vorhanden Videokamera

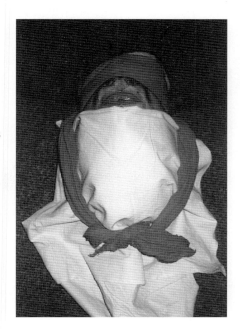

Altersgruppe: ab 6

Organisationshilfen:

– die Aufgabe erfordert mindestens eine Stunde

– versuchen, die Eigenarten der Kinnform beim Bemalen herauszuheben

Variationen:

– Gesicht auf den Bauch malen

Querverweise: –

FM 3	Grobmotorik ● **Feinmotorik** Gleichgewicht Konzentration	Entspannung Wahrnehmung Reaktion Ausdauer	✔ **Denken und Bewegen** Sozialverhalten

Neue Strümpfe

Die Mitspielerinnen stellen pantomimisch z.B. folgende Geschichte dar: Ein Paket kommt an. Es ist gut verknotet. Sorgfältig werden die Knoten gelöst und das Paket wird ausgepackt. Da kommen neue Strümpfe zum Vorschein. Oh, sind die toll! Die muß ich gleich mal anprobieren...

Gruppengröße: 2-3, mehrere Gruppen

Material: –

Altersgruppe: ab 6

Organisationshilfen:

– eine Hälfte der Gruppe erzählt die Phantasiegeschichte, die andere stellt sie dar

Variationen:

– beliebige andere Geschichten, die feinmotorische Handlungen einschließen, z.B.:

– Wäsche waschen und auswringen, aufhängen

– mich juckt es überall

– Kuchen backen

Querverweise:

– „An der Nase herumführen" (D 8)

Grobmotorik	Entspannung	Denken und	
● **Feinmotorik**	✔ **Wahrnehmung**	Bewegen	**FM 4**
Gleichgewicht	Reaktion	✔ **Sozialverhalten**	
Konzentration	Ausdauer		

Auspackspiel

Die Mitspieler würfeln nacheinander. Wer eine Drei würfelt, darf anfangen, ein Knäuel aus verknoteten und verschlungenen Seilchen aufzulösen, aufzuknoten, zu entwirren ... Eingepackt ist ein Schaumstoffball, der, sobald er befreit ist, auf ein Ziel (z.B. in den Korb) geworfen wird. Empfehlenswert ist die Regel, daß alle Seilchen unverknotet nebeneinander liegen, bevor auf das Ziel geworfen wird!

Gruppengröße: 3-6 je Gruppe

Material:

– je Gruppe ein Würfel, ein Schaumstoffball, ca. 10 Seilchen

Altersgruppe: 6-12

Organisationshilfen:

– die Gruppen packen sich die Bälle gegenseitig ein
– feste Knoten sind nicht erlaubt

Variationen:

– das Spiel kann auch umgekehrt ablaufen: Der Ball wird eingepackt. Mit dem dann ganz schön schweren Ball kann z.B. Korbball gespielt werden.
– den Ball so schwer wie möglich machen ...

Querverweise: –

FM 5	Grobmotorik ● **Feinmotorik** Gleichgewicht Konzentration	Entspannung Wahrnehmung Reaktion Ausdauer	✔ **Denken und** **Bewegen** ✔ **Sozialverhalten**

Fußtheater

Die Mitspielerinnen bemalen ihre Fußsohlen und Zehen mit geeigneter Farbe, basteln kleine Hüte für die Zehen, so daß bestimmte Figuren / Charaktere entstehen. Sie sitzen dann nebeneinander vor einem Spiegel oder liegen hinter einer „Bühne" (z.B. aus Matten) und versuchen, die Figuren mit Leben zu erfüllen, sich im Takt zu bewegen, eine kleine Geschichte zu spielen ...

Gruppengröße: 2-3 je Gruppe

Material:

– Spiegel, Fingerfarbe, Stoff u.a.

Altersgruppe: ab 4

Organisationshilfen:

– verschiedene Fußstellungen, Beweglichkeit der Zehen etc. können vorher (günstig: im Spiegel) geübt werden

Variationen:

– Musik, Füße bewegen sich im Zusammenspiel zur Musik

– Hände und Füße werden gemeinsam benutzt

Querverweise: –

Grobmotorik	Entspannung	Denken und	
● **Feinmotorik**	Wahrnehmung	Bewegen	**FM 6**
Gleichgewicht	Reaktion	Sozialverhalten	
✔ **Konzentration**	Ausdauer		

Kartenhaus bauen

Die Mitspieler stellen Spielkarten, Bierdeckel, Eierkartons, Toilettenrollen, Partyteller ... so aneinander und aufeinander, daß ein möglichst stabiles „Gebäude" entsteht. Sind unterschiedliche Materialien vorhanden, können z.B. erst Türme aus einem Material gebaut werden, die dann mit einem anderen nachgebaut werden.

Gruppengröße: Einzelübung

Material:

– Spielkarten, Bierdeckel,

Altersgruppe: ab 4

Organisationshilfen:

– bei Brauereien bekommt man häufig größere Mengen von Bierdeckeln als Werbemittel

– jedem Mitspieler wird eine eigene Spielfläche (z.B. Turnmatte oder Tisch) gegeben, wo er nicht gestört wird

Variationen:

– in kleinen Gruppen darf jeder in einer festgelegten Reihenfolge eine Karte an- oder auflegen

Querverweise:

– siehe Kapitel „Alltagsmaterial"

FM 7	Grobmotorik ● **Feinmotorik** Gleichgewicht Konzentration	Entspannung ✔ **Wahrnehmung** ✔ **Reaktion** Ausdauer	Denken und Bewegen Sozialverhalten

Goldfinger

Die Teilnehmerin stellt einen Gymnastikstab auf den Boden und hält ihn mit einem Finger fest. Nun werden die Finger wie beim Klavierspiel gewechselt. Im Klassenraum kann die gleiche Übung im Sitzen mit einem Stift durchgeführt werden. Etwas schwerer ist es, den Gymnastikstab auf einem Finger zu balancieren und ihn dann auf einen anderen weiterzugeben.

Gruppengröße: Einzelübungen

Material:

– Gymnastikstäbe

Altersgruppe: ab 6

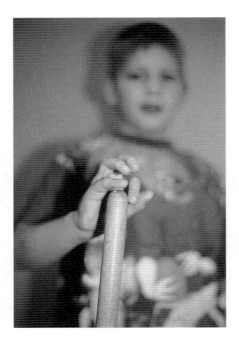

Organisationshilfen:

– auf genügend großen Abstand der Teilnehmerinnen voneinander achten

Variationen:

– ein Gymnastikstab wird am unteren Ende gegriffen und in der Luft gehalten. Nun wird kurz die Hand gestreckt, wobei der Stab zu fallen beginnt. Er soll wieder gegriffen werden, bevor er den Boden berührt

Querverweise: –

Grobmotorik	Entspannung	Denken und	
● **Feinmotorik**	✔ **Wahrnehmung**	Bewegen	**FM 8**
Gleichgewicht	Reaktion	✔ **Sozialverhalten**	
✔ **Konzentration**	Ausdauer		

Klammerturm

Jede Teilnehmerin hat einige Wäscheklammern. Eine beginnt, durch Zusammenstecken von zwei Klammern einen Turm zu bauen, der dann weitergegeben wird. Nun fügt jede Teilnehmerin eine Klammer hinzu, bis keine Klammern mehr vorhanden sind oder der Turm einstürzt. Kleinere Kinder können auch versuchen, eine liegende Form, z.B. eine Linie, einen Kreis zu klammern.

Gruppengröße: 3-4 Personen je Kleingruppe

Material:

– 5 Klammern pro Person

Altersgruppe: ab 4

Organisationshilfen: –

Variationen:

– mit den Klammern Papierschnipsel oder andere Gegenstände aufsammeln (Schätze in einem Fluß)

– Spielkarten/ Bierdeckel weiterreichen oder in den Turm einbauen

Querverweise:

– siehe Kapitel „Alltagsmaterial"

FM 9	Grobmotorik • **Feinmotorik** ✔ **Gleichgewicht** ✔ **Konzentration**	Entspannung Wahrnehmung ✔ **Reaktion** Ausdauer	Denken und Bewegen Sozialverhalten

Ball-Kellner

Die Mitspieler legen auf ihr Speckbrett kleine Bälle, die nicht herunterfallen sollen. Sobald sie etwas Sicherheit haben, versuchen sie einen Handwechsel oder drehen ihre Hand so, daß die Bälle nicht fallen.

Auch können sie versuchen, die Bälle in leichte Bewegung zu bringen, sich mit dem Speckbrett in der Hand setzen, legen, drehen oder sie tauschen mit anderen das Speckbrett.

Gruppengröße: beliebig

Material:

– Speckbretter, Tischtennisbälle, kleine Schaumstoffbälle

Altersgruppe: ab 4

Variationen:

– Eierlaufen; dabei auch Löffel mit dem Mund halten

– Bälle auf Partytellern oder Balltragestäben transportieren

– Tischtennisbälle auf Partytellern (Unter- und Oberseite) kreisen lassen

Querverweise: –

Grobmotorik	Entspannung	Denken und	
● **Feinmotorik**	✔ **Wahrnehmung**	Bewegen	**FM 10**
Gleichgewicht	Reaktion	Sozialverhalten	
Konzentration	Ausdauer		

Kreiselkegeln

Auf einer begrenzten Fläche stellen die Kinder kleine Figuren so auf, daß diese gut verteilt sind. Nun werden kleine Kreisel so gedreht, daß sie die Figuren nach und nach umwerfen. Eine ähnliche Funktion wie ein Kreisel erfüllt ein sternförmig geformter Zollstock, der so gedreht wird, daß mit ihm Tischtennisbälle so durch den Raum geschossen werden, daß die Figuren getroffen werden.

Gruppengröße: beliebig

Material:

- kleine Figuren
- Kreisel oder Zollstöcke und Tischtennisbälle

Altersgruppe: 5-10

Variationen:

- Kreisel oder Zollstockkreisel im Raum verteilen, und ständig sollen alle in Bewegung sein (vgl. A 14)
- mehrere Kinder drehen ihre Kreisel auf dem Rücken eines liegenden Kindes

Querverweise: –

FM 11	Grobmotorik • **Feinmotorik** Gleichgewicht Konzentration	Entspannung ✔ **Wahrnehmung** Reaktion Ausdauer	Denken und Bewegen Sozialverhalten

Verdreht

Je nach Handgröße nehmen die Kinder zwei Murmeln oder Tischtennisbälle in die Hand und lassen diese umeinander kreisen. Die Bälle können in unterschiedliche Richtungen bewegt, von einer Hand in die nächste gegeben oder zwischen den Händen bewegt werden. Auch ist es spannend für Kinder, Murmeln zwischen Zeigefinger und Daumen zu bewegen, ohne sie zu verlieren.

In China werden Baoding Kugeln (Qui-Gong-Kugeln) seit vielen Jahrhunderten ähnlich genutzt. Dabei wird versucht, die Kugeln so in der Hand kreisen zu lassen, daß sie sich nicht berühren.

Gruppengröße: Einzelübung

Material:
– Murmeln oder Tischtennisbälle

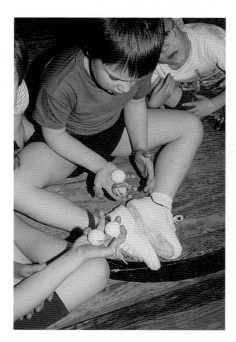

Altersgruppe: 3-6

Variationen:

– Murmel zwischen flacher Hand und Tisch bewegen, und ein „Dieb" versucht sie wegzuschnippen

– Stifte oder Münzen zwischen den Fingern wandern lassen (diese Aufgabe läßt sich gut mit Schulkindern im Unterricht durchführen)

Querverweise: –

Grobmotorik	Entspannung	Denken und	
● **Feinmotorik**	Wahrnehmung	Bewegen	**FM 12**
Gleichgewicht	Reaktion	Sozialverhalten	
✔ **Konzentration**	Ausdauer		

Erbsengeschichte

Fingerspiele sind besonders spannend, wenn sie mit einer Geschichte verbunden sind. So sitzen alle Kinder auf den Fersen und legen die Hände auf ihre Oberschenkel. Dann sprechen sie die folgende Geschichte: „Die Erbsen rollen über die Straße und sind bald platt". Die Finger bewegen sich dabei schnell und abwechselnd tippend zu den Knien, und bei dem Wort „platt" schlagen die Kinder mit den Händen auf den Boden. Das Gleiche wird wiederholt, um dann mit den Worten „Ach wie schade, ach wie jammer jammer schade" die Hände zum Kopf zu führen.

Die Geschichte kann frei weitergesponnen werden ...

Gruppengröße: beliebig

Material: –

Altersgruppe: ab 3

Organisationshilfen: –

Variationen:

– Tempo von ganz langsam bis schnell

Querverweise:

– „Regenmacher" (K 5)

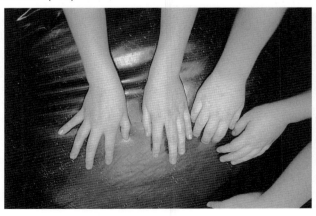

FM 13	Grobmotorik • **Feinmotorik** Gleichgewicht Konzentration	Entspannung ✓ **Wahrnehmung** Reaktion Ausdauer	Denken und Bewegen Sozialverhalten

Spielchen mit dem Japanball

Die Mitspieler legen den Japanball flach auf die Hand und pusten ihn durch ein Loch auf. Nun wird der Ball vorsichtig hochgeworfen und so sanft gefangen, daß er nicht wieder zusammengedrückt wird.

Wenn dies beherrscht wird, können damit kleine Spiele gemacht werden, wie z.B.: sich gegenseitig den Japanball zuwerfen, zwei Partner werfen ihre Bälle hoch und tauschen die Plätze usw.

Gruppengröße: beliebig

Material:

– pro Person ein Japanball

Altersgruppe: ab 6

Organisationshilfen:

– Bälle als Besonderheit vorstellen, die vorsichtig zu behandeln ist

Variationen:

– von Hand zu Hand werfen

– zu zweit transportieren

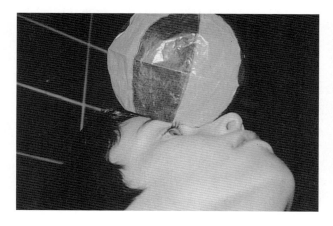

– um Hindernisse pusten

– zwei Tore machen; versuchen, den Japanball ins Tor des Partners zu pusten

Querverweise: –

Grobmotorik	Entspannung	Denken und	
● **Feinmotorik**	✔ **Wahrnehmung**	Bewegen	**FM 14**
Gleichgewicht	Reaktion	Sozialverhalten	
Konzentration	Ausdauer		

Klickerbahn

Jede Teilnehmerin hält die Enden eines Schleuderhorns (Heulrohr) so mit den Händen zusammen, daß ein Kreis entsteht. Eine kleine Murmel wird in das Schleuderhorn gegeben, und nun versucht die Teilnehmerin, die Kugel im Schleuderhorn in Bewegung zu halten. Wird ein zweites Schleuderhorn dazu genommen, kann ein großer Kreis oder auch eine Acht geformt werden.

Gruppengröße: beliebig

Material:

– eine Murmel und ein Schleuderhorn pro Mitspieler

Altersgruppe: ab 6

Organisationshilfen:

– die Übung gelingt, wenn das Schleuderhorn wirklich zu einem Kreis gebogen wird

Variationen:

– Aufgabe mit geschlossenen Augen durchführen und hören, ob die Murmel sich gleichmäßig bewegt

– mancher Gymnastikreifen hat leichte Aushöhlungen an den Seiten, so daß auch hierin ein kleiner Ball oder eine Murmel in Bewegung gehalten werden kann

Querverweise:

– „Murmelbahn" (S 5)

71

FM 15	Grobmotorik ● **Feinmotorik** Gleichgewicht ✔ **Konzentration**	Entspannung Wahrnehmung Reaktion Ausdauer	Denken und Bewegen ✔ **Sozialverhalten**

Groschenroman

Die Mitspieler bekommen je einen Groschen (auch Mühlestein oder Knopf) und versuchen, diesen aus einer zuvor festgelegten Entfernung möglichst nah an eine Wand zu werfen. Derjenige, dessen Groschen am nächsten zur Wand liegt, legt alle Groschen auf den Handrücken, wirft sie hoch und versucht, sie mit der gleichen Hand zu fangen.

Gruppengröße: 2-6

Material:

– Groschen, Mühlesteine oder Knöpfe

Altersgruppe: ab 6

Organisationshilfen: –

Variationen:

– das gleiche Spiel läßt sich auch mit Bierdeckel oder Streichholzschachteln durchführen

– die Wand darf beim Wurf nicht berührt werden

– jeder Gewinner des Durchgangs geht beim nächsten Wurf einen Schritt weiter zurück

Querverweise: –

Grobmotorik	Entspannung	Denken und	
● **Feinmotorik**	✔ **Wahrnehmung**	Bewegen	**FM 16**
Gleichgewicht	Reaktion	Sozialverhalten	
✔ **Konzentration**	Ausdauer		

Groschenflipsen

Auf einem Tisch bauen die Mitspielerinnen zunächst ein ca. handbreites Tor auf. Nun versucht eine Spielerin drei Groschen (Mühlesteine, Knöpfe), die auf der anderen Tischseite liegen, so mit einem Finger zu spielen, daß jeweils ein Groschen zwischen den beiden anderen durchgespielt wird. Das Ziel ist erreicht, wenn die Groschen sich dabei nicht gegenseitig berühren und ein Groschen ins Tor „geflipst" wird.

Gruppengröße: 2-3 je Gruppe

Material:

– Groschen, Mühlesteine oder Knöpfe

Altersgruppe: ab 4

Organisationshilfen:

– Torgröße nach Fähigkeit gestalten

Variationen:

– gleiches Spiel mit Gymnastikbällen in der Turnhalle oder auf der Wiese

Querverweise: –

FM 17	Grobmotorik • **Feinmotorik** Gleichgewicht Konzentration	Entspannung Wahrnehmung Reaktion Ausdauer	✔ **Denken und** **Bewegen** Sozialverhalten

Schnappschnabel

a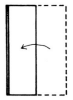

1.) Die Teilnehmer falten 1 DIN A4 Papier längs in der Mitte (a).

Die weiteren Faltschritte werden wie folgt vorgenommen:

2.) Als weitere Falthilfe wird das zusammengefaltete Papier noch einmal längs gefaltet und wieder aufgeklappt.

b

3.) Die Ecken der geschlossenen Seite bis zur Mitte einklappen (b)

c 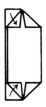 d

4.) Die Ecken der offenen Seite werden ebenfalls eingeklappt: das obere Papier nach vorne, das untere nach hinten (c) und (d).

e f

5.) Jetzt die offenen Seiten nach vorne und hinten falten (e) und (f).

Grobmotorik	Entspannung	✔ **Denken und**	
● **Feinmotorik**	Wahrnehmung	**Bewegen**	**FM 17a**
Gleichgewicht	Reaktion	Sozialverhalten	
Konzentration	Ausdauer		

Schnappschnabel

6.) Die Rückseite in der Mitte bis zur Mitte einschneiden und die äußeren Blätter bis zur Spitze hochfalten (beidseitig) (g).

g

7.) Nun auf eine Seite ein Auge malen und die Spitzen aufeinanderfalten (h).

h

8.) Wenn Zeigefinger und Mittelfinger das mittlere Blatt einklemmen „spricht der Vogel", wenn die Hand auf- und zuklappt.

Gruppengröße: beliebig

Material:

1 DIN A4 Papier je Teilnehmer

Altersguppe: ab 6

Organisationshilfen: wie Zeichnung

Querverweise: andere Faltspiele

(Schnappschnabel entnommen aus: Marie Theres Vennekötter: Himmel & Hölle. Copyright (1985), Coppenrath Verlag, Münster.)

FM 18	Grobmotorik ● **Feinmotorik** Gleichgewicht ✔ **Konzentration**	Entspannung ✔ **Wahrnehmung** Reaktion Ausdauer	Denken und Bewegen Sozialverhalten

Wunderseil

Jedes Kind hält ein Seil in der unten gezeigten Weise (wie eine Brezel). Dann wird von oben durch die linke Schleife die rechte gefaßt, das Seil neben der Schleife festgehalten und zu einem „Wunderknoten" festgezogen. Der Knoten kann nun einfach rausgezogen oder aus dem Seil herausgeschlagen werden.

Es können weitere Luftschlingen durch diesen Knoten gezogen werden, so daß der Effekt noch verblüffender ist.

Gruppengröße: beliebig

Material:

– pro Kind ein Seil

Altersgruppe: ab 8

Organisationshilfen:

– in kleine Zaubervorführung oder Geschichte einbauen

Variationen:

– weitere Knoten (z.B. verschiedene Seglerknoten) oder Zaubereien mit dem Seil

Querverweise: –

Grobmotorik	Entspannung	Denken und	
● **Feinmotorik**	✔ **Wahrnehmung**	Bewegen	**FM 19**
Gleichgewicht	Reaktion	Sozialverhalten	
✔ **Konzentration**	Ausdauer		

Dirty Harry

Das Zaubern mit Gummibändern kann zu einem Erlebnis werden, das die Fingerfertigkeit spielerisch fördert.

Die Einbindung der Tricks in selbst erfundene Geschichten gibt dem Zaubern einen zusätzlichen Reiz.

Der Zauberer erzählt die Geschichte vom Befreiungskünstler „Dirty Harry", der es nach jeder Gefangennahme schafft, sich von seinen Fesseln zu befreien:

1. Gummiband über Zeigefinger und kleinen Finger legen und die Hand befreit sich selbst davon.

2. Gummiband um den Zeigefinger (Dirty Harry) legen, dann das Gummi an der Handflächenseite um den Mittelfinger (Baum) spannen und wieder über den Zeigefinger legen (Gummi dabei nicht verdrehen). Jemand hält noch die Fingerspitze (Kopf) fest (nicht das Gummi) und dann wird das Tuch über Finger gelegt (Nacht). Wird jetzt der Mittelfinger nach unten bewegt, schnappt das Gummi auf ihn über und Dirty Harry ist frei.

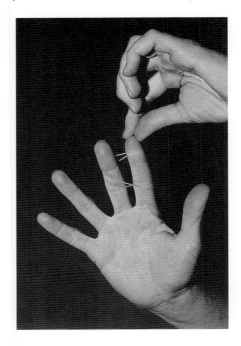

Gruppengröße: beliebig

Material:

– je Zauberer ein Gummiband und ein Tuch

Altersgruppe: ab 6, kleiner Kinder schauen fasziniert zu

Organisationshilfen:

– zunächst selbst gut beherrschen und dann vorführen

FM 19a	Grobmotorik • **Feinmotorik** Gleichgewicht ✔ **Konzentration**	Entspannung ✔ **Wahrnehmung** Reaktion Ausdauer	Denken und Bewegen Sozialverhalten

Dirty Harry

– Atmosphäre des Geheimnisvollen schaffen und dann den Trick verraten

Variationen:

– Hexenspiel: Zusammengeknotetes Hosengummi mit Zeigefingern und Daumen zunächst als Viereck halten und sich gegenseitig so abnehmen, daß neue Figuren entstehen

Querverweise: –

Grobmotorik	Entspannung	Denken und	
● **Feinmotorik**	✔ **Wahrnehmung**	Bewegen	**FM 20**
Gleichgewicht	Reaktion	Sozialverhalten	
✔ **Konzentration**	Ausdauer		

Fußmalerei

Die Mitspieler versuchen, einen Stift, Pinsel etc. zwischen die Zehen zu klemmen und jetzt mit den Füßen ein Bild zu malen. Ist dies noch zu schwierig, kann auch mit Fingerfarbe begonnen werden. Besonderen Spaß macht es, wenn eine Gruppe versucht, gemeinsam einen Menschen, ein Haus o.ä. zu malen.

Gruppengröße: beliebig

Material:

– ein Stift, Pinsel, Kreidestück etc. je Spieler

Altersgruppe: ab 4

Organisationshilfen:

– zunächst mit großen Papierblättern und einfachen Malstiften beginnen

Variationen:

– Namen und anderes schreiben

Querverweise: –

3.3 Gleichgewicht (G)

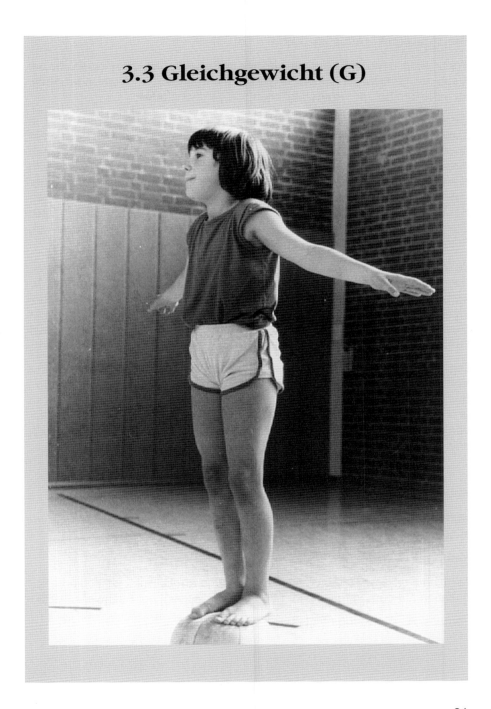

Gleichgewicht – Alles im „Lot"?

Wenn man sagt, ein Mensch sei „im Lot", heißt dies zum einen, er sei stabil, drohe nicht zu kippen, er wanke nicht einmal. Es meint aber auch, es gehe ihm gut, er sei ausgeglichen, ruhe in sich selbst.

Gleichgewicht ist für den Menschen ebenso grundlegend wie komplex in seiner seelischen wie auch körperlichen Dimension. An dem, was „Gleichgewicht" bedeutet, haben eine Reihe verschiedener Sinne und Funktionen ihren Anteil: Nehmen wir beispielsweise den Stand auf einem Bein, so wird dieser aufrecht erhalten, indem zum einen das Vestibulärorgan (im Innenohr) Abweichungen von der Senkrechten meldet. Zum zweiten spüren wir Schwankungen als Veränderungen im Druck- und Zugverhalten des Standfußes und -beines. Drittens realisieren die Augen, ob die optischen Fixpunkte (z.B. am Horizont) noch auf den Sehachsen liegen.

Je frühzeitiger diese Informationen das motorische Stützsystem erreichen, desto schneller kann das Gleichgewicht motorisch stabilisiert werden. Allerdings ist diese Frühzeitigkeit nicht nur eine Frage von Nervenleitgeschwindigkeit und motorischer Reaktionsfähigkeit, sondern vor allem der Reizempfindlichkeit und sensorischen Integrationsleistung. Die emotionale Grundsituation beeinflußt das vestibuläre Geschehen zudem.

Diese Vielschichtigkeit eröffnet auch vielseitige Übungsmöglichkeiten zur Verbesserung des Gleichgewichtes, die sich vor allem darauf beziehen, das Gleichgewicht immer wieder zu erproben, zu provozieren, zu riskieren und wiederzugewinnen. Der Wechsel von Stabilität und Labilität oder, aktiver gesehen, von Labilisierung und Stabilisierung, ist dabei der wesentliche Trainingsaspekt.

Fetz, F.: Sensomotorisches Gleichgewicht im Sport. Wien 1984

Kiphard E.J.: In MOTORIK 2/85 Übungsvorschläge zur Verbesserung vestibulärer Funktionen

Kiphard E.J.: Motopädagogik. Dortmund 1984

Lensing-Conrady, R.: Sensorische Integration am Beispiel vestibulärer Stimulation auf dem Varussell. In: Pädagogik in Bewegung, Eschweiler 1993

Tomatis, A.: Der Klang des Lebens. Reinbek 1990

✔ **Grobmotorik**	Entspannung	Denken und	
Feinmotorik	✔ **Wahrnehmung**	Bewegen	**G 1**
● **Gleichgewicht**	Reaktion	Sozialverhalten	
Konzentration	Ausdauer		

Balanceakte auf der Turnbank

Turnbänke laden in so gut wie jeder Turnhalle zum Balancieren ein. Sie lassen sich vielfältig verwenden und gut mit anderen Geräten kombinieren. Hier einige Variationen:

– Bänke umdrehen und darüber balancieren

– auf der Bank Richtungswechsel

– Hindernisse (Bälle/Keulen) auf die Bänke legen

– Bänke höher stellen (z.B. auf kleine und große Kästen)

– Bank schräg stellen (eine Seite auf den Kasten)

– Bank wackelig machen, z.B. durch Einhängen in Ringe

Gruppengröße: beliebig, je nach Zahl der Turnbänke

Material:

– Turnbänke, kleine Kästen,...

Altersgruppe: je nach Übungsform jedes Alter

Organisationshilfen:

– gleichzeitig Übungen mit unterschiedlichem Schwierigkeitsgrad anbieten

Variationen:

– den Untergrund wackeliger machen: z.B. Bank umgedreht auf Gymnastikstäbe legen. Dabei Bank mit ca. 10 cm Spiel an den Stirnseiten zwischen zwei Matten einklemmen

– Bank (umgedreht) in der Mitte auf kleinen Kasten legen (Wippe)

83

G 1a	✔ **Grobmotorik** Feinmotorik ● **Gleichgewicht** Konzentration	Entspannung ✔ **Wahrnehmung** Reaktion Ausdauer	Denken und Bewegen Sozialverhalten

Balanceakte auf der Turnbank

- Bank (umgedreht) auf Weichböden auflegen

- Kombination mit anderen Balanciermöglichkeiten: Lüneburger Stegel, Schwebebalken, Barrenholme

Querverweise:

- die Aufgabe „Begegnung auf der Bank" (S 8) verändert die Zielrichtung der Gleichgewichtsaufgabe in Richtung Soziabilität

✔ Grobmotorik	Entspannung	Denken und	
Feinmotorik	Wahrnehmung	Bewegen	**G 2**
● Gleichgewicht	Reaktion	Sozialverhalten	
Konzentration	Ausdauer		

Eisschollenspiel

Die Teilnehmerinnen stehen auf einer Eisscholle (z.B. Zeitung). Sie springen (vorsichtig!) von einer zur anderen. Diese „schmelzen in der Sonne" und werden immer kleiner (Zeitung wird nach und nach gefaltet). So wird schließlich ein Einbeinstand erzwungen, der immer schwieriger wird ...

Gruppengröße: 5-30

Material:

– eine Zeitung je Mitspielerin

Altersgruppe: 4-50

Organisationshilfen:

– Zeitungen können rutschen, deshalb vorsichtig von einer zur anderen bewegen oder springen

Variationen:

– jeweils drei Spielerinnen dürfen sich helfen

– je nach Könnensstand ist es auch möglich, darauf zu bestehen, daß die Eisscholle nicht mehr verlassen werden darf (auch nicht zum Zeitungfalten)

Querverweise:

– „Flußüberquerung" (GM 12)

G 3	✔ Grobmotorik Feinmotorik ● Gleichgewicht Konzentration	Entspannung ✔ Wahrnehmung Reaktion Ausdauer	Denken und Bewegen ✔ Sozialverhalten

Seiltanz und Schaukelreck

Auf einem zuerst ca. 20 cm dann ca. 50 cm-100 cm hoch verspannten Seil versuchen die Teilnehmerinnen, zunächst einen Fuß aufzusetzen und langsam das Gewicht darauf zu verlagern. Dies wird anfangs mit Hilfestellung geübt. In der Folge kann man eine lange Stange (Hochsprungstange) als Gleichgewichtshilfe verwenden.

Gruppengröße: ca. 5 Personen pro Seil

Material:

– ein langes Zugseil pro Gruppe, feste Pfosten zum Verspannen

Altersgruppe: ab 3

Organisationshilfen:

– das Seil kann an zwei feststehenden Geräten verspannt werden (Reck, Barren, Sprossenwand etc.). Die Knoten müssen den entsprechenden Zug aushalten und nachher wieder lösbar sein

Variationen:

– ein solches Seil kann auch prima zum Schaukeln benutzt werden: Die Übungspersonen sitzen quer auf dem Seil. Bei hochhängendem Seil entsteht ein Schaukelreck

– wird das Seil auf den Boden gelegt, kann darüber balanciert werden

Querverweise: –

Grobmotorik	Entspannung	Denken und	
Feinmotorik	✔ **Wahrnehmung**	Bewegen	**G 4**
● **Gleichgewicht**	Reaktion	✔ **Sozialverhalten**	
✔ **Konzentration**	Ausdauer		

Schaufensterpuppen

Die Gruppe findet sich paarweise an einer Linie etc. („Schaufenster") zusammen. Ein Partner stellt den anderen in eine beliebige Position und richtet ihn zum „Schaufenster" aus. Die Paare haben dafür eine begrenzte Zeit (ca. 2 Minuten). Anschließend schaut sich die „Künstler"gruppe aus einigen Metern Entfernung die Schaufensterpuppen an, die möglichst unbeweglich stehen bleiben. Nach etwa 1 Minute wird die Szene aufgelöst und bei gewechselter Rollenverteilung erneut begonnen.

Gruppengröße:
beliebig, paarweise

Material:

– nicht erforderlich, aber hilfreich: (Ver)kleidung

– für erschwerte Variation: VARUSSELL

Altersgruppe: ab 10

Organisationshilfen:

– eine klare Ausrichtung zu einer Seite (evtl. vorhandene Fensterflächen sind sehr günstig) ist wichtig, damit ein Präsentationseffekt entsteht. Die Präsentationszeit sollte nicht zu sehr ausgedehnt werden, da das stille Verharren sehr anstrengend ist.

Variationen:

– Puppen, die sich roboterhaft bewegen

– Drehpuppen: auf leicht schräg gestelltem VARUSSELL soll die Schaufensterpuppe trotz der zur Drehung notwendigen Gewichtsverlagerung die Haltung nicht verlieren

Querverweise:

– „Denkmal" (S 12)

G 5	Grobmotorik Feinmotorik • **Gleichgewicht** Konzentration	Entspannung ✔ **Wahrnehmung** Reaktion Ausdauer	Denken und Bewegen ✔ **Sozialverhalten**

Wattekreis

Die Teilnehmerinnen bilden einen Kreis. Sie stehen so nah, daß die nach außen gerichteten Handflächen die der jeweiligen Nachbarinnen berühren. Nun heben sie ein Bein an und schließen die Augen. Im Einbeinstand spüren sie die eigenen Schwankungen ebenso wie die hilfreiche Stütze der nachbarlichen Hand. Das Standbein wird nach einiger Zeit gewechselt.

Gruppengröße: 6 und beliebig mehr

Material: –

Altersgruppe: ab 8

Organisationshilfen:

- die Handflächen sollen sich immer berühren, aber keinen Druck ausüben. Das Standbein wird auf ein Zeichen gemeinsam gewechselt.

Variationen:

- alle versuchen, die Nachbarinnen aus dem Gleichgewicht zu bringen, indem plötzlich die Handflächen (die sich allerdings weiter berühren müssen) nach außen gedrückt oder nach innen freigegeben werden

Querverweise:

- „Kleine Kämpfchen" (S 9)

✔ Grobmotorik Feinmotorik ● Gleichgewicht ✔ Konzentration	Entspannung Wahrnehmung Reaktion Ausdauer	Denken und Bewegen ✔ Sozialverhalten	**G 6**

Eiertanz

Die Teilnehmer blasen möglichst viele Luftballons auf und knoten sie zu. Sie legen die Ballons möglichst eng aneinander auf den Boden und einen umgedrehten Tisch o.ä. darauf.

Nun beginnen sie vorsichtig, einer nach dem anderen auf den Tisch zu steigen und ihr Gewicht so zu verteilen, daß die Ballons nicht zerplatzen.

Gruppengröße: 6-20 oder mehr, je nach verfügbarer Tischfläche

Material:

– pro Teilnehmer mindestens 1 Luftballon

Variationen:

– statt des Tisches kann man auch Kastenoberteile, Turnmatten oder auch Weichböden verwenden

Altersgruppe: ab 3

Organisationshilfen:

– die Unterlage muß möglichst eben sein und darf keine kantigen Steine etc. aufweisen, damit die Luftballons nicht deshalb schon zerplatzen. Draußen (Spielfest etc.) empfiehlt sich die Verwendung einer Anstreicherfolie als Unterlage für die Ballons.

– die Luftballons nicht ganz prall aufpusten

Querverweise:

– „Kinkerlitzchen mit dem Luftballon" (GM 3)

G 7	✔ **Grobmotorik** Feinmotorik ● **Gleichgewicht** Konzentration	Entspannung Wahrnehmung Reaktion ✔ **Ausdauer**	Denken und Bewegen ✔ **Sozialverhalten**

Leiterhüpfen

Die Mitspielerinnen hüpfen in einem Spielfeld aus zehn Kästchen (jedes ca. 40cm x 40cm) auf einem Bein. Dabei werfen sie ein Steinchen oder ähnliches in das erste Feld. Der Stein muß dort aufgehoben werden, ohne daß der andere Fuß den Boden berührt. Dann wird das Hüpfen in Reihenfolge der Kästchen weitergeführt. Nachdem alle Mitspielerinnen diese Aufgabe versucht haben, wird der Stein in das zweite Kästchen geworfen, usw.

Gruppengröße: 3 bis 4 je Gruppe

Material:

– Kreide, Klebeband, Wurfstein (Variation: Teppichfliesen, Reifen)

Altersgruppe: 4-9

Organisationshilfen:

– Teppichfliesen sind gut als Hüpfkästen geeignet. So ist das Hüpffeld auch mühelos zu verändern

Variationen:

– der Stein wird mit dem Fuß weitergestoßen oder aus dem jeweiligen Feld gekickt

– verschiedene Formen der Hüpfkästchenanordnung

– spezielle Felder bleiben einer Bewegungsaufgabe vorbehalten, z.B. dreimal in die Hände klatschen

– Mensch Ärgere Dich Nicht!: Reifen werden wie bei dem bekannten Gesellschaftsspiel ausgelegt. Mit einem großen Schaumstoffwürfel werden die Zahlen ermittelt, um die weitergehüpft werden soll.

Querverweise:

– „Reifenstraße" (GM 6)

✔ Grobmotorik	Entspannung	Denken und	
Feinmotorik	✔ Wahrnehmung	Bewegen	**G 8**
● Gleichgewicht	Reaktion	✔ Sozialverhalten	
✔ Konzentration	Ausdauer		

Hängebrücke

Seilchen werden so zwischen Barrenholmen verknüpft, daß sie etwa 30 cm bis 40 cm durchhängen. Es werden so viele Seilchen zwischen den Holmen verknotet, daß ein Gehen von Seil zu Seil zwischen den Barrenholmen möglich wird. Dabei dienen die Barrenholme als Stütze.

Gruppengröße: beliebig

Material:

– Barren, Seilchen

Altersgruppe: 4-12

Organisationshilfen:

– die Knoten sollten hinreichend fest sein, so daß kein Kind hindurchfallen kann. Eine Matte sollte im jeden Fall untergelegt werden.

Variationen:

– veränderte Holme (z.B. schräg, höher)

Querverweise:

– „Seiltanz und Schaukelreck" (G 3)

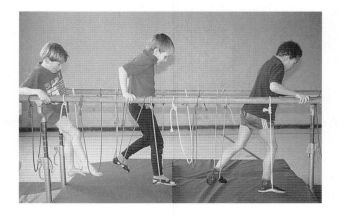

G 9	Grobmotorik Feinmotorik ● **Gleichgewicht** Konzentration	✔ **Entspannung** ✔ **Wahrnehmung** Reaktion Ausdauer	Denken und Bewegen Sozialverhalten

Reifenschaukel

Eine Turnmatte wird in drei Reifen gelegt, so daß eine Schaukel entsteht. Die Kinder dürfen jetzt in die Schaukel krabbeln und beginnen zu schaukeln.

Mit einer zweiten Matte kann die Schaukel nach oben zu einer Tonne ergänzt werden. Mit zunehmender Sicherheit können dann auch ganze Umdrehungen durchgeführt werden.

Gruppengröße: je nach Mattenzahl, 2-3 Kinder je Schaukel/Tonne

Material:

- stabile Gymnastikreifen oder Reifen doppelt (2x2) nehmen
- kleine Turnmatten

Altersgruppe: 0-10

Organisationshilfen:

- die Matten werden zweckmäßigerweise vor dem Einbringen in die Reifen leicht zusammengedrückt

Grobmotorik	✔ **Entspannung**	Denken und	
Feinmotorik	✔ **Wahrnehmung**	Bewegen	**G 9a**
● **Gleichgewicht**	Reaktion	Sozialverhalten	
Konzentration	Ausdauer		

Reifenschaukel

Variationen:

- das Mattenschiff: mehrere Schaukeln und Tonnen werden ineinander gesteckt; alle Kinder können in diesem „Schiff" gleichzeitig schaukeln
- das Mattenschiff wird von den Kindern durchkrabbelt; dabei kann von außen das Schiff leicht hin und her bewegt werden
- die rollende Riesenwurst: Zwei Weichböden werden an den Handschlaufen zusammengebunden, so daß eine große Tonne entsteht, in der gerollt werden kann. Dies ist auch für ältere Kinder noch sehr attraktiv.

Querverweise:

- „Riesenschaukel" (E 19)

G 10	✔ **Grobmotorik** Feinmotorik ● **Gleichgewicht** Konzentration	Entspannung ✔ **Wahrnehmung** Reaktion Ausdauer	Denken und Bewegen ✔ **Sozialverhalten**

Rodeo

Eine Weichbodenmatte liegt auf Rollbrettern oder Medizinbällen. Die Kinder hocken sich rund um die Matte und versuchen, ein in der Mitte kniendes/hockendes/stehendes Kind aus dem Gleichgewicht zu bringen. Wenn es fällt, wird gewechselt und das nächste Kind ist dran.

Gruppengröße: 5-10 je Matte

Material:

- eine Weichbodenmatte, ca. 6 Rollbretter
- alternativ: 10-15 Medizinbälle oder anderes Ballmaterial

Altersgruppe: ab 4

Organisationshilfen:

- es ist günstig, die Matte zunächst auf die Seite zu stellen; werden die Bälle bzw. Rollbretter dann gleichmäßig verteilt, kann die Matte seitlich darauf gekippt werden
- außen herum Turnmatten legen; dies verhindert das Wegrollen der Rollbretter bzw. der Medizinbälle

Variationen:

- aus dem Liegen/Sitzen versuchen aufzustehen, während sich die Matte bewegt

Querverweise:

- „Schwingungen" (E 16)
- „Schwabbelsteg" (G 11)

✔ Grobmotorik	Entspannung	Denken und	
Feinmotorik	✔ Wahrnehmung	Bewegen	**G 11**
● Gleichgewicht	Reaktion	Sozialverhalten	
Konzentration	Ausdauer		

Schwabbelsteg

Ein Kastenoberteil wird so auf Medizinbälle gelegt, daß es zwar beweglich, aber stabil liegt. Es ist günstig, den Schwabbelsteg mit einem Mattenviereck zu umgeben, das den Bewegungsradius eingrenzt. Auch können mehrere Schwabbelstege hintereinander gebaut werden. Nun können Kinder versuchen, über dieses bewegliche Kastenoberteil zu balancieren.

Gruppengröße: beliebig

Material:

- Kastenoberteil, Medizinbälle, große Gymnastikbälle etc.

Altersgruppe: ab 3

Organisationshilfen:

- die Bälle sollten nicht zu groß sein, sonst kann der Kasten umkippen; geeignet sind kleine Medizinbälle

Variationen:

- dreht man das Kastenoberteil herum, können auch kleine Tennisbälle Verwendung finden. So lassen sich auch Tische oder ähnliche flache Gegenstände zum Schwabbelsteg umbauen.

- die Übung läßt sich gut in Gerätebahnen einbauen

Querverweise:

- „Rodeo" (G 10)

- „Ägyptischer Transport" (A 12)

- „Eiertanz" (G 6)

G 12	✔ Grobmotorik Feinmotorik ● Gleichgewicht Konzentration	Entspannung ✔ Wahrnehmung Reaktion Ausdauer	Denken und Bewegen Sozialverhalten

Der „Mattenberg" und andere Übungen auf und mit den Turnmatten

Die Matten werden kreuz und quer übereinandergeworfen. Dann überqueren die Mitspieler langsam den unebenen Berg. Dabei können die Augen verbunden werden. Die Matten lassen sich auch in Gassenform auslegen, so daß Mitspielerinnen durch eine schmale Gasse balancieren können. Werden die Matten mit den Längskanten aufeinandergelegt, entsteht eine interessante Schräge (Balancierkante).

Gruppengröße: je nach Matten

Material:

– Turnmatte, Weichböden

Altersgruppe: alle Altersgruppen

Organisationshilfen:

– um Wartezeiten zu vermeiden, bietet sich eine Anordnung in einem Stations- oder Kreisbetrieb an

Variationen:

– es lassen sich verschiedene Untergründe einbauen (z.B. Teppichfliesen, Zeitungen, Folien ...)

Querverweise:

– „Erlebnisbahn" (W 3)

✔ Grobmotorik Feinmotorik ● Gleichgewicht Konzentration	Entspannung ✔ Wahrnehmung Reaktion Ausdauer	Denken und Bewegen ✔ Sozialverhalten	**G 13**

Karnevalsprinz

Ein VARUSSELL ist auf ein Rollbrett (Mattenwagen) geschraubt oder rutschfest aufgelegt. Der „Prinz" darf sich auf die Drehscheibe setzen und wird von den Mitspielern an einem Seilchen, das zunächst am Rollbrett befestigt wird, durch die Turnhalle gezogen. Mit mehreren dieser Gerätekombinationen, und auch ergänzt durch Rollbretter, entsteht ein „richtiger" Karnevalszug.

Gruppengröße: 2-3 Kinder je Wagen

Material:

– VARUSSELLS, Rollbretter, Seilchen

Altersgruppe: ab 6 Jahre

Organisationshilfen:

– das Ziehen der Rollbretter sollte langsam erfolgen, damit es in den Kurven nicht zu sehr großen Fliehkräften kommt

Variationen:

– das Seilchen kann vom „Prinzen" auch in der Hand gehalten werden. Dies erfordert einige Körperbeherrschung, läßt aber durch die doppelte Beweglichkeit von Rollbrett und VARUSSELL ganz spannende und vielseitige Bewegungserlebnisse zu.

Querverweise: –

G 14	✔ **Grobmotorik** 　 Feinmotorik ● **Gleichgewicht** 　 Konzentration	Entspannung ✔ **Wahrnehmung** 　 Reaktion ✔ **Ausdauer**	Denken und 　 Bewegen ✔ **Sozialverhalten**

Wagenrennen

Jeweils drei Teilnehmerinnen bilden eine Gruppe. Während eine „Wagenlenkerin" in der tiefen Hocke auf einem Tuch oder einer umgedrehten Teppichfliese Platz nimmt, ergreifen die zwei Mitspielerinnen ihre ausgestreckten Hände. Und ab geht die Post ...

Gruppengröße: beliebig, jeweils Dreiergruppen

Material:

– je Dreiergruppe 1 Tuch / Teppichfliese

Altersgruppe: ab 6

Organisationshilfen:

– es empfiehlt sich, erst einmal das Rutschen auf dem Tuch zu erfahren: auf dem Tuch stehen, sich vom Partner drehen lassen oder sich selbst durch Impulse drehen; Nachrutschen spielen (z.B. als Fangspiel u.v.a.m.)

Variationen:

– unterschiedliche Körperhaltungen ausprobieren: Bauchlage (2 Tücher), sitzen, hocken, knien, stehen usw.

– statt der Handfassung an einem Seil ziehen (als Partnerübung)

Querverweise:

– „Halle putzen" (A 16)

Grobmotorik	Entspannung	Denken und	
Feinmotorik	✔ **Wahrnehmung**	Bewegen	**G 15**
● **Gleichgewicht**	✔ **Reaktion**	Sozialverhalten	
Konzentration	Ausdauer		

Schießbude

Zwei Weichböden werden so mit der Längsseite übereinander gelegt, daß die Kante der oberen Matte hochsteht. Diese Kante dient zunächst einigen Spielteilnehmern als Balancegerät. Gelingt diese Übung, gelten erschwerte Bedingungen: Die restlichen Mitspieler versuchen, aus einiger Entfernung (5-6 Meter) mit Schaumstofffrisbees die „Schießbudenfiguren" zu treffen. Wenn sie getroffen werden, fallen sie rücklings auf den Weichboden. Sie tauschen dann mit den Werfern die Plätze.

Gruppengröße: 6-8

Material:

— 2 Weichböden, Schaumfrisbees

Altersgruppe: 6-15

Organisationshilfen:

— zur Sicherheit noch Gymnastikmatten daneben legen

Variationen:

— das Spiel läßt sich sehr gut auf einem Air-Tramp durchführen

Querverweise:

— „Mattenberg" (G 12)

G 16	✔ Grobmotorik ✔ Feinmotorik ● Gleichgewicht Konzentration	Entspannung Wahrnehmung ✔ Reaktion Ausdauer	Denken und Bewegen Sozialverhalten

Wackelkontakt

Die Kinder sitzen auf verschiedenen Bällen und versuchen, im Gleichgewicht zu bleiben. Geeignet sind z.B. Medizinbälle oder Pezzibälle. Wird das Gleichgewicht im Sitzen beherrscht, versuchen die Mitspieler den Kniestand, den Stand, die Bauchlage usw.

Gruppengröße: beliebig

Material:

– 1 Ball pro Mitspieler (Variation: Seilchen)

Altersgruppe: 4-12

Organisationshilfen:

– je leichter der Ball rollen kann, desto vorsichtiger muß man darauf mit Standversuchen sein

Variationen:

– Seilziehen auf den Bällen: zwei Spieler versuchen, im Sitzen oder Hocken auf dem Ball, sich mit einem Seilchen von diesem Ball herunterzuziehen; dabei ist das Nachgeben ebenso wichtig wie das Ziehen, um das Gleichgewicht nicht zu verlieren

Querverweise:

– „Schwabbelsteg" (G 11)

✔ Grobmotorik	Entspannung	Denken und	
✔ Feinmotorik	✔ Wahrnehmung	Bewegen	**G 17**
● Gleichgewicht	Reaktion	Sozialverhalten	
✔ Konzentration	Ausdauer		

Regenschirm

Die Mitspielerinnen halten ein Schleuderhorn am unteren Ende senkrecht in der Hand. Oben auf dieses bewegliche Gerät wird ein Schaumstofffrisbee gelegt, der nun balancierend oben gehalten werden soll.

Diese Grundsituation kann vielfältig weiterentwickelt werden. Natürlich: hinsetzen und wieder aufstehen; dann aber auch

– „Guten Tag" sagen, dabei den Frisbee nicht verlieren

– es kommt Sturm auf: die Mitspielerinnen versuchen, sich gegenseitig den Frisbee vom Schleuderhorn zu pusten, ohne den eigenen zu verlieren

– die Schleuderhörner werden getauscht, ohne die Frisbees zu verlieren

– zwei Regenschirme pro Mitspielerin

– mit dem Regenschirm über Hindernisse steigen

Gruppengröße: beliebig

Material:

– je Teilnehmerin ein Schleuderhorn und ein Schaumstoff-Frisbee

Altersgruppe: ab 6

Organisationshilfen:

Variationen:

– statt Schleuderhörnern lassen sich auch Gymnastikstäbe verwenden

Querverweise:

– „Goldfinger" (FM 7)

G 18	✔ **Grobmotorik** Feinmotorik ● **Gleichgewicht** Konzentration	Entspannung ✔ **Wahrnehmung** Reaktion Ausdauer	Denken und Bewegen Sozialverhalten

Blindgänger

Auf einem Trampolin gehen die Teilnehmer mit geschlossenen Augen vorwärts/rückwärts. Dabei werden die Schwingungen des Tuches erfühlt, die den eigenen Stand/Gang verunsichern. „Unterwegs" können Zusatzaufgaben (z.B. Hinlegen-Aufstehen) für zusätzlichen Reiz sorgen. Die übrigen Teilnehmer sichern die „Blinden" ab.

Gruppengröße: 6-10 je Trampolin

Material:

– Trampolin, Air-Tramp etc.

Altersgruppe: ab 4

Organisationshilfen: –

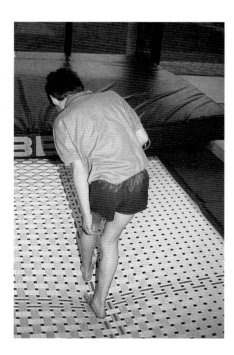

Variationen:

– alle nachgebenden Untergründe können für diese Übungsformen eingesetzt werden, so auch Luftkissen, Weichböden etc.

– eine flach über dem Boden aufgehängte Riesenschaukel (vgl. E 19) ist sehr geeignet

Querverweise:

– „Mattenberg" (G 12)

– „Schießbude" (G 15)

Grobmotorik	Entspannung	Denken und	
Feinmotorik	✔ **Wahrnehmung**	Bewegen	**G 19**
● **Gleichgewicht**	✔ **Reaktion**	Sozialverhalten	
Konzentration	Ausdauer		

Labil -stabil

Die Mitspieler drehen sich in verschiedenen Körperpositionen auf dem VARUSSELL. Dabei bestimmen sie selbst den Neigungswinkel der Scheibe. Durch ihre Gewichtsverlagerung setzen sie die Drehscheibe in Gang und versuchen immer wieder, ihr Gewicht zu zentrieren, um nicht von der Drehscheibe herunterzurutschen.

Gruppengröße: 5 Kinder je Varussell

Material:

— 1 Varussell für 3-5 Personen

Altersgruppe: ab 4 Jahre

Organisationshilfen:

— wird ein größeres Brett auf die Varussellscheibe geschraubt, können auch mühelos zwei und mehr Kinder drehen

Variationen:

— im Drehen Zahlen (Finger) erkennen, Bälle zuwerfen/fangen,...

— nach dem Drehen über eine Linie gehen

Querverweise:

— „Fische fangen" (W 11)

G 20	Grobmotorik Feinmotorik ● **Gleichgewicht** Konzentration	Entspannung ✔ **Wahrnehmung** ✔ **Reaktion** Ausdauer	Denken und Bewegen Sozialverhalten

Riesenrutsche

Auf eine schräge Fläche (z.B. abfallende Wiese) werden Weichbodenmatten gelegt, die mit Plastikplanen umhüllt und an der Oberseite mit Schmierseife eingestrichen werden. Mit einem Gartenschlauch wird die Rutsche schlüpfrig gemacht. Am unteren Ende der Weichbodenmatte wartet ein aufblasbares Kinderschwimmbecken auf die Mitspieler.

Gruppengröße: beliebig

Material:

– Weichboden, Plastikplanen, Schmierseife, Gartenschlauch

Altersgruppen: 3-12

Organisationshilfe:

– die schräge Ebene kann auch mit Bänken, Kästen etc. aufgebaut werden

Variationen:

– Nivea-Creme als hautfreundliche Alternative zur Schmierseife

– in verschiedenen Körperhaltungen (Stehen, Hocken ...) herunterrutschen

Querverweise: –

3.4 Konzentration (K)

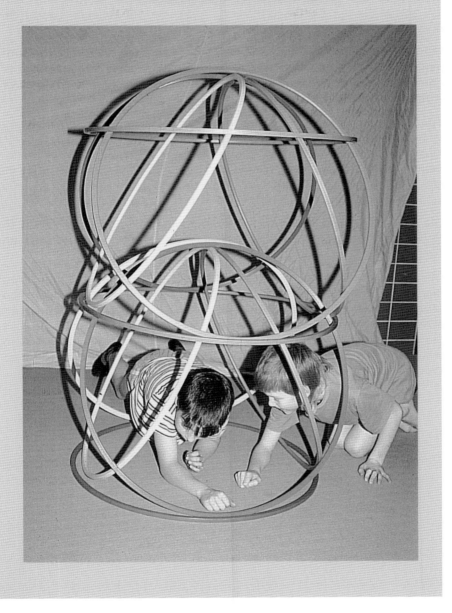

Konzentration – Das Ziel im Auge

Wer hat nicht schon die Schwierigkeit konzentrierten Tuns am eigenen Leibe erfahren? Immer wieder weichen die Gedanken ab und es kostet viel Mühe, bei der Sache zu bleiben. In den Schulen erleben Lehrer die mangelnde Konzentrationsfähigkeit ihrer Schüler zunehmend als Problem.

Vom Autofahren weiß jeder, wie gefährlich ein Moment der Unkonzentriertheit sein kann. Die Autofahrer filtern aus der Reizvielfalt die für sie wichtigen Reize heraus und reagieren darauf. In diesem Fall wird von **selektiver Aufmerksamkeit** gesprochen.

Wird an einer Sache oder einem Thema über einen längeren Zeitraum festgehalten, nennt man dies **Daueraufmerksamkeit**. Man denke an die in ein Spiel versunkenen Kinder, die die weitere Umgebung nicht wahrnehmen und eins mit dem Gegenstand sind. Auch mancher Sportler – dies ist ein Hinweis auf die Trainierbarkeit der Konzentration – läßt sich von schreienden Zuschauern nicht in seiner Aufmerksamkeit behindern.

Die Aufmerksamkeit muß nicht auf einen Gegenstand gerichtet sein (z.B. Spiel oder Arbeit), sondern kann sich auch nach innen auf die eigenen Gefühle oder Gedanken richten.

Die Psychomotorik bietet vielfältige Möglichkeiten, auf spielerischem Weg die Konzentrationsfähigkeit zu fördern. Gerade spielerische Situationen schaffen einen hohen Anreiz, „bei der Sache zu bleiben". Die im Unterschied zum Alltag mögliche Dosierung der Anforderung erlaubt auch in problematischen Fällen den Einstieg in aufmerksames Tun. Der Erwerb von Konzentrationsfähigkeit wird so zu einem zwanglosen motivierenden Weg.

Deutsches Institut für Fernstudien an der Universität Tübingen (Hrsg.): Behinderung und Schule. Konzentrationsstörungen. Tübingen 1988

Thiesen, P.: Konzentrationsspiele in Kindergarten und Hort. Freiburg 1990

Grobmotorik	Entspannung	Denken und	
Feinmotorik	✔ **Wahrnehmung**	Bewegen	**K 1**
Gleichgewicht	✔ **Reaktion**	Sozialverhalten	
● **Konzentration**	Ausdauer		

Zauberreifen

Alle Personen verteilen sich mit je einem Reifen im Raum und drehen diesen. Sie legen sich auf den Boden, schließen die Augen und hören zu, wie ihr Reifen austrudelt. Dabei versuchen sie regungslos liegenzubleiben. Genau mit Ende des Geräusches werden die Augen geöffnet und die Aufgabe wird wiederholt. Bei jüngeren und/oder sehr lebhaften Teilnehmern besteht auch die Möglichkeit, zunächst nur einen Reifen zu drehen und sie anschließend mit einer Aufgabe (z.B. „ein wildes Tier erwacht") reagieren zu lassen.

Gruppengröße:
2-20

Material:

– ein Reifen pro Person

Altersgruppe: ab 4

Organisationshilfen:

– bei jüngeren Kindern einmal demonstrieren

Variationen:

– mehrere Reifen zeitversetzt drehen, die Reaktion erfolgt, nachdem der letzte Reifen ausgetrudelt ist

– Reifendrehen in Kombination mit Zusatzaufgaben (z.B. nach eigenem Ermessen hinein- und hinausspringen, sich vom drehenden Reifen entfernen und vor dem Austrudeln zurück sein)

– nur laufen, wenn der Reifen sich dreht, sonst still liegenbleiben

Querverweise:

– „Reifenstraße" (GM 6)

K 2	Grobmotorik Feinmotorik Gleichgewicht ● **Konzentration**	Entspannung ✔ **Wahrnehmung** Reaktion Ausdauer	✔ **Denken und Bewegen** Sozialverhalten

Fühl-Post

Alle Kinder sitzen in einem Kreis und halten die Hände der seitlichen Partner. Ein Kind wird bestimmt, eine „Post" loszuschicken. Nach der Ankündigung „Ich schicke eine Post an..." schließen alle die Augen und warten auf einen Händedruck, der vom Absender zum Empfänger weiter gegeben wird. Der Empfänger ruft „angekommen!" sobald ihn der Händedruck erreicht.

Zu vorsichtigem Drücken werden die Kinder animiert, wenn ein Kind in der Mitte versuchen soll, die Post abzufangen, d.h. sehen soll, wo die Hände gedrückt werden. Hierbei bleiben die Augen aller Kinder offen.

Gruppengröße: 5-15

Material: –

Altersgruppe: 4-10

Organisationshilfen:

– besonders gut einsetzbar nach einem bewegungsintensiven Spiel oder als Stundenabschluß

Variationen:

– „größere Post": mehrmaliges drücken

– „Luftpost": leichter/fester drücken

– in beide Richtungen

– das „Abschicken" mit Geräuschen verbinden

– Fühlpost mit Füßen bei verbundenen Augen

Querverweise:

– „Drückeberger" (K 3)

Grobmotorik	Entspannung	✔ **Denken und**	
Feinmotorik	✔ **Wahrnehmung**	**Bewegen**	**K 3**
Gleichgewicht	Reaktion	✔ **Sozialverhalten**	
● **Konzentration**	Ausdauer		

Drückeberger

Alle Teilnehmerinnen dürfen sich einen Zettel ziehen, auf dem eine Zahl eingetragen ist. Jede der Zahlen ist zweimal vorhanden. Ohne zu sprechen grüßen sich die Teilnehmerinnen entsprechend der Zahl mit ein- bis zehnmaligem Händedruck und finden so ihre „zweite Hand". Auf diese Weise können sich gut Partner für weitere Spiele finden. Bei Erwachsenen läßt sich das gleiche Spiel auch mit geschlossenen Augen durchführen.

Gruppengröße: 8-20

Material:

– ein Zettel pro Teilnehmerin

Altersgruppe: ab 6

Organisationshilfen:

– darauf achten, daß es im Raum möglichst leise ist

Variationen:

– jede Zahl kann häufiger vorkommen
– der Händedruck wird durch andere Bewegungen (z.B: Stampfen, Winken, Hampelmann, ...) ersetzt
– Zeit vorgeben

Querverweise:

– „Fühlpost" (K 2)

| K 4 | Grobmotorik
Feinmotorik
Gleichgewicht
• **Konzentration** | Entspannung
✔ **Wahrnehmung**
Reaktion
Ausdauer | Denken und
Bewegen
✔ **Sozialverhalten** |

Handmalerei

Partnerweise wird eine Umrißzeichnung von je einer Hand angefertigt. Ein Partner schließt jetzt die Augen und der Mitspieler „malt" mit dem Finger eine Form (Linie, Kreis, Zahl...) auf die Handinnenfläche. Dann öffnet er die Augen und überträgt die Zeichnung mit einem Stift auf die eigene Papierhand.

Gruppengröße: 2-20

Material:

– Buntstifte, Papier

Altersgruppe: ab 6

Organisationshilfen:

– mit einfachen geometrischen Formen anfangen

Variationen:

– Zeichnung auf den Rücken „malen" lassen

– jüngeren Kindern die Finger streicheln, die sie dann bunt anmalen können – Körperumriß zeichnen, einzelne Körperteile „bemalen" (erfordert jedoch viel Zeit)

Querverweise:

– „Formen nachlegen" (W 4)

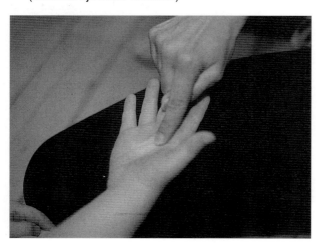

Grobmotorik	Entspannung	Denken und	
✔ Feinmotorik	✔ Wahrnehmung	Bewegen	**K 5**
Gleichgewicht	Reaktion	Sozialverhalten	
● Konzentration	Ausdauer		

Regenmacher

Die Spielleiterin erzählt die Geschichte von der großen Trockenheit. Die Mitspieler haben die Augen geschlossen und lauschen der Geschichte und den Geräuschen. Nach einiger Zeit kommt ein leichter Wind auf, endlich fällt der erhoffte Regen, zunächst tropfenweise, dann als Platzregen und schließlich als großes Gewitter. Die Geräusche werden durch Reiben der Hände (Wind), Klopfen mit den Fingern auf den Boden (Tropfen) und Trommeln mit den Fäusten (Gewitter) erzeugt. Die Teilnehmer sollen die Geräusche wahrnehmen und entsprechend mitmachen. Die Geschichte und die Geräusche lassen sich beliebig erweitern und abwandeln.

Gruppengröße: 1-15

Material: –

Altersgruppe: ab 4

Organisationshilfen:

- Anzahl der Geräuscharten gering halten, dafür diese öfter wiederholen

Variationen:

- Erweiterung durch Laute

Querverweise:

- „Erbsengeschichte" (FM 12)

K 6	Grobmotorik Feinmotorik Gleichgewicht • Konzentration	Entspannung ✔ Wahrnehmung Reaktion Ausdauer	Denken und Bewegen ✔ Sozialverhalten

Das längste Telefon

Mit Hilfe der Schleuderhörner (Heulrohre) wird durch Zusammenhalten(-stecken) der Enden eine lange Röhre hergestellt. Dann wird von einer Seite zur anderen eine „geheime Nachricht" geflüstert (Anrufer), die der Partner am anderen Ende (Hörer) empfangen soll. Die Nachricht ist nur für ihn bestimmt, die anderen Mitspieler sind „Spione", die versuchen, die Nachricht zu erlauschen.

Gruppengröße: 6-20

Material:

- ein Schleuderhorn pro Person

Altersgruppe: ab 5

Organisationshilfen:

- Kreisaufstellung erleichtert das Wechseln der Mitspieler
- bei Kindern die Schleuderhörner möglichst zusammenstecken (Verbindungsstücke lassen sich herstellen durch Zerschneiden eines Schleuderhorns in kleine Stücke, die nochmal in Längsrichtung aufgeschnitten werden)

Variationen:

- Telefonleitung zwischen verschiedenen Räumen
- Telefonieren im Dunkeln
- durch Geräte (wie Kasten o.ä.) hindurch
- ein Mitspieler sitzt in der „Telefonzentrale" und soll verschiedene Verbindungen herstellen (mehrere Leitungen, sternförmige Anordnung)

Querverweise:

- „Murmelbahn" (S 5)

Grobmotorik	Entspannung	Denken und	
✔ **Feinmotorik**	Wahrnehmung	Bewegen	**K 7**
Gleichgewicht	Reaktion	Sozialverhalten	
● **Konzentration**	Ausdauer		

Komm in meinen Reifen

Alle Mitspieler legen jeweils einen Reifen etwa einen Meter vor sich. Sie rollen aus dieser Entfernung einen Gymnastikball so, daß er im Reifen liegenbleibt. Bei erfolgreichem Versuch kann der Abstand langsam vergrößert werden oder es werden andere Bälle (Tennis-, Hand- oder Softbälle) gewählt.

Gruppengröße: 1-10

Material:

– ein Reifen, ein Ball pro Person

Altersgruppe: ab 5

Organisationshilfen:

– auf genügend Abstand zwischen den Mitspielern achten

Variationen:

– mit zwei Bällen gleichzeitig

– zwei Partner, zwei Bälle, ein Reifen

– „bleib in meinem Reifen", Ball so vorsichtig rollen, daß er eine oder mehrere Runden im Reifen zurücklegen kann

– Ball leicht anrollen, Reifen so über den Boden schieben, daß der Ball möglichst in der Mitte bleibt

Querverweise:

– „Ball 'Gassi' führen" (K 8)

K 8	✔ **Grobmotorik** ✔ **Feinmotorik** Gleichgewicht ● **Konzentration**	Entspannung Wahrnehmung Reaktion Ausdauer	Denken und Bewegen Sozialverhalten

Ball „Gassi" führen

Ein Gymnastikreifen wird zur „Hundeleine" und ein Ball zum „Hund". Die Kinder halten den Reifen so in der Hand, daß sie einen Ball hinter sich her ziehen können. Sie versuchen, Kurven zu gehen, Linien zu folgen oder sogar Hindernisse zu umgehen. Ihr Hund wird durch unterschiedliches Gelände (Matten, Seilchen, Folie, Papier,...) „Gassi" geführt. Noch spannender wird es, wenn ein kleiner, frecher Hund (z.B. roter Ball) kommt und alle anderen Hunde ausreißen...

Gruppengröße: 1-15

Material:

— ein Reifen und ein Ball pro Person

Altersgruppe: 4-10

Organisationshilfen: –

Variationen:

— zwei Reifen und zwei Bälle pro Kind

— Ball mit dem Reifen vor sich her schieben

— Seilchen zu zwei Kringeln gelegt ersetzt Reifen

— umgedrehter Joghurtbecher hängt an einer Schnur, mit ihm wird ein Tischtennisball über den Boden geführt

Querverweise:

— „Komm in meinen Reifen" (K 7)

Grobmotorik	Entspannung	✔ Denken und	
Feinmotorik	✔ Wahrnehmung	Bewegen	K 9
✔ Gleichgewicht	Reaktion	✔ Sozialverhalten	
● Konzentration	Ausdauer		

Spiegelbild

Langsame Bewegungen des Partners im Stand und in der Fortbewegung werden spiegelbildlich nachgeahmt. Es können bestimmte Vorgaben gemacht werden, z.B. Themen (Sport, Tiere) oder Stimmungen (froh, traurig). Die Bewegungen werden gleichzeitig und wie in einem Spiegel sichtbar durchgeführt. Das Einbeziehen von Grimassen ist sehr motivierend und führt ins „Darstellende Spiel" ein.

Gruppengröße: 2-20

Material: –

Altersgruppe: ab 6

Organisationshilfen:

- Anweisung: Führe die Bewegungen in Zeitlupe aus!
- verbale Absprachen während des Spiels reduzieren

Variationen:

- Schattengehen
- Spiegelbild mit Geräten (Ball, Reifen, Luftballon, Tuch,...)
- nonverbaler Rollenwechsel
- Bewegung/Szene zeitversetzt nachspielen
- einer macht eine Bewegung für die ganze Gruppe vor

Querverweise:

- „Schattenlauf" (R 3)

| K 10 | Grobmotorik Feinmotorik Gleichgewicht • Konzentration | Entspannung ✔ Wahrnehmung Reaktion Ausdauer | ✔ Denken und Bewegen Sozialverhalten |

Spaghetti finden

Alle Teilnehmerinnen stehen in einem engen Kreis und halten je eine Spaghetti (Seilchen) an einem Ende. Auf ein Zeichen werden alle Spaghetti so auf einen Haufen geworfen, daß jede das gehaltene Ende noch vor sich liegen hat. Die Aufgabe besteht jetzt darin, das andere Ende der Spaghetti mit den Augen zu finden. Das „Spaghettikochen" kann auch mit geschlossenen Augen durchgeführt werden.

Gruppengröße: 5-15

Material:

— ein Seilchen pro Person

Altersgruppe: ab 4

Organisationshilfen:

— bei farbigen Seilchen sollte jede Farbe mehrmals vorkommen

Variationen:

— in zwei Gruppen: die eine Gruppe mischt Spaghetti, die andere muß die Enden finden

Querverweise:

— „Formen nachlegen" (W 4)

Grobmotorik	✔ Entspannung	Denken und	
Feinmotorik	Wahrnehmung	Bewegen	**K 11**
Gleichgewicht	Reaktion	✔ Sozialverhalten	
● Konzentration	Ausdauer		

Schlafwagen

Eine Weichbodenmatte wird so auf 6-8 Rollbretter gelegt, daß ein großer „Schlafwagen" entsteht. Die Kinder legen sich auf den Schlafwagen und der Zugführer (Spielleiter) erklärt, daß die Fahrt erst beginnt, wenn alle Fahrgäste schlafen, d.h. sich nicht bewegen und nicht reden. Sobald jemand redet oder aufsteht, unterbricht der Zugführer die Fahrt.

Gruppengröße: max. 8 Kinder

Material:

– 6-8 Rollbretter und eine Weichbodenmatte

Altersgruppe: 4-10

Organisationshilfen:

– beim Aufbau die Matte an die Wand stellen, die Rollbretter davorstellen und die Matte langsam kippen lassen
– der gleiche Aufbau läßt sich für das Spiel „Rodeo" nutzen

Variationen:

– das Fahrzeug ist ein „Musikexpress" und fährt nur bei Gesang – bei langsamer Fahrt wird leise, bei schneller Fahrt laut gesungen
– bei der „Geisterbahn" wird ein Tuch über das Fahrzeug gedeckt und es werden Geistergeräusche gemacht

Querverweise:

– „Rodeo" (G 10)

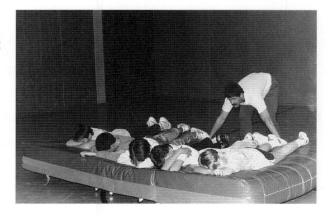

K 12	Grobmotorik ✔ **Feinmotorik** Gleichgewicht ● **Konzentration**	Entspannung ✔ **Wahrnehmung** Reaktion Ausdauer	Denken und Bewegen ✔ **Sozialverhalten**

Reifenturm

In kleinen Gruppen werden aus Reifen Türme und kleine Häuser gebaut. Dies ist leicht möglich, wenn in einen am Boden liegenden Reifen zwei weitere so gestellt werden, daß sie oben aneinanderlehnen, zwei weitere Reifen werden von den freien Seiten dagegengelehnt und ein letzter stabilisiert das Häuschen von oben.

Sind die Türme fertiggestellt, klettern die Mitspieler hinein, ohne daß diese umfallen. Die verschiedenen Türme können mit Wegen aus Bierdeckeln, Seilchen oder Teppichfliesen verbunden werden; die Gruppen besuchen sich gegenseitig und bestaunen ihre Kunstwerke.

Gruppengröße: 2-3 je Kleingruppe

Material:

- 6 Reifen je Gruppe
- Seilchen oder Alltagsmaterialien wie Bierdeckel, Teppichfliesen, Pappolen usw.

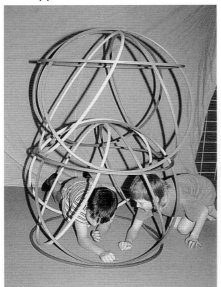

Altersgruppe: ab 6

Organisationshilfen:

- bei kleinen Kindern baut der Spielleiter den Turm

Variationen:

- Türme aus Alltagsmaterialien wie Pappolen, Partytellern, Eierkartons etc. bauen
- mit Schwungtuch verdecken

Querverweise:

- „Kartenhaus bauen" (FM 6)

Grobmotorik	Entspannung	Denken und	
Feinmotorik	Wahrnehmung	Bewegen	**K 13**
Gleichgewicht	✔ **Reaktion**	✔ **Sozialverhalten**	
● **Konzentration**	Ausdauer		

Riesenluftballon

Die Teilnehmer hocken im Kreis und die Nachbarn halten zwischen sich jeweils ein Seilchen. Jetzt wird das fiktive Aufblasen eines Luftballons gespielt; der Kreis geht also langsam auseinander, bis die Seilchen gespannt gehalten werden. Die Ausdehnung soll gleichmäßig erfolgen. Auf den lauten Ruf „Peng" platzt der Luftballon, das heißt, alle laufen zur Mitte.

Gruppengröße: 5-20

Material:

– ein Seilchen pro Teilnehmer

Altersgruppe: 5-10

Organisationshilfen: –

Variationen:

– Luft langsam herauslassen, zwischendurch anhalten, wieder aufpusten

– statt Seilchen mit einem Schwungtuch

Querverweise: –

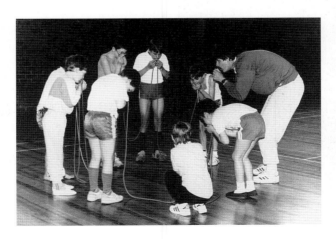

K 14	Grobmotorik Feinmotorik Gleichgewicht • **Konzentration**	Entspannung ✔ **Wahrnehmung** Reaktion Ausdauer	Denken und Bewegen Sozialverhalten

Ich höre was, was du nicht hörst

Alle Mitspieler laufen durch den Raum/über die Wiese/durch den Wald. Auf ein verabredetes Zeichen setzen oder legen sie sich hin, schließen für etwa eine halbe Minute die Augen und lauschen intensiv, welche Geräusche zu ihnen dringen. Anschließend berichtet jeder Mitspieler, was er gehört hat. Je nach Ort und individueller Wahrnehmung werden unterschiedliche Geräusche gehört.

Gruppengröße: 4-10

Material: –

Altersgruppe: ab 4

Organisationshilfen: –

Variationen:

– Spielleiter kann einige „künstliche" Geräusche erzeugen (z.B. Reifen oder Klingelball rollen...)

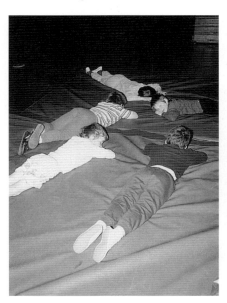

Querverweise:

– „Klingelball" (K 19)

Grobmotorik	Entspannung	✔ **Denken und**	
Feinmotorik	✔ **Wahrnehmung**	**Bewegen**	**K 15**
Gleichgewicht	Reaktion	Sozialverhalten	
● **Konzentration**	Ausdauer		

Das Hemd vom Kapitän

Eltern und Kinder setzen sich mit einem großen Zeitungsdoppelblatt gemeinsam hin und aus der Zeitung wird ein Schiff gefaltet. Dann wird die Geschichte vom großen Sturm erzählt. Der Sturm wird so wild, daß nacheinander Bug, Heck und der Mast abbrechen (Enden und Spitzen abreißen) und das Schiff untergeht. Was wird nach vielen Jahren auf dem Meeresgrund gefunden? Der „Rest" des Schiffes wird auseinandergefaltet und wir haben das „Hemd vom Kapitän", das die Kinder anziehen. Ein Seilchen bildet den Gürtel und alle Kapitäne klettern, balancieren und schaukeln auf einem zuvor gebauten Schiff aus Großgeräten (z.B. G 9).

Gruppengröße: beliebig

Material:

- großes Zeitungsdoppelblatt je Kind

Altersgruppe: 3-7 (in Eltern-Kind-Gruppen)

Organisationshilfen:

- Schiffsbau aus Zeitungen: Doppelblatt in der Hälfte knicken, an der geschlossenen Seite Spitze falten, offene Seite umschlagen und stehende Kanten nach innen knicken, so daß eine Öffnung bleibt, die Spitzen der breiten Seite zueinander drücken und diese dann zu der geschlossenen Spitze klappen, jetzt an diesen Spitzen ziehen und es entsteht ein Schiff.

Variationen:

- zwischendurch den Hut nutzen und dann die Geschichte weitererzählen

Querverweise:

- siehe Kapitel „Alltagsmaterial"

| K 16 | Grobmotorik
Feinmotorik
Gleichgewicht
● Konzentration | Entspannung
✔ Wahrnehmung
Reaktion
Ausdauer | Denken und
Bewegen
Sozialverhalten |
|---|---|---|---|

Ein Ei gleicht dem anderen

Alle Mitspieler sind mit einem Gummiei (pädagogische Eier) ausgestattet und rollen dieses gleichzeitig in eine gemeinsam festgelegte Richtung des Raumes. Die Aufgabe besteht nun darin, das eigene Ei im Auge zu behalten bis es ruht. Bei kleineren Kindern können einfacher zu verfolgende Bälle (Igel) verwendet werden. Diese „kleinen Igel", wollen sie wiederfinden.

Gruppengröße: 4-15

Material:

- pro Mitspieler ein pädagogisches Ei oder einen Ball

Altersgruppe: ab 4

Organisationshilfen:

- kleine Kinder können als Hilfe verschiedenfarbige Bälle/Reifen erhalten
- darauf achten, daß niemand losläuft, bevor der letzte Ball ruht

Variationen:

- mit Gymnastikreifen
- jedes Ei soll über die Mitte (z.B. Mittelkreis) rollen

- das Ei aus verschiedenen Körperpositionen abrollen (z.B. durch die Beine)

Querverweise:

- „Halt den Ballon im Auge" (W 10)

Grobmotorik	Entspannung	Denken und	
Feinmotorik	✔ **Wahrnehmung**	Bewegen	**K 17**
Gleichgewicht	Reaktion	✔ **Sozialverhalten**	
● **Konzentration**	Ausdauer		

Verkabelt

Alle Mitspieler stehen in einem engen Kreis und halten ihre Schleuderhörner in die Mitte. Jeder Teilnehmer greift sich ein freies Schleuderhornende und versucht durch Sprechen und Hören in diesem so entstandenen Telefonnetz den Partner herauszufinden. So können verschiedene Nachrichten ausgetauscht werden und eventuell ist es sogar möglich, daß eine Nachricht der Reihe nach alle Teilnehmer erreicht.

Gruppengröße: 6-15

Material:

– pro Person ein Schleuderhorn

Altersgruppe: ab 4

Organisationshilfen: –

Variationen:

– im Dunkeln/mit verbundenen Augen

– der „Gordischer Knoten" läßt sich anschließen, daß heißt der bestehende Knoten wird gelöst, ohne die Schleuderhornenden loszulassen

Querverweise:

– „Das längste Telefon" (K 6)

– „Fühl-Post" (K 2)

K 18	Grobmotorik Feinmotorik Gleichgewicht ● **Konzentration**	Entspannung ✔ **Wahrnehmung** Reaktion Ausdauer	Denken und Bewegen ✔ **Sozialverhalten**

Ball auf leisen Sohlen

Alle Teilnehmer sitzen im Schneidersitz im Kreis zusammen. Ein Ball wird so im Kreis oder kreuz und quer gerollt, daß kein Geräusch dabei entsteht. Die Verständigung erfolgt nur über Blickkontakte. Besonders beim Annehmen der Bälle ist auf Geräuschlosigkeit zu achten.

Gruppengröße: 4-16

Material:

– Pezziball oder andere Bälle

Altersgruppe: ab 4

Organisationshilfen: –

Variationen:

– mit geschlossenen Augen (Kreis enger)

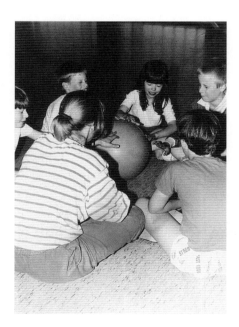

– versuchen, den Ball in der Mitte mit geschlossenen Augen hochzuhalten

Querverweise:

– „Fühl-Post" (K 2)

Grobmotorik	Entspannung	Denken und	
Feinmotorik	✔ **Wahrnehmung**	Bewegen	**K 19**
Gleichgewicht	Reaktion	Sozialverhalten	
● **Konzentration**	Ausdauer		

Klingelball

Alle Mitspielerinnen sitzen nebeneinander auf einer Bank oder an der Wand. Nun werden unterschiedliche Murmeln (jeweils kleinere) an den Sitzenden vorbei gerollt. Aufgabe ist es, immer mit dem Finger in Richtung der Geräuschquelle zu zeigen. Das Gleiche wird nun mit geschlossenen Augen und einem Klingelball durchgeführt.

Gruppengröße: 2-10

Material:

– Murmeln und/oder Klingelball

Altersgruppe: 3-8

Organisationshilfen:

– Geräusche auf dem entsprechenden Boden vorher testen
– allmählich geräuschärmere Bälle einsetzen

Variationen:

– sich den Klingelball blind zurollen
– Torspiele mit Klingelball
– statt vorbeirollendem Ball, geht eine Mitspielerin an der Gruppe vorbei
– mit Gymnastikreifen

Querverweise:

– „Ball auf leisen Sohlen" (K 18)

K 20	Grobmotorik ✔ **Feinmotorik** Gleichgewicht ● **Konzentration**	Entspannung ✔ **Wahrnehmung** Reaktion Ausdauer	Denken und Bewegen Sozialverhalten

Einmauern

Die Teilnehmerinnen legen sich auf den Boden und stellen nun ohne fremde Hilfe Holzkegel um ihre Körper. Der ganze Körper soll möglichst eng „eingemauert" werden. Anschließend versuchen sie, diese Gemäuer zu verlassen, ohne daß sie einstürzen. Danach können sie sich in ein anderes „Gemäuer" legen.

Gruppengröße: 1-6

Material:

— Holzkegel

Altersgruppe: 6-12

Organisationshilfen:

— es sind sehr viele Kegel notwendig

Variationen:

— jemanden einmauern

— mit Bierdeckeln oder Seilchen die eigene Körperform legen

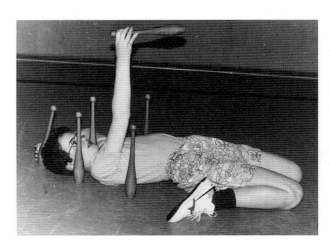

Querverweise:

— „Formen nachlegen" (W 4)

— „Irrgarten" (GM 5)

3.5 Entspannung (E)

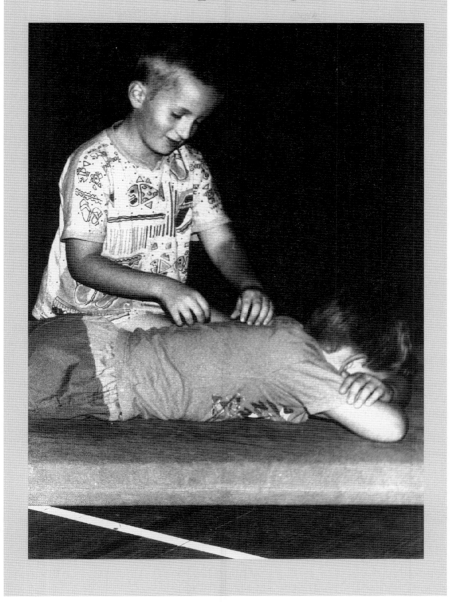

Entspannung – Ich sehe eine Blume wachsen –

Tagtäglich erlebt der gesunde Mensch den Wechsel zwischen Anspannung und Entspannung. Der Rhythmus von Tag und Nacht beinhaltet das Prinzip ebenso, wie das Spiel der Muskeln in der Bewegung.

Ein ausgewogenes Spannungsverhältnis auf motorischer und psychischer Ebene – bei allen individuellen Unterschieden – ist die Grundlage für wirkliches Wohlbefinden. Diese Ausgewogenheit wird, wohl auch als Folge unserer rationalisierten, ruhelosen und auf äußere Effizienz ausgerichteten Lebensweise, vor allem durch häufige und anhaltende Spannungszustände bedroht. Häufig erleben wir Menschen, die unter einer permanenten Anspannung stehen – sie können es nicht ertragen, wenn Ruhe aufkommt. Dieses Phänomen hat längst auch Kinder und Jugendliche erfaßt. Die dauernde Anspannung führt zu schneller Ermüdung und schränkt die Leistungsfähigkeit, z.B. in der Schule ein.

Andere Menschen leiden unter einer permanenten Unterspannung – ihnen fehlt auf körperlicher und psychischer Ebene die notwendige Energie zur Gestaltung ihres Alltags.

Der Wechsel aus Anspannung und Entspannung gilt in der Psychomotorik als ein leitendes methodisches Prinzip. Für die vorübergehende Minderung des Aktivitätsniveaus können Elemente herkömmlicher systematischer Entspannungsmethoden und -techniken (Autogenes Training, Progressive Muskelentspannung, Yoga, Phantasiereisen, Partnermassagen,...) ebenso eingesetzt werden, wie abgewandelte oder neu erdachte Formen, die den Bedürfnissen der Teilnehmer (z.B. Kinder, alte Menschen) entsprechen.

Bei einem vielfältigen Angebot kann der Einzelne ihn persönlich ansprechende Möglichkeiten der Entspannung erfahren oder eigene Formen finden und in seinen Alltag integrieren.

Über Entspannung seinen Körper und seine Psyche zu erleben und dabei neue Energien zu gewinnen, wird zu einer unentbehrlichen Erfahrung.

Anders, W.: Unterrichtsdidaktisches Konzept zur Einführung von Entspannungsübungen bei verhaltensauffälligen Schülern. In : Motorik 7(1984)4, 157-166

Friederich, S./Friebel, V.: Entspannung für Kinder. Übungen zur Konzentration und gegen die Ängste. Hamburg 1989

Kiphard, E.J.: Die psychohygienische Bedeutung der Entspannungsfähigkeit im Erwachsenen- und Kindesalter. In: Praxis der Psychomotorik 14(1989)4,

Müller, Eberhard: Entspannungsmethoden in der Schule. In: Praxis der Leibesübungen 2(1978)

Müller, Else: spürst unter deinen Füßen das Gras. Autogenes Training in Phantasie und Märchenreisen. Frankfurt 1983.

Pirnay, L.: Kindgemäße Entspannung . Ein Skript – nicht nur für den Schulalltag. Lichtenbusch (Belgien) 1992

Vopel, K.: Zauberhände. Hamburg 1989

E 1	Grobmotorik Feinmotorik Gleichgewicht Konzentration	● **Entspannung** Wahrnehmung Reaktion Ausdauer	Denken und Bewegen ✔ **Sozialverhalten**

Bärenruhe

Alle Kinder liegen in ihrer Höhle, die aus vorhandenen Geräten und großen Tüchern zuvor gebaut worden ist. Sie alle sind die Bären, die sich von der Jagd im Wald ausruhen müssen. Alle Erlebnisse, die sie zuvor hatten, werden noch einmal geschildert, um dann die Augen zu schließen. Während draußen (außerhalb der Höhle) ein Sturm tobt und es eiskalt ist, wird es in der Höhle warm und gemütlich. Alle Bären spüren, wie ihr ganzer Körper warm wird und sie sich von dem anstrengenden Tag ausruhen. Die Anstrengung der Muskeln und des ganzen Körpers bewirkt, daß sie sich schwer wie Blei fühlen und kein Körperteil sich mehr bewegen will. Die Geschichte wird weiter ausgeschmückt und dabei werden Wärme- und Schwereübungen für den Körper gemacht (z.B. ..." die Bären sind mit ihren Füßen über den kalten Boden gelaufen und merken jetzt, wie sich ihre Füße aufwärmen und ganz warm werden" ...).

Gruppengröße: bis 8 Kinder

Material:

– Geräte und Tücher/Decken für die Höhle

Altersgruppe: 4-8

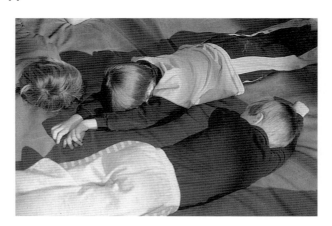

Grobmotorik	● Entspannung	Denken und	
Feinmotorik	Wahrnehmung	Bewegen	**E 1a**
Gleichgewicht	Reaktion	✔ Sozialverhalten	
Konzentration	Ausdauer		

Bärenruhe

Organisationshilfen:

– zunächst den Entspannungsraum (Höhle) schaffen, ein belastendes Spiel durchführen und dann die Geschichte erzählen

Variationen:

– Vorlesen der Geschichte „Frederick" von Leo Lionni

– die Geschichte läßt sich dem Alter anpassen: bei Kindern bietet sich die bildhafte Sprache (z.B. Tierwelt) an, während bei Erwachsenen der eigene Tagesablauf (z.B. Hetze des Tages) aufgegriffen werden kann

Querverweise:

– weitere Geschichten findet man z.B. bei Else Müller oder Klaus Vopel

E 2	Grobmotorik ✔ **Feinmotorik** Gleichgewicht Konzentration	● **Entspannung** ✔ **Wahrnehmung** ✔ **Reaktion** Ausdauer	Denken und Bewegen Sozialverhalten

Eine Blume geht auf

Alle Teilnehmerinnen setzen sich auf den Boden/auf eine Matte und halten je ein Chiffontuch in der Hand. Das Tuch wird so zwischen den Innenflächen der Hand zusammengedrückt, daß es nicht mehr zu sehen ist. Dann sprechen alle einen Zauberspruch, der mit den Worten endet „...wir zaubern eine Blume". Durch langsames Öffnen der Hände entfaltet sich das Tuch wie die Knospe einer Blume. Sind die Hände größer, können mehrere Tücher benutzt werden. Auch kann eine Kleingruppe eine gemeinsame Blume aufgehen lassen.

Die Unterstützung durch eine meditative Musik ist möglich.

Gruppengröße: beliebig

Material:

– pro Teilnehmerin 1-3 Chiffontücher in verschiedenen Farben

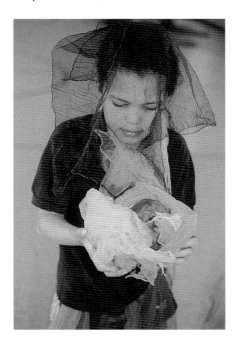

Altersgruppe: ab 4

Organisationshilfen:

– bei kleinen Kindern kann eine Tempovorgabe beim Öffnen der Knospe gemacht werden

Variationen:

– bei kleinen Kindern kann es sinnvoll sei, sie zunächst einmal beim Aufgehen einer Blume zusehen zu lassen

Querverweise: –

Grobmotorik Feinmotorik Gleichgewicht Konzentration	● **Entspannung** ✔ **Wahrnehmung** Reaktion Ausdauer	Denken und Bewegen ✔ **Sozialverhalten**	**E 3**

Alle für einen

Die Teilnehmer bilden Gruppen zu 4 oder 5 Personen. Ein Teilnehmer der Gruppe liegt entspannt in der Bauchlage auf einer Decke. Die anderen Gruppenteilnehmer wählen sich je ein Körperteil aus, das sie bei dem Liegenden massieren wollen. Nach etwa 5-10 Minuten wird der Liegende vorsichtig auf den Rücken gelegt, in die Decke eingeschlagen und spürt nach, wie er sich fühlt. Vorm Aufstehen sollte er die Muskulatur anspannen (z.B. „Fäuste ballen, sich räkeln,..."). Der Teilnehmer gibt der Gruppe eine Rückmeldung, was besonders angenehm war. Unangenehme Empfindungen (z.B. zu festes Massieren) sollten auch während der Massage geäußert werden, da sonst keine Entspannung möglich ist.
Dann wechseln die Rollen und der nächste Teilnehmer wird von allen massiert.
Einige grundlegende Kenntnisse der Massage (z.B. nicht über Knochen massieren) sollten der Gruppe bekannt sein.

Gruppengröße: 8-20 Personen

Material:

– Gymnastikmatten, Decken, Massageöl (sofern auf der nackten Haut massiert wird)

Altersgruppe: ab 15

Organisationshilfen:

– im Raum sollte es ruhig sein, die Wechsel erfolgen auf ein nonverbales Zeichen

Variationen:

– die gleiche Form als „Tennisballmassage" (E5) ist gut auch mit Kindern durchführbar

Querverweise:

– „Tennisballmassage" (E 5)

– „Waschstraße" (E 15)

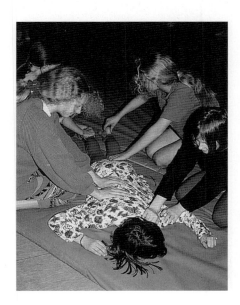

E 4	Grobmotorik Feinmotorik Gleichgewicht Konzentration	● **Entspannung** ✔ **Wahrnehmung** Reaktion Ausdauer	Denken und Bewegen ✔ **Sozialverhalten**

Beklop(f)t

Zwei Partner von etwa gleicher Größe suchen sich einen Platz im Raum. Einer stellt sich locker hin, schließt die Augen und läßt die Arme am Körper herunterhängen. „Der Andere" stellt sich hinter ihn und läßt seine Handflächen langsam auf dessen Schultern sinken, so daß dieser die Wärme der Hände spüren kann. Nun beginnt „der Andere" mit lockeren Handflächen auf die Schultern zu klopfen. Tempo und Druck können wechseln, müssen jedoch angenehm sein. Von Zeit zu Zeit werden auch die Arme hinab bis zu den Händen und dann wieder hinauf abgeklopft. Nach Beendigung des Klopfens (ca. 3 - 5 Minuten) konzentriert sich „der Eine" auf die Schultern und „der Andere" spürt die Wirkung auf die Hände. Die Partner tauschen ihre Erfahrungen aus und wechseln dann die Rollen.

Gruppengröße: 2-20 Personen

Material: –

Altersgruppe: ab 15

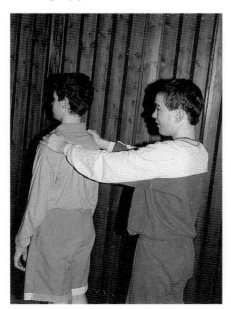

Organisationshilfen:

- eine entspannende Hintergrundmusik (z.B. von A. Vollenweider) wirkt verstärkend

Variationen: –

Querverweise:

- „Alle für einen" (E 3)

Grobmotorik	● Entspannung	Denken und	
Feinmotorik	✔ Wahrnehmung	Bewegen	**E 5**
Gleichgewicht	Reaktion	✔ Sozialverhalten	
Konzentration	Ausdauer		

Tennisballmassage

Zwei Teilnehmerinnen finden sich zusammen, um sich mit Tennisbällen gegenseitig den Rücken und evt. Arme, Beine und Nacken zu massieren. Eine Teilnehmerin liegt in entspannter Bauchlage auf einer Decke, während die andere die Tennisbälle so im Verlauf der Muskeln bewegt, daß möglichst die Wirbelsäule und die Schulterblätter nicht berührt werden. Diese Massageform ist besonders für Gruppen geeignet, in denen eine Entspannung ohne direkten Körperkontakt gewünscht wird. Das Massieren des Rückens kann mit einem oder zwei Tennisbällen durchgeführt werden. Die Massierende versucht, den Kontakt zwischen dem Ball und dem Rücken auch beim Wechsel auf die andere Körperseite der Liegenden nicht zu unterbrechen.

Sie sollte auf eine bequeme Haltung achten, so daß sie sich selbst nicht verkrampft.

Gruppengröße: 2-20

Material:

– Tennisbälle, Igelbälle, Luftballons

Altersgruppe: ab 6, oder Eltern massieren Kinder

Organisationshilfen:

– bei Tennisvereinen nach gebrauchten Tennisbällen fragen

Variationen:

– eine Teilnehmerin legt sich auf einen „Tennisballteppich" und wird leicht hin und her bewegt (evt. Schwungtuch oder Decke auf die Bälle legen)

– im Sommer auf einer Wiese sind auch sogenannte „Wasserbomben" (kl. Luftballons) geeignet, die mit unterschiedlich temperiertem Wasser gefüllt werden können

Querverweise:

– „Alle für einen" (E 3)

E 6	Grobmotorik Feinmotorik Gleichgewicht Konzentration	● **Entspannung** ✔ **Wahrnehmung** Reaktion Ausdauer	Denken und Bewegen ✔ **Sozialverhalten**

Pizza -Lutz

Die Kinder tun sich paarweise zusammen und bekommen eine Matte bzw. Decke. Ein Kind legt sich in Bauchlage auf die Matte und ist von nun an das Blech für den Pizzateig, das andere Kind ist der Pizzabäcker.

Das Blech wird eingefettet (mit den Händen über den Rücken bzw. Oberschenkel streichen), mit Mehl berieselt (Fingerspitzen machen leichte Trommelbewegungen), es wird Wasser dazugeben (mit den Fingern fließendes Wasser imitieren), Mehl und Wasser werden zusammengeschoben, bevor der Teig geknetet, ausgerollt und mit Tomaten, Eiern, Käse,... belegt wird.

Dann wird die Pizza in den Ofen geschoben (Partner legt sich auf den Rücken des anderen und wärmt), anschließend werden kleine Stücke geschnitten (Handkante), die Pizza wird gegessen und das Blech gereinigt (mit den Händen abreiben).

Gruppengröße: paarweise

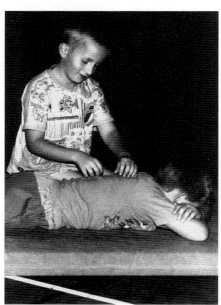

Material:

– Gymnastikmatten oder Decken

Altersgruppe: ab 4

Organisationshilfen:

– auch im Klassenraum durchführbar; das Kind sitzt auf dem Stuhl und legt den Oberkörper auf die Schulbank

Variationen:

– Variationen spielerischer, kindgemäßer Massage nennt Pirnay (z.B. „Kuchenbacken" oder „Rücken ist eine Wiese mit verschiedenen Tieren" – wie Maulwurf, Tausendfüßler...)

Querverweise: –

Grobmotorik	• **Entspannung**	Denken und	
Feinmotorik	✔ **Wahrnehmung**	Bewegen	**E 7**
Gleichgewicht	Reaktion	✔ **Sozialverhalten**	
✔ **Konzentration**	Ausdauer		

Das Geschenk

Es wird erzählt, daß ein ganz besonderer Anlaß (Geburtstag,...) ein außergewöhnliches Geschenk erfordert. Dieses Geschenk ist einer der Teilnehmer, der von der gesamten Gruppe mit Bierdeckeln zugedeckt wird. Das Verpacken soll sehr feierlich durchgeführt werden und es ist wichtig, daß von dem Geschenk nichts mehr zu sehen ist. Es ist möglich, vor dem Verpacken einen Teilnehmer zu bestimmen, für den dieses Geschenk vorbereitet wird. Dieser schließt zu Beginn die Augen und soll dann später herausfinden, wer als sein Geschenk verpackt worden ist.

Gruppengröße: 6-16

Material:
– Bierdeckel

Altersgruppe: ab 4

Organisationshilfen:
– das Geschenk soll langsam und vorsichtig verpackt werden, da es sonst beschädigt werden kann (Vorstellungshilfe für Kinder)

Variationen:
– auch mit andern Materialien wie Zeitungen, Reissäckchen oder Schwungtuch möglich

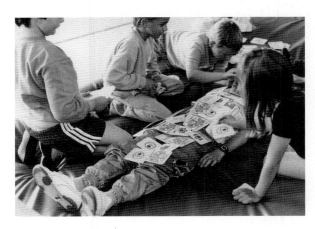

– „Die Mumie": Nach dem Zudecken schleichen alle Teilnehmer davon und machen aus sicherer Entfernung Geräusche, um die Mumie zu wecken.
Diese erwacht langsam und versucht die anderen zu fangen.

Querverweise: – siehe Kapitel „Alltagsmaterial"

| E 8 | Grobmotorik
Feinmotorik
Gleichgewicht
Konzentration | ● **Entspannung**
✔ **Wahrnehmung**
Reaktion
Ausdauer | Denken und
Bewegen
✔ **Sozialverhalten** |

Clown-Gesicht

Ein Kind legt sich in Rückenlage auf eine Decke oder Matte oder setzt sich bequem auf einen Stuhl, Ball etc. und zieht zunächst alle möglichen Grimassen (Gesichtsmuskulatur lockern), die ein Clown machen könnte. Dann werden die Augen geschlossen und ein anderes Kind schminkt nun das Gesicht mit den Fingern. Für diese Gesichtsmassage kann außer Schminke auch weiße Gesichtscreme oder Heilerde verwendet werden, die von den Kindern leicht verrieben bzw. abgewaschen werden kann.

Gruppengröße: paarweise

Material:

– Decken, Matten

– Schminkfarbe/Heilerde/Gesichtscreme

Altersgruppe: ab 6

Organisationshilfen:

– eventuell ist es sinnvoll, zuvor einige Clownsbilder gemeinsam anzusehen

– die Clownsgesichter im anschließenden Spiel weiter nutzen

Variationen:

– nur mit der Vorstellung des Schminkens arbeiten

– auf einem Spielfest als Station anbieten

Querverweise: –

Grobmotorik	● Entspannung	Denken und	
Feinmotorik	✔ **Wahrnehmung**	Bewegen	**E 9**
Gleichgewicht	Reaktion	✔ **Sozialverhalten**	
Konzentration	Ausdauer		

Die Windmaschine

Die Mitspieler bilden zwei gleich große Gruppen. Die eine Gruppe hält einen Fallschirm, eine Folie oder, bei kleineren Gruppen, eine Decke gespannt, so daß die anderen Mitspieler sich darunter legen können. In einer entspannten Lage auf Matten oder Decken liegend, schließen sie die Augen und lauschen dem Windgeräusch, das nun durch ein leichtes Bewegen des Fallschirms erzeugt wird. Es wird nicht gesprochen und auch sonstige Geräusche werden reduziert, damit die vom Fallschirm erzeugten Geräusche gehört und der leichte Windhauch auf der Haut gespürt werden kann. Die Arbeit der Windmaschine kann von unterschiedlicher Intensität sein. Das Tuch soll jedoch die Liegenden nicht oder nur leicht berühren, da dieses die Entspannung beeinträchtigen kann.

Gruppengröße: 6-30

Material:

– Fallschirm, Folie, Decke

Altersgruppe: ab 4

Organisationshilfen:

– dieser Entspannungsform kann ein bewegungsintensives Spiel evt. mit Fallschirm vorausgehen

Variationen:

– durch Wedeln mit einem Softfrisbee oder einem Schulheft wird für den entspannt auf dem Rücken liegenden Partner Wind erzeugt. Dieser Wind wandert langsam über den gesamten Körper.

Querverweise:

– „Waschstraße" (E 15)

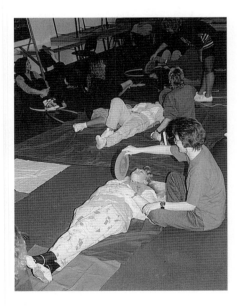

E 10	✔ **Grobmotorik** Feinmotorik Gleichgewicht Konzentration	● Entspannung ✔ **Wahrnehmung** Reaktion Ausdauer	Denken und Bewegen Sozialverhalten

gestern - heute - morgen

Auf eine ruhige Musik mit gleichbleibendem Rhythmus wird eine einfache Schrittkombination entwickelt, die durchgehend getanzt wird. Hier bietet sich z.B. Musik wie „die Pachelbel-Meditation" an, die sich in einer Gruppe in der Kreisaufstellung tanzen läßt.

Beispiel: PACHELBEL – In der Kreisaufstellung werden die Hände auf die Schultern der jeweils rechten und linken Partnerinnen gelegt und alle beginnen mit einem Schritt des rechten Beins nach rechts. Das linke Bein wird vor dem rechten übergesetzt und das rechte so gestellt, das die Füße wieder in der Ausgangshaltung stehen. Nun wird das linke Bein hinter dem rechten überkreuzt, das rechte in die Ausgangshaltung nachgesetzt. Es folgt ein Pendelschritt auf der Stelle. Der ganze Kreis bewegt sich rechts herum, wobei der Ablauf einige Minuten wiederholt werden sollte, so daß der Bewegungsablauf keine Konzentration mehr erfordert. Bei diesem meditativen Tanz kann die Vorstellung aufgenommen werden, daß der Schritt nach vorne die Zukunft symbolisiert, der Schritt zurück die Vergangenheit und das Pendeln auf der Stelle die Gegenwart.

Gruppengröße: 1-20

Material:

– Musik und Musikanlage

Altersgruppe: ab 6

Organisationshilfen:

– sehr einfache Bewegungen wählen, damit auch für unerfahrene Tänzer kein Streß auftritt

Variationen:

– Schultern des Vordermanns fassen und einfache Pendelschritte

Querverweise: –

Grobmotorik Feinmotorik ✔ Gleichgewicht Konzentration	● Entspannung ✔ Wahrnehmung Reaktion Ausdauer	Denken und Bewegen ✔ Sozialverhalten	**E 11**

Kreiselmatte

Unter eine Gymnastikmatte werden gleich große Medizinbälle gelegt. Eine Teilnehmerin legt sich auf die Matte und wird von den anderen Teilnehmerinnen, die an der Matte oder den Schlaufen festhalten, durch leicht kreisende Bewegungen geschaukelt.

Gruppengröße: Gruppen zu 5 Personen

Material:

– Gymnastikmatte und 8-12 Bälle je Gruppe

Altersgruppe: ab 4

Organisationshilfen:

– der Liegende sollte die Intensität des Kreiselns bestimmen

Variationen:

– verschiedene Bälle als Untergrund

– im Sitzen

– als Untergrund wir eine Luftmatratze oder ein Schwabbelkissen genommen, durch vorsichtiges Drücken an den Seiten erzeugen die Teilnehmerinnen leichte Schwingungen

Querverweise:

– „Ballgeschaukel" (E 20)

E 12	Grobmotorik Feinmotorik Gleichgewicht Konzentration	● **Entspannung** Wahrnehmung Reaktion Ausdauer	Denken und Bewegen ✔ **Sozialverhalten**

Schüttelentspannung

Ein Teilnehmer liegt in der Rückenlage auf einer Gymnastikmatte oder Decke. Sein Partner hebt die Arme oder Beine des Liegenden hoch und schüttelt diese durch leichte Bewegungen aus. Die Arme oder Beine können zunächst einzeln und dann gleichzeitig geschüttelt werden.

Gruppengröße: 2-20

Material:

- eine Gymnastikmatte/Decke je Paar

Altersgruppe: ab 14

Organisationshilfen:

- das Schütteln soll als angenehm empfunden werden
- sehen, ob die Muskulatur entspannt ist („Pudding")

Variationen:

- Arme ausschütteln

Querverweise:

- „Marionette" (S 16)

Grobmotorik	● Entspannung	Denken und	
Feinmotorik	✔ **Wahrnehmung**	Bewegen	**E 13**
Gleichgewicht	Reaktion	Sozialverhalten	
Konzentration	Ausdauer		

Gorilla und Schlappmann

Die Mitspieler spannen alle Muskeln an, wie ein kraftstrotzender angriffslustiger Gorilla, der zeigen will, daß er der Größte und Stärkste ist. Durch einen Zauberstab werden sie in Schlappmänner verwandelt, die versuchen, möglichst wenig Muskeln anzuspannen. Durch diesen spielerischen Wechsel zwischen Anspannung und Entspannung wird die Entspannung effektiver. Gorillas und Schlappmänner können liegen, stehen, gehen und auch auf Weichbodenmatten umfallen.

Gruppengröße: 1-15

Material:

– Zauberstab

– Weichbodenmatte

Altersgruppe: 6-10

Organisationshilfen:

– bei Kindern wirkt das Mitspielen des Spielleiters motivierend

– eine intensive Anspannung soll nicht zu einer Pressatmung führen

Variationen:

– andere Bewegungsvorstellungen, wie z.B. „Umfallen wie ein Baum oder wie ein Wackelpudding" nehmen den gleichen Wechsel auf

Querverweise: –

E 14	Grobmotorik Feinmotorik Gleichgewicht Konzentration	● **Entspannung** ✔ **Wahrnehmung** Reaktion Ausdauer	Denken und Bewegen Sozialverhalten

Zaubertrank

Nach einer Anspannungsphase legen sich alle Teilnehmer auf eine Decke oder Matte, schließen die Augen und achten auf ihren Atem. Sobald der Atem gleichmäßig fließt, stellen sie sich vor, daß der Atem wie ein Zaubertrank den ganzen Körper durchfließt. Die Übungsleiterin gibt verbale Hilfen wie z.B. „atme ein und spüre wie dein Atem in dein linkes Bein fließt, ..." . Der Atem soll den ganzen Körper durchfließen, um sich dann auf eine Phantasiereise zu begeben:

„Stelle dir vor, du bist ein Adler, der über eine wilde Berglandschaft schwebt und sich vom Wind tragen läßt. Aus großer Ferne siehst du Steinböcke, die durch die Felsen zu einem kühlen Gebirgsbach klettern und kühles Wasser schlürfen. Der Wind trägt dich weiter und die abendlichen Sonnenstrahlen geben dir ein wohliges Gefühl...".

Gruppengröße: bis 20 Personen

Material: –

Altersgruppe: ab 10

Organisationshilfen:

– darauf achten, daß nicht der Atem angehalten oder gepreßt wird

– die Geschichten langsam erzählen und dabei Pausen machen, die der eigenen Vorstellung Raum geben

– evt. unterstützende Entspannungsmusik im Hintergrund oder nach der Geschichte einspielen

Grobmotorik	• **Entspannung**	Denken und	
Feinmotorik	✔ **Wahrnehmung**	Bewegen	**E 14a**
Gleichgewicht	Reaktion	Sozialverhalten	
Konzentration	Ausdauer		

Zaubertrank

Variationen:

– Aufgaben zur bewußten Atmung sollten auch bei anderen Übungen gegeben werden

– weitere Anregungen für Phantasiereisen gibt z.B. Else Müller, Klaus Vopel,...

Querverweise:

– „Bärenruhe" (E 1)

E 15	Grobmotorik Feinmotorik Gleichgewicht Konzentration	● **Entspannung** Wahrnehmung Reaktion Ausdauer	Denken und Bewegen ✔ **Sozialverhalten**

Waschstraße

In der Turnhalle wird zunächst eine Waschstraße gebaut, in der große Kästen die Seiten, Weichbodenmatten oder Schwungtüchern das Dach bilden. 4-8 Kinder knien sich in Gassenaufstellung in die Waschstraße. Ein Kind bestimmt, welcher Autotyp (VW-Käfer, Ente, Porsche,...) es sein will und welches Waschprogramm es wünscht. Dann fährt es mit einem Rollbrett in die Waschstraße ein, wird berieselt (z.B. mit Fingern Regentropfen machen), eingeschäumt (reiben) und getrocknet (Wind erzeugen). Die Kinder bringen weitere Ideen in das Spiel.

Gruppengröße: 5-20

Material:

– Kästen, Schwungtuch oder Weichbodenmatten, Rollbrett

Altersgruppe: 6-10

Organisationshilfen:

– mit der Gruppe Ideen für die Waschstraße überlegen (z.B. Schonwäsche ist ganz vorsichtig)

Variationen:

– in kleinen Räumen ohne Geräte einfache kniende Gasse bilden und Kinder durchkrabbeln lassen

Querverweise:

– „Alle für einen" (E3)

Grobmotorik	● Entspannung	Denken und	
Feinmotorik	✔ Wahrnehmung	Bewegen	**E 16**
✔ Gleichgewicht	Reaktion	Sozialverhalten	
Konzentration	Ausdauer		

Schwingungen

Die Teilnehmerinnen legen sich mit dem Rücken auf ein Großtrampolin, eine dicke Luftmatratze oder eine Matte, die auf Pezzi-Bällen liegt und von Kästen umrahmt ist. Sie schließen die Augen, erzeugen durch eigene Impulse Schwingungen und spüren anschließend das langsame Abebben der Bewegungen. Auf dem Großtrampolin oder dem Airtramp kann die am Rand des Tuches stehende Übungsleiterin die Schwingungen dosieren.

Gruppengröße: 1-6

Material:

– Großtrampolin/Airtramp/6 Pezzi-Bälle, Kästen, Turnmatte/Luftmatratzen/Wasserbett

Altersgruppe: alle Altersgruppen

Organisationshilfen:

– ein Schwungtuch über den im Viereck aufgestellten Kästen verleiht diesem Raum in der Turnhalle eine stärkere Atmosphäre der Geborgenheit

– die Unterstützung durch eine entspannende Musik wird in der Regel als angenehm empfunden

Variationen:

– wenn vorhanden, kann natürlich auf einem Wasserbett oder einem Airtramp eine ähnliche Wirkung erzielt werden

Querverweise:

– „Reifenschaukel" (G 9)

E 17	Grobmotorik Feinmotorik Gleichgewicht Konzentration	● Entspannung ✔ Wahrnehmung Reaktion Ausdauer	Denken und Bewegen Sozialverhalten

Die liegende Acht

Die Teilnehmer wählen sich einen oder mehrere farbige Wachsmalstifte und setzen sich bequem vor eine große, weiße Papierfläche (z.B. helle Tapete). Unterstützt durch eine meditative Musik wird eine liegende Acht so gemalt, daß die Bewegung von der Mitte nach oben beginnt. Diese typische Überkreuzbewegung wird einige Minuten bei ruhigem, gleichmäßigen Tempo wiederholen, bis sie ohne Konzentration ausführbar ist.

Sind die Teilnehmer in den Fluß dieser Bewegung eingetaucht, können sie die liegende Acht durch Stimmung und Musik inspiriert zu einem freien Bild weiterentwickeln.

Gruppengröße: 1-20

Material:
- Wachsmalstifte und große Papierbögen
- Rekorder und meditative Musik (z.B. Deuter, Vollenweider, ...)

Altersgruppe: ab 5

Organisationshilfen:
- Kinder mit feinmotorischen Problemen sollten möglichst dicke Stifte oder Wachsblöcke erhalten
- die Malbewegung geht über die Körpermitte, d.h. das Bild entsteht vor dem Körper und nicht seitlich

Variationen:
- die liegende Acht auch mit der linken Hand malen
- mit beiden Händen einen Stift halten und gleichzeitig malen

Querverweise: –

Grobmotorik	● Entspannung	Denken und	
Feinmotorik	✔ Wahrnehmung	Bewegen	**E 18**
✔ Gleichgewicht	Reaktion	Sozialverhalten	
Konzentration	Ausdauer		

Der Himmel dreht sich

Zwei Mitspielerinnen bauen aus zwei Rollbrettern und einer daraufliegenden Gymnastikmatte ein Rollbrettkarussell. Eine Partnerin legt sich mit dem Rücken auf die Matte und wird von der anderen vorsichtig geschoben und leicht gedreht. Sind weniger Rollbretter vorhanden, kann sich die Partnerin auch mit dem Rücken direkt auf das Rollbrett legen, wird dann an den Beinen gefaßt und langsam geschoben und gedreht.

Gruppengröße: 2-16

Material:

– paarweise zwei Rollbretter und eine Gymnastikmatte

Altersgruppe: 6-16

Organisationshilfen:

– es empfiehlt sich, eine deutliche „Tempobegrenzung" vorzugeben, um eine Entspannung zu gewährleisten

Variationen:

– bei schnellerer Geschwindigkeit oder längerem Drehen liegt der Übungsschwerpunkt stärker im Gleichgewichtsbereich

– zwischen Rollbrettkarussell und Liegenden wird ein Schwungtuch gelegt, das dann von mehreren Teilnehmern gehalten wird, um das Karussell zu drehen

– auch mit Varussell und Auflagebrett durchführbar

Querverweise: –

E 19	Grobmotorik Feinmotorik ✔ **Gleichgewicht** Konzentration	● **Entspannung** ✔ **Wahrnehmung** Reaktion Ausdauer	Denken und Bewegen Sozialverhalten

Riesenschaukel

Eine Weichbodenmatte wird mit an den Griffen verknoteten und evtl. unter der Matte gespannten Seilchen an vier Ringen befestigt und dann hochgezogen. So entsteht eine Riesenschaukel, die für einen Erwachsenen oder mehrere Kinder Platz bietet. Die Schaukel kann ein Dach aus einem Schwungtuch erhalten und bei entsprechendem Stundenthema auch ein „Piratenschiff" sein. Um eine Entspannungswirkung zu erzielen, darf die Schaukel nur leicht in Schwung gebracht werden.

Gruppengröße: 1-3

Material:

- Weichbodenmatte und Seilchen
- Schaukeltuch

Altersgruppe: ab 3

Organisationshilfen:

- im Umkreis der Riesenschaukel bewegt sich nur der „Schwunggeber", da die Entspannung sonst gestört wird und Kinder bei Unaufmerksamkeit von der Riesenschaukel umgeworfen werden können

Variationen:

- eine Schaukeltuch oder eine kleine Gymnastikmatte, die in zwei doppelte Gymnastikreifen gebogen und dann mit Seilchen an den Ringen fest aufgehängt wird, kann anstelle der Weichbodenmatte benutzt werden
- bei viel Schwung oder Drehungen erfolgt eine Reizung des Vestibulärsystems und die Übung hat ihren Schwerpunkt stärker im Wahrnehmungs- und Gleichgewichtsbereich

Querverweise: – „Reifenschaukel" (G 9)

Grobmotorik	● Entspannung	Denken und	
Feinmotorik	✔ Wahrnehmung	Bewegen	**E 20**
Gleichgewicht	Reaktion	✔ Sozialverhalten	
Konzentration	Ausdauer		

Ballgeschaukel

Ein Teilnehmer legt sich auf einen großen Ball (Riesenpezziball, Erdball) und wird vorsichtig hin und her geschaukelt. Dazu wird der Ball von den Gruppenmitgliedern so bewegt, daß der Liegende sicher auf dem Ball ruht. Für die Entspannung sind sehr vorsichtige, gleichmäßig schaukelnde oder kreisende Bewegungen geeignet.

Gruppengröße: 3er Gruppen

Material:

– ein großer Ball je Gruppe

Altersgruppe: ab 3

Organisationshilfen:

– eine genaue Durchführung der Aufgabe muß gewährleistet sein. Eventuell können Kinder nur auf einem vom Übungsleiter abgesicherten Ball liegen.

Variationen:

– Bauchlage auf kleinerem Ball (Hände und Füße haben Bodenkontakt) und sich selbst leicht hin und her schaukeln

– in Eltern-Kind-Gruppen als Partnerübung

Querverweise:

– „Kreiselmatte" (E 11)

3.6 Wahrnehmung (W)

Wahrnehmung – Das Auge sieht, das Ohr hört, die Nase riecht...

Die Fähigkeit, Dinge um uns und in uns wahrzunehmen, ist Grundlage für alle Lebensprozesse. Sie ist die Voraussetzung für Reaktion und Leistung, Adaption und Lernen, Kommunikation und Interaktion. Wenn „das Auge sieht, das Ohr hört, die Nase riecht, die Haut fühlt, die Finger tasten, der Fuß (ver)steht, die Hand (be)greift, das Gehirn denkt, die Lunge atmet, das Blut pulst, der Körper schwingt" (KÜKELHAUS), steht dem Menschen eine ganze Fülle von Wahrnehmungs- und Erlebnisbereichen zur Verfügung.

Natürlich sind diese Wahrnehmungen subjektiv und oft unbewußt: „Ich kann dich nicht riechen" ; diese doppelsinnige Ablehnung meint eher: „Geh mir aus dem Weg, dein Geruch stört mich" und erklärt manches (z.B. aggressive) Verhalten.

In jedem Fall aber gehört die Fähigkeit, über verschiedene Organe gleichzeitig Informationen zusammenzutragen und sinnvoll zu integrieren, zu den Schlüsseln eines handlungsfähigen Lebens.

Psychomotorische Förderung bemüht sich in starkem Maße darum, die Wahrnehmung des Körpers, der Umwelt und der anderen Menschen zu optimieren und zu differenzieren, sowie deren sensorische Integration zu verbessern.

Ein wichtiger methodischer Schritt ist dabei die Reduktion der jeweiligen Wahrnehmungsbereiche. Vor allem die sonst oft dominierende optische Kontrolle gilt es, von Zeit zu Zeit einzuschränken.

Ayres, J.: Bausteine der kindlichen Entwicklung. Berlin, Heidelberg, New York, Tokio 1984

Doering, W. u. W.(Hrsg.): Sensorische Integration. Dortmund 1990

Kükelhaus, H., zur Lippe, R.: Entfaltung der Sinne. Frankfurt 1982

Kükelhaus, H.: Fassen, Fühlen, Bilden. Köln 1978

Watzlawick, P.: Wie wirklich ist die Wirklichkeit? München 1986

Zinke-Wolter, P.: Spüren-Bewegen-Lernen. Dortmund 1992

Grobmotorik	Entspannung	Denken und	
Feinmotorik	• **Wahrnehmung**	Bewegen	**W 1**
Gleichgewicht	Reaktion	✔ **Sozialverhalten**	
✔ **Konzentration**	Ausdauer		

Führen und geführt werden

Die Mitspieler gehen paarweise zusammen. Einem Partner werden die Augen mit einem Tuch verbunden und er wird von seiner Partnerin an die Hand genommen. Der „Blinde" wird dann durch den Raum geführt, wobei unterschiedliche Aufgabenstellungen erfolgen können.

— Kontakt abbauen: Der Partner wird nicht mehr mit der ganzen Hand geführt, sondern beispielsweise nur noch, indem Finger als Kontaktfläche aufeinandergelegt werden

— die Personen in der Umgebung sollen wahrgenommen werden (Geräusche, Nähe)

— zur Raumorientierung: Der Blinde erklärt der Partnerin, wo er sich zum jeweiligen Zeitpunkt im Raum befindet.

— Es werden verschiedene weiche, ungefährliche Hindernisse und Untergründe im Raum verteilt. Über diese Hindernisbahn wird der Blinde geführt. Beispiele für solche Hindernisse: Weichböden mit kleinem Kasten davor, auf dem Boden verteilte Seilchen, weiche Schaumstoffteile, herumrollende Bälle und vieles andere mehr.

Gruppengröße:

— beliebig (paarweise)

Material:

— je Partnergruppe ein Baumwolltuch, je nach Aufgabenstellung Material für Hindernisse, Matten, Weichböden ...

W 1a	Grobmotorik Feinmotorik Gleichgewicht ✔ **Konzentration**	Entspannung ● **Wahrnehmung** Reaktion Ausdauer	Denken und Bewegen ✔ **Sozialverhalten**

Führen und geführt werden

Altersgruppe: ab 4

Organisationshilfen:

– vor allem bei Kindern ist darauf zu achten, daß verbundene Augen auch Angst erzeugen können. Deshalb sollte man sie nie zum Augenverbinden zwingen, stattdessen den höheren Reiz einer an sich „leichten" Aufgabenstellung bei „blinder" Ausführung herausstellen.

Variationen:

– Führen durch akustische Signale: Die Partner machen ein bestimmtes Zeichen aus (Hände klatschen, Pfeifton oder ähnliches) und die Partnerin soll mit verbundenen Augen diesem Zeichen folgen. Hinweis: je differenzierter die möglichen Geräusche sind, desto leichter wird die Aufgabenstellung; je ähnlicher die Geräusche sind, desto schwieriger wird es.

– wie zuvor, jedoch mit Versuchen, heimlich den „Blindenführer" zu wechseln, indem dessen Geräusche nachgeahmt werden

Querverweise:

– „Erlebnisbahn" (W 3)

Grobmotorik	Entspannung	✔ Denken und	
Feinmotorik	● **Wahrnehmung**	**Bewegen**	**W 2**
Gleichgewicht	Reaktion	✔ Sozialverhalten	
✔ **Konzentration**	Ausdauer		

Fotograf und Kamera

Diese Übung dient einer differenzierteren optischen Wahrnehmung. Die Mitspielerinnen gehen paarweise zusammen, wobei eine Partnerin die Kamera, die andere Fotografin ist. Die Kamera hat die Blende geschlossen (Augen zu) und wird nun von der Fotografin an verschiedene Orte im Raum geführt. Hier wird die Optik ausgerichtet (das heißt, daß Gesicht des Partners auf einen bestimmten Punkt gelenkt). Dann wird die Kamera ausgelöst (etwa durch einen Druck auf die Schulter). Die Partnerin öffnet nun für einen kurzen Moment die Augen und nimmt wahr, was sie fotografieren sollte. Anschließend erzählt die Kamera der Fotografin, welche Bilder aufgenommen wurden.

Gruppengröße: beliebig (paarweise)

Material:

– nicht zu karge Räumlichkeiten; besonders geeignet: die Natur

Altersgruppe: ab 6

	Grobmotorik	Entspannung	✔ **Denken und**
W 2a	Feinmotorik	● **Wahrnehmung**	**Bewegen**
	Gleichgewicht	Reaktion	✔ **Sozialverhalten**
	✔ **Konzentration**	Ausdauer	

Fotograf und Kamera

Organisationshilfen:

– die Zeit der Augenöffnung sollte zwar möglichst kurz sein, jeder Mitspielerin aber je nach Voraussetzung selbst überlassen bleiben

Variationen:

– es müssen mehrere Bilder aufgenommen und anschließend wiedergegeben werden. Wieviel Bilder passen auf den Film? (Merkfähigkeit)

– es dürfen nur Gegenstände, die aus einem bestimmten Material oder in einer bestimmten Farbe sind, aufgenommen werden

– diese Übung eignet sich hervorragend zum Aufbau einer differenzierten Wahrnehmung der Natur. Sie läßt sich gut draußen durchführen.

Querverweise:

– „Führen und geführt werden" (W 1)

Grobmotorik	Entspannung	✔ **Denken und**	
Feinmotorik	● **Wahrnehmung**	**Bewegen**	**W 3**
✔ **Gleichgewicht**	Reaktion	Sozialverhalten	
Konzentration	Ausdauer		

Erlebnisbahn

Eine Reihe von Seilchen (Zauberschnüre etc.) werden miteinander verknotet und in der Halle oder im Raum ausgelegt. Entlang dieses ausgelegten Weges werden bestimmte Hindernisse aufgebaut. (Schräge Ebenen, weiche, harte, glatte, rauhe Untergründe, duftende Räucherstäbchen, Klangerlebnisse, Cassettenrecorder etc.). Die TeilnehmerInnen begehen nun diesen vorgelegten Weg barfüßig und mit verbundenen Augen. Dabei lassen sie die Eindrücke, die unterwegs entstehen, auf sich wirken.

Gruppengröße: beliebig

Material:

– Baumwolltücher, Seilchen, Zauberschnüre, verschiedene Materialien für den Weg, z.B. Luftballons, eine Luftmatratze, verschiedene Matten, Schaumstoffelemente, Teppichfliesen, runde Tücher, schlappe Bälle und vieles andere mehr

Altersgruppe: ab 4

Organisationshilfen:

– bei jüngeren Kindern empfiehlt sich eine Partnerhilfe, die über den Laufweg führt, ebenso bei Menschen mit größeren Standunsicherheiten oder älteren Teilnehmern

– eine Erlebnisbahn läßt sich auch gut in der Natur aufbauen. Für besondere Klangerlebnisse oder Geruchserlebnisse sind aber gesonderte Räumlichkeiten, durch die der Weg führt, hilfreich, etwa Umkleideräume, Duschen oder ähnliches. Werden schwierigere Hindernisse in die Erlebnisbahn eingebaut, ist eine zusätzliche Partnerführung hilfreich.

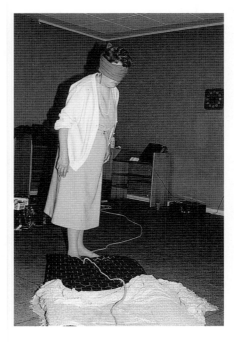

	Grobmotorik	Entspannung	✔ **Denken und**
W 3a	Feinmotorik	● **Wahrnehmung**	**Bewegen**
	✔ **Gleichgewicht**	Reaktion	Sozialverhalten
	Konzentration	Ausdauer	

Erlebnisbahn

Variationen:

– der Weg führt durch eine Reihe verschiedener Kisten, die mit unterschiedlichen Materialien gefüllt sind: weiche, warme, kalte, runde, spitze Materialien (Partnerhilfe)

– der Weg kann auch durch verspannte Seile vorgegeben werden, die mit den Händen ertastet werden. Eine solche Führung eignet sich beispielsweise für eine Erlebnisbahn im Geräteraum einer Turnhalle.

Querverweise:

– „Führen und geführt werden" (W 1)

Grobmotorik	Entspannung	Denken und	
✔ Feinmotorik	● Wahrnehmung	Bewegen	**W 4**
Gleichgewicht	Reaktion	Sozialverhalten	
✔ Konzentration	Ausdauer		

Formen nachlegen

Die Mitspielerinnen schließen sich paarweise zusammen. Jede Mitspielerin hat ein Seilchen. Eine Partnerin legt nun mit dem Seilchen eine bestimmte Form aus, die andere nimmt diese wahr und versucht sie in gleicher Weise nachzulegen.

Gruppengröße: beliebig (paarweise)

Material:

– Seilchen

Altersgruppe: ab 4

Organisationshilfen:

– durch Variation der Formvorgabe (einfacher – komplexer) läßt sich diese Aufgabe gut auf jeweilige Voraussetzungen abstimmen

– für bestimmte Bereiche taktiler Wahrnehmungen ist es gut, wenn die Seilchen nicht verrutschen können; so können sie etwa auf Turnmatten ausgelegt werden

Variationen:

– erste Erschwernis: beim Auslegen des Seilchens nicht zuschauen

W 4a	Grobmotorik ✔ **Feinmotorik** Gleichgewicht ✔ **Konzentration**	Entspannung ● **Wahrnehmung** Reaktion Ausdauer	Denken und Bewegen Sozialverhalten

Formen nachlegen

- "blind" (z.B. mit verbundenen Augen) die Formen ertasten und anschließend mit dem eigenen Seilchen ebenso „blind" nachlegen

- mit verbundenen Augen die Formen mit den Füßen ertasten und anschließend mit dem eigenen Seilchen nachlegen

- Körperformen nachlegen: der Körperumriß einer in beliebiger Position liegenden Person wird von dem(n) Partner(n) mit Seilchen nachgelegt und bietet anschließend Gelegenheit über Körperformen zu diskutieren, sich die Körperlage bewußt zu machen, sich in die Silhouette des anderen hineinzulegen u.v.a.m.

- Zollstöcke anstelle von Seilchen verwenden

Querverweise:

- „Spaghetti finden" (K 10)

Grobmotorik	Entspannung	Denken und	
Feinmotorik	● **Wahrnehmung**	Bewegen	**W 5**
Gleichgewicht	Reaktion	✔ **Sozialverhalten**	
✔ **Konzentration**	Ausdauer		

Wesen erschaffen

Die Gruppe bewegt sich vorsichtig mit geschlossenen Augen durch den Raum. Berührt eine Mitspielerin die andere, fragt sie: „Bist du das Wesen?" und erhält die Antwort „Nein", wenn die Mitspielerin das Wesen nicht ist. Wird das Wesen berührt, gibt es keine Antwort. Die fragende Spielerin weiß also, daß sie das Wesen berührt hat, hält es fest und gehört so mit zum Wesen. Das Wesen wird bestimmt durch die Spielleiterin, die im Laufe der ersten Spielphase eine beliebige Mitspielerin auf die Schulter drückt und damit zum Wesen macht. Das Spiel ist beendet, wenn alle Teilnehmerinnen zum Wesen gehören.

Gruppengröße: 5-20

Material: –

Altersgruppe: ab 8

Organisationshilfen:

– mit vorgehaltenen Armen absichern

Variationen:

– das Wesen kann die Frage, ob es das Wesen sei, auch mit einem deutlichen „Ja" beantworten. So fällt die Orientierung im Raum den anderen MitspielerInnen leichter

Querverweise:

– „Drückeberger" (K 3)

W 6	Grobmotorik Feinmotorik Gleichgewicht ✔ **Konzentration**	Entspannung ● **Wahrnehmung** ✔ **Reaktion** Ausdauer	Denken und Bewegen ✔ **Sozialverhalten**

Schatzhüter

Ein Mitspieler sitzt auf einer Matte in der Mitte des Raumes. Auf dieser Matte befindet sich auch der Schatz (in Form einiger Bälle, Seilchen etc.). Der Schatzhüter hat die Augen geschlossen. Der Rest der Gruppe steht verteilt an den Wänden des Raumes. Nun dürfen die Mitspieler auf den Schatzhüter zugehen und versuchen, ihm den Schatz zu stehlen, wobei sie so leise gehen müssen, daß der Schatzhüter nichts hört. Hört er irgendwo Geräusche, zeigt er auf die Geräuschquelle. Diejenigen Mitspieler, auf die gezeigt wird, müssen zurück zur Wand. Das Spiel ist beendet, wenn der Schatz entwendet ist.

Gruppengröße: 5-20

Material:

- einige Kleinigkeiten für den Schatz, evtl. Baumwolltuch zum Augenverbinden (Schatzhüter)

Altersgruppe: ab 5

Organisationshilfen:

- ist der Raum mit einem sehr geräuscharmen Fußboden versehen, dann kann man z.B. zur Voraussetzung machen, daß alle versuchen zum Schatzhüter zu hüpfen, um so die Chance zu vergrößern, daß sie gehört werden

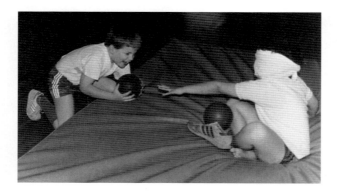

Grobmotorik	Entspannung	Denken und	
Feinmotorik	● **Wahrnehmung**	Bewegen	**W 6a**
Gleichgewicht	✔ **Reaktion**	✔ **Sozialverhalten**	
✔ **Konzentration**	Ausdauer		

Schatzhüter

– Diskussionen darüber, ob jemand so leise war, daß ihn der Schatzhüter doch gar nicht gehört haben könne, gehören zum Spiel und eröffnen wichtige soziale Lernprozesse

Variationen:

– der Übungsleiter als Schatzhüter wacht bei Geräuschen auf und fängt die Kinder, die sich dann auf Inseln flüchten können (diese Spielform spricht vor allem kleinere Kinder an)

Querverweise: –

| W 7 | Grobmotorik
Feinmotorik
Gleichgewicht
✔ **Konzentration** | Entspannung
● **Wahrnehmung**
Reaktion
Ausdauer | Denken und
Bewegen
✔ **Sozialverhalten** |

Luftballonmoleküle

Eine Gruppe transportiert zwischen den Körpern gehaltene Luftballons durch den Raum: Die Luftballons werden zunächst partnerweise zwischen unterschiedlichen Körperteilen (Rücken, Beine, Stirn usw. oder der ausgestreckte Arm) gehalten und sollen so transportiert werden, ohne herunterzufallen. Dann allmählich die Größe der Gruppe steigern.

Gruppengröße: beliebig

Material:

– ein Luftballon je Mitspieler

Altersgruppe: ab 6

Organisationshilfen:

– zum Erwerb des „Ballgefühls" empfiehlt sich vorweg der Transport auf einer Geraden, z.B. von einer Raumseite zur anderen

Variationen:

– zwei Personen transportieren den Luftballon, mit geschlossenen Augen und eine dritte Person steuert sie durch verbale Hinweise

– mit drei oder vier Personen einen Ball führen, zwischen den Händen, zwischen der Stirn etc.

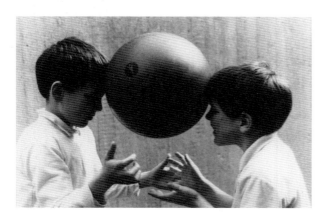

– statt Luftballons größere, weichere Bälle

– mit geschlossenen Augen transportieren

Querverweise: –

Grobmotorik	Entspannung	✔ **Denken und**	
Feinmotorik	● **Wahrnehmung**	**Bewegen**	**W 8**
Gleichgewicht	Reaktion	Sozialverhalten	
✔ **Konzentration**	Ausdauer		

Pfadfinder

Die Gruppe sitzt/steht um einen Spielleiter herum. Dieser malt auf einem Blatt eine bestimmte Form (Stern, Kreis, Kurven etc.) auf. Diese Form soll dann großräumig im Raum nachgelaufen werden.

Gruppengröße: 2-20

Material:

— Papier und Stifte

Altersgruppe: 3-8

Organisationshilfen:

— zunächst mit einfachen Formen beginnen

Variationen:

— eine Form auf den Rücken malen

— Namenlaufen

— Zahlenlaufen (z.B. das Alter der Kinder)

Querverweise:

— „Handmalerei" (K 4)

W 9	Grobmotorik Feinmotorik Gleichgewicht ✔ **Konzentration**	Entspannung ● **Wahrnehmun**g Reaktion Ausdauer	✔ **Denken und** **Bewegen** ✔ **Sozialverhalten**

Lagebesprechung

Die Mitspielerinnen stehen in einer Gruppe zusammen. Eine Mitspielerin legt sich auf den Boden und wird anschließend mit einem Tuch verdeckt. Dann darf sie ihre Liegeposition verändern (bzw. eine beliebige Haltung einnehmen) und die Gruppe versucht herauszubekommen, wie sie liegt. Alle Mitspielerinnen nehmen dann dieselbe Position ein. Die Spielleiterin nimmt die Decke weg und vergleicht die Positionen, über die dann gesprochen werden kann.

Gruppengröße: 3-15

Material:

- ein großes Schwungtuch; Fallschirm etc.

Altersgruppe: ab 4

Organisationshilfen:

- zumindest die Person unter dem Tuch sollte auf einer Matte etc. liegen, da sie länger liegenbleiben muß

Variationen:

- die Mitspielerin unter der Decke hebt verschiedene Körperteile hoch; die Mitspieler raten, welches Körperteil das ist

- die Mitspieler dürfen die Körperlage ertasten und sich dann ebenfalls genauso hinlegen

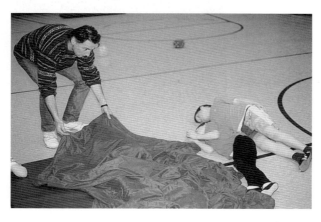

- für Fortgeschrittene: zwei/drei Mitspielerinnen bilden eine gemeinsame Figur

Querverweise:

- „Formen nachlegen" (W 4)

Grobmotorik	Entspannung	Denken und	
Feinmotorik	● **Wahrnehmung**	Bewegen	**W 10**
Gleichgewicht	✔ **Reaktion**	Sozialverhalten	
✔ **Konzentration**	Ausdauer		

Halt den Ballon im Auge

Die Gruppe wirft ihre Ballons auf ein Schwungtuch und hält das Schwungtuch nun in Bewegung. Die dabei auf- und absteigenden Ballons sollen im Auge behalten werden. Auf ein Zeichen wird der eigene Ballon gefangen.

Gruppengröße: 4-6 , bei etwas älteren oder erfahreneren Kindern/Teilnehmern kann die Gruppe größer sein

Material:

– je Teilnehmer ein Luftballon; ein Schwungtuch

Altersgruppe: ab 4

Organisationshilfen:

– wenn jedes Kind einen unterschiedlich farbigen Luftballon hat, wird die Übung leichter

Variationen:

– statt des Schwungtuches wird eine Anstreicherfolie genommen, die es zuläßt, auch von unten den eigenen Ballon im Auge zu behalten, indem jeweils einige Kinder ihren Ballon auf die Folie geben und unter die Folie gehen. Die restlichen Mitspieler schütteln dann die Folie.

Querverweise:

– „Fangen wie die Feuerwehr" (R 20)

W 11	Grobmotorik ✔ Feinmotorik ✔ Gleichgewicht Konzentration	Entspannung ● Wahrnehmung ✔ Reaktion Ausdauer	✔ Denken und Bewegen Sozialverhalten

Fische fangen

Auf einem VARUSSELL werden in Bauchlage (auch andere Körperpositionen sind möglich) „Fische" (Reissäckchen etc.) vom Boden aufgenommen (und in einen Karton geworfen).

Gruppengröße: 4-5 Kinder je Varussell

Material:

— 1 VARUSSELL je Gruppe, Reissäckchen, Knöpfe, Murmeln, Holz-Buchstaben etc.

Altersgruppe: 4-10

Organisationshilfen:

— die wartenden Kinder bekommen spezielle Aufgaben: „Fische" nachlegen, Zeit nehmen...

Variationen:

— nur bestimmte Farben (Objekte) aufsammeln

— in der Drehung Buchstaben / Zahlen / Bilder etc. bestimmten um das VARUSSELL verteilten Stationen zuordnen (z.B. in Kartons werfen)

Querverweise: –

✔ Grobmotorik	Entspannung	Denken und	
Feinmotorik	● Wahrnehmung	Bewegen	**W 12**
Gleichgewicht	✔ Reaktion	Sozialverhalten	
✔ Konzentration	Ausdauer		

Schwingende Taue

Die MitspielerInnen gehen durch Taue, die in Schwingung versetzt werden und versuchen dabei von den Tauen nicht berührt zu werden.

Gruppengröße: je nach Anzahl der Taue 5-10

Material:

– Klettertaue

Altersgruppe: 3-10

Organisationshilfen:

– die Taue zunächst in stärkere Schwingung versetzen, da dann ein längerer Reaktionszeitraum zur Verfügung steht

Variationen:

– eine Bank unter die Taue stellen, so daß über die Bank balanciert wird und dabei den Tauen ausgewichen werden muß

– wie zuvor, auf der Bank werden aber zusätzliche Hindernisse (Kegel, Hütchen etc.) aufgebaut

– die Taue hängen still und werden als Hindernis blind umlaufen

Querverweise: –

W 13	Grobmotorik Feinmotorik Gleichgewicht ✔ Konzentration	✔ Entspannung ● Wahrnehmung Reaktion Ausdauer	Denken und Bewegen ✔ Sozialverhalten

Federleicht und bleischwer

Ein Mitspieler legt sich auf eine Matte. Die Gruppe steht um ihm herum und verteilt die Hände auf seinem Körper. Nun wird langsam der Druck in den Händen verstärkt. Diese Verstärkung wird fortgesetzt, über einen Zeitraum von ca. zwei Minuten. Auf ein Kommando werden anschließend die Hände unter den Körper gebracht und der Mitspieler wird schnell in die Luft gehoben.

Gruppengröße: ca. 7

Material:

– je Gruppe 1 Matte, Decke

Altersgruppe: ab 10

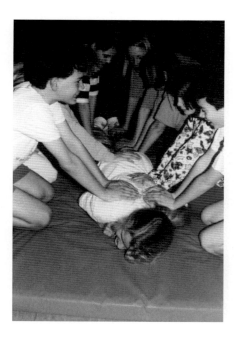

Organisationshilfen:

– es ist wichtig, die Hände flach auf den Körper aufzulegen und den Druck auf die ganze Hand zu geben, um schmerzhafte Druckpunkte zu vermeiden

Variationen: –

Querverweise:

– „Alle für einen" (E 3)

Grobmotorik	Entspannung	✔ **Denken und**	
Feinmotorik	● **Wahrnehmung**	**Bewegen**	**W 14**
Gleichgewicht	Reaktion	✔ **Sozialverhalten**	
Konzentration	Ausdauer		

Der Kommissar

Die Gruppe läuft durch den Raum. Gibt der Spielleiter ein erstes Zeichen, verlangsamen die Mitspieler das Tempo und schließen die Augen. Wenn er „Stop" ruft, bleiben alle stehen. Der Spielleiter verdeckt nun einen Mitspieler mit einem Tuch. Auf ein erneutes Zeichen öffnet der Rest der Gruppe die Augen und findet heraus, wer unter dem Tuch versteckt ist.

Gruppengröße: 6-25

Material:

— 1 größeres Tuch (Schwungtuch, Fallschirm etc.)

Altersgruppe: ab 6

Organisationshilfen:

— darauf achten, daß bei geschlossenen Augen nicht mehr schnell weitergelaufen wird

Variationen:

— der Spielleiter versteckt zwei, drei... Personen unter dem Tuch

— verdeckte Personen nehmen Hockposition ein, so daß die Größe nicht mehr erkannt wird

Querverweise:

— „Merk-Mal" (D 4)

W 15	Grobmotorik Feinmotorik Gleichgewicht Konzentration	Entspannung ● **Wahrnehmung** Reaktion Ausdauer	Denken und Bewegen ✔ **Sozialverhalten**

Orgelpfeifen

Aus einer Gruppe wird eine „Ordnerin" bestimmt. Sie hat die Aufgabe, mit geschlossenen Augen den Rest der Gruppe nach Größe zu sortieren und nebeneinander in eine Reihe zu stellen. Wenn die „Ordnerin" die Augen geschlossen hat, wechseln die Mitspielerinnen ihre Positionen.

Gruppengröße: 5-8

Material: –

Altersgruppe: ab 8

Organisationshilfen:

– da die Größe einer Person in der Regel über die Scheitelhöhe festgestellt wird, kommen sich „Ordnerin" und Mitspielerinnen beim Erfühlen recht nahe. Bestehen hier noch Hemmungen, kann es sinnvoll sein, die Schulterhöhe als Maßgabe vorzugeben.

Variationen:

– Mitspielerinnen durch Tasten erkennen

Querverweise: –

Grobmotorik	Entspannung	Denken und	
✔ **Feinmotorik**	● **Wahrnehmung**	Bewegen	**W 16**
Gleichgewicht	Reaktion	✔ **Sozialverhalten**	
✔ **Konzentration**	Ausdauer		

Haremsdame

Die Partner sitzen sich gegenüber. Ein Mitspieler hält ein Baumwolltuch vor das Gesicht. Nur die Augen sind frei. Der Partner ohne Baumwolltuch muß raten, welches Gesicht der Mitspieler macht (lachen, traurig sein, böse sein, die Zunge herausstrecken und vieles andere mehr). Ziel ist es, an den Augen die Mimik zu erkennen. Nach dem Raten lüftet die „Haremsdame" den Schleier unter Beibehaltung des Gesichtsausdruckes.

Gruppengröße: beliebig in Zweiergruppen

Material:

– Baumwolltücher, Zeitungen etc.

Altersgruppe: ab 6

Organisationshilfen:

– als Vorübung kann der mimische Ausdruck von Stimmungsschwankungen in der Gruppe gemeinsam geübt werden

Variationen:

– in einem Kreis verdeckt nur einer das Gesicht, vielleicht der Spielleiter selbst. Wer als erster den richtigen Ausdruck geraten hat, darf die nächste Mimik durchführen.

Querverweise: –

W 17	Grobmotorik Feinmotorik ✔ **Gleichgewicht** ✔ **Konzentration**	Entspannung ● **Wahrnehmung** Reaktion Ausdauer	Denken und Bewegen ✔ **Sozialverhalten**

Mr. X

Die Teilnehmer verteilen sich auf dem Spielfeld und schließen die Augen. Die Spielleiterin bestimmt daraufhin heimlich einen Teilnehmer zum Mr.X.

Ruft nun die Spielleiterin „Mr.X", macht dieser möglichst leise drei Schritte in beliebiger Richtung, um der Gruppe zu entkommen. Danach fordert die Spielleiterin die restliche Gruppe mit dem Ruf „Detektive" auf, ebenfalls drei Schritte zu machen, um Mr.X zu fangen. Haben sie die Schritte von Mr.X gehört, werden sie sich in die richtige Richtung bewegen. Das Spiel geht so weiter, bis Mr.X gefangen ist.

Gruppengröße: beliebig

Material: –

Altersgruppe: ab 6

Organisationshilfen:

– durch die Veränderung der Schrittzahl kann man unterschiedlichen Raum- und Gruppensituationen Rechnung tragen. Beispiel: Ist der Boden sehr laut, darf Mr.X jeweils fünf Schritte, die Detektive nur zwei tun; bei geräuscharmem Boden umgekehrt.

Variationen:

– bei großen Gruppen mehrere Mr. X

Querverweise:

– „Wesen erschaffen" (W 5)

Grobmotorik	Entspannung	Denken und	
Feinmotorik	• **Wahrnehmung**	Bewegen	**W 18**
✔ **Gleichgewicht**	Reaktion	✔ **Sozialverhalten**	
Konzentration	Ausdauer		

Heulbojenspiel

Eine Gruppe teilt sich in zwei Hälften: während die eine („Schiffe") sich am Spielfeldrand aufstellt, verteilt sich die zweite („Heulbojen") über das Spielfeld. Nun versuchen die „Schiffe", mit geschlossenen Augen zur anderen Spielfeldseite („Hafen") zu gelangen, ohne eine Boje zu berühren. Die Heulbojen geben ihre Position durch akustische Zeichen (Heulen, Piepen, Tuten...) zu erkennen. Diese Geräusche werden lauter, je näher ein „Schiff" ihnen kommt. Entfernt es sich wieder, wird auch das Signal schwächer. Jedoch halten alle Heulbojen ihre Positionssignale aufrecht, bis alle „Schiffe" den „Hafen" erreicht haben.

Gruppengröße: beliebig

Material: –

Altersgruppe: ab 4

Organisationshilfen:

– mit der Zahl der „Heulbojen" wächst die Schwierigkeit, sich im Raum zu orientieren; diese Zahl sollte deshalb dem Entwicklungsstand angepaßt werden

Variationen: –

Querverweise: – „Klingelball" (K 19)

| W 19 | Grobmotorik
Feinmotorik
Gleichgewicht
✔ **Konzentration** | Entspannung
● **Wahrnehmung**
Reaktion
Ausdauer | Denken und
Bewegen
Sozialverhalten |

Alfa und Romeo

Zwei Personen gehen mit verbundenen Augen durch den Raum. Alfa versucht zu entweichen, Romeo will Alfa erreichen und kann sich nur am Geräusch orientieren. Weiß er nicht wohin, darf er „Alfa" rufen. Alfa muß dann einen Hinweis (Geräusch) geben.

Gruppengröße: 2

Material:

– Tücher

Altersgruppe: ab 8

Organisationshilfen:

– mit ausgestreckten Armen absichern

Variationen:

– Orientierung am Geruch: Alfa wird (leicht) parfümiert

– mit Rollbrettern (lauschen und nur langsam fahren)

– anstelle von verbundenen Augen können auch Masken genommen werden

Querverweise: – „Mr.X" (W 17)

Grobmotorik	Entspannung	✔ Denken und	
Feinmotorik	● Wahrnehmung	Bewegen	**W 20**
✔ Gleichgewicht	Reaktion	Sozialverhalten	
✔ Konzentration	Ausdauer		

Weg über den Bach bei Nacht

Vier bis sechs Reifen liegen dicht hintereinander auf dem Boden. Die Kinder müssen sich die Lage der Reifen merken und mit geschlossenen (verbundenen) Augen den Weg vom ersten bis zum letzten Reifen zurücklegen, ohne den Reifen zu berühren.

Gruppengröße: beliebig

Material:

– Reifen, evtl. Tücher zum Verbinden der Augen

Altersgruppe: 6-50

Organisationshilfen:

– bei Gefahr, z.B. des Zusammenstoßens oder Ausrutschens, gibt der Lehrer akustische Hinweise

Variationen:

– die Reifen werden mit unregelmäßigen Abständen oder schräg zueinander ausgelegt, so daß der Weg komplexer wird

– mit Teppichfliesen

Querverweise:

– „Reifenstraße" (GM 6)

3.7 Reaktion (R)

Reaktion – Lange Leitung?

Beispiele aus dem Alltagsleben veranschaulichen deutlich, wie wichtig, ja oft lebenswichtig, schnelle und richtige Reaktionen sind. Im Straßenverkehr muß man oft innerhalb von Sekundenbruchteilen bestimmte Bewegungen ausführen (z.B. mit dem Fahrrad einem plötzlich auftretenden Hindernis ausweichen), um Unfälle zu vermeiden. Aber auch im Spiel und im Sport ist ohne eine entsprechende Reaktionsfähigkeit auf ständig, sich schnell verändernde Situationen so gut wie nichts möglich. Hier fallen immer wieder – auch ältere – Kinder auf, die erst nach dem Ball greifen, wenn dieser schon weit weg ist, oder auf ein Signal hin viel später reagieren als Gleichaltrige. Weil sie nicht oder nur schlecht mitspielen können geraten diese leicht in eine Außenseiterstellung hinein. Die bunte Palette möglicher negativer Reaktionen auf die mangelnde Reaktionsfähigkeit und ihrer Folgen sind jedem Lehrer bekannt: Sie reicht von Wut und Aggressivität über Rückzug bis hin zu Frustration.

Unter Reaktion verstehen wir aber auch das Lächeln und das „Zappeln" eines kleinen Kindes, wenn es eine vertraute Person erkennt oder das plötzliche Stillhalten, wenn es eine bekannte Melodie hört. Der spontane Freudenschrei, wenn nach vielem Üben endlich etwas gelingt oder wenn unerwartet eine Situation ein schönes Gefühl vermittelt gehört ebenso zum Bereich der emotionalen Reaktion wie das berühmte „Aha-Erlebnis".

Die Ursachen mangelnder Reaktionsfähigkeit im „physiologischen" Sinne sind vielfältig. Hier können Wahrnehmungsdefizite, Störungen der sensorischen Integration, mangelnde Bewegungserfahrung und auch körperliche Bewegungs-Beeinträchtigungen vorliegen oder zumindest verstärkend wirken.

Die psychomotorische Praxis bemüht sich, über vielfältige Übungen und Spiele, einerseits die „physiologische" Reaktionsfähigkeit zu verbessern und andererseits möglichst oft und möglichst viele Gelegenheiten zu bieten, in denen positive emotionale Reaktionen gezeigt werden dürfen.

Kiphard, E.J.: Motopädagogik. Dortmund 1984

Zimmer, R./Cicurs, H.: Psychomotorik. Schorndorf 1993

Grobmotorik	Entspannung	Denken und	
Feinmotorik	✔ **Wahrnehmung**	Bewegen	**R 1**
Gleichgewicht	● **Reaktion**	Sozialverhalten	
Konzentration	Ausdauer		

Indianerspiel

Die Teilnehmerinnen sitzen ausdrucks- und bewegungslos wie die Indianer im Schneidersitz im Kreis. Ein „Bleichgesicht" versucht die Sitzenden zum Lachen zu bringen oder zu einer Bewegung zu verführen (ohne Körperberührung).

Gruppengröße: 5-10

Material: –

Altersgruppe: ab 7

Organisationshilfen:

– das Spiel bietet sich v.a. nach bewegungsintensiven Übungen und Spielen an

Variationen:

– mit verbundenen Augen nur durch Geräusche oder Worte

Querverweise:

– „Kitzelmonster" (R 6)

R 2	Grobmotorik Feinmotorik Gleichgewicht Konzentration	Entspannung ✔ **Wahrnehmung** ● **Reaktion** ✔ **Ausdauer**	Denken und Bewegen ✔ **Sozialverhalten**

Dreh mich oder ich freß dich

Ein Mitspieler sitzt auf einem Rollbrett oder VARUSSELL, die anderen Mitspieler stehen im Kreis um ihn herum. Alle halten ein Seilende fest, die anderen Enden hält der Mitspieler in der Mitte. Durch Laufen im Kreis setzt die Gruppe den Mitspieler auf dem Rollbrett in Bewegung. Läßt dieser die Seilenden los, laufen alle ganz schnell; der Mitspieler, der als erster gefangen wird, kommt in die Mitte.

Gruppengröße: 7-15

Material:

- ein Rollbrett oder VARUSSELL
- ein Seilchen pro Person

Altersgruppe: 5-9

Organisationshilfen:

- Regeln einbauen, daß sich nicht immer die Gleichen fangen (z.B. dadurch, daß der Abgeschlagene den nächsten auf dem Rollbrett bestimmen kann)

Variationen:

- nach dem Loslassen des Seilchens müssen die Weglaufenden auf ein bestimmtes Signal hin „versteinert" stehen bleiben. Wer am längsten ohne Regung verharrt, darf als nächster gedreht werden.

Querverweise:

- „Tierfang und andere Fangspiele" (A 5)
- „Möhrenziehen" (S 18)

Grobmotorik	Entspannung	Denken und	
Feinmotorik	Wahrnehmung	Bewegen	**R 3**
Gleichgewicht ●	**Reaktion**	✔ **Sozialverhalten**	
Konzentration	✔ **Ausdauer**		

Schattenlaufen

Die Mitspielerinnen laufen paarweise durch die Halle. Dabei ist eine der Schatten der anderen: Sie muß alle Bewegungen möglichst gleichzeitig mitvollziehen.

Gruppengröße: 4-20

Material: –

Altersgruppe: ab 6

Organisationshilfen:

– bei jüngeren Kindern Wechselzeitpunkt angeben

Variationen:

– nicht nur paarweise, sondern auch mit drei und mehr Mitspielerinnen versuchen

– auch Kleingeräte – wie kleine Kästen oder Turnbänke – mit einbeziehen

– mit einer Lichtquelle „richtigen Schatten" erzeugen, der „gefangen" werden soll

Querverweise:

– „Spiegelbild" (K 9)

– „Autofahrer" (S 1)

R 4	✔ **Grobmotorik**	Entspannung	Denken und
	Feinmotorik	Wahrnehmung	Bewegen
	Gleichgewicht	● **Reaktion**	✔ **Sozialverhalten**
	Konzentration	Ausdauer	

Fechter

Die beiden Fechter stehen sich mit vorgehaltenen und zusammengelegten Händen gegenüber. Jeder versucht beim anderen einen „Treffer zu landen" (mit einer Hand an die beiden des „Gegners" schlagen), ohne selbst getroffen zu werden (mit beiden Händen nach oben oder unten ausweichen).

Gruppengröße: 2-20

Material: –

Altersgruppe: ab 7

Organisationshilfen:

– eventuell einen „Kampfzone" (festgelegt durch Markierungen) zuweisen
– weites Ausholen untersagen

Variationen:

– mit älteren Teilnehmern: Fechten auf dem Schwebebalken (mit Weichböden absichern!) bis einer herunterfällt

Querverweise:

– „Kleine Kämpfchen" (S 9)

Grobmotorik	Entspannung	✔ **Denken und**	
Feinmotorik	Wahrnehmung	**Bewegen**	**R 5**
Gleichgewicht	● Reaktion	Sozialverhalten	
Konzentration	✔ **Ausdauer**		

Giftflasche

Die Mitspielerinnen stehen in der Mitte des Raumes in einem Kreis zusammen und halten ihre vorgestreckten Hände zusammen. Einer erzählt eine Geschichte. Sobald das Wort „Giftflasche" erwähnt wird, müssen alle schnell weglaufen, denn die Erzählerin versucht jetzt, eine Mitspielerin zu fangen bzw. abzuschlagen. Diese darf die nächste Geschichte erzählen.

Gruppengröße: 8-20

Material: –

Altersgruppe: 5-8

Organisationshilfen:

– jüngeren Kindern zuerst demonstrieren

Variationen:

– im Sitzen die Geschichte erzählen

– Erschwernisse einbauen: z.B. sich paarweise mit Baumwolltüchern und Wäscheklammern verbinden

Querverweise:

– „Tierfang und andere Fangspiele" (A 5)

R 6	Grobmotorik Feinmotorik Gleichgewicht Konzentration	Entspannung ✔ **Wahrnehmung** ● **Reaktion** Ausdauer	Denken und Bewegen ✔ **Sozialverhalten**

Kitzelmonster

Die Kinder liegen im Raum verteilt mit geschlossenen Augen auf dem Bauch. Der Spielleiter (das „Kitzelmonster") geht um und versucht mit Hilfe eines Baumwolltuchs, eines Seilchens oder mit vorsichtigem Anpusten die Kinder an den verschiedenen Körperteilen zu kitzeln. Diese versuchen, keinerlei Reaktion zu zeigen. Wer vom „Kitzelmonster" besucht wurde, darf sich leise aufrichten und zusehen, wie die anderen gekitzelt werden.

Gruppengröße: 3-10

Material:

– ein Seilchen, Taschen- oder Baumwolltuch

Altersgruppe: 4-15

Organisationshilfen:

– dieses Spiel ist sehr gut in ein bewegungsintensives Spiel einzubauen

– bei jüngeren Kindern eventuell vorher für jeden einen Platz („Insel"/ "Haus") reservieren

Variationen:

– das „Kitzelmonster" begleitet seine Aktionen mit Geräuschen oder Worten, auf die ebenfalls keine Reaktionen erfolgen sollen

Querverweise:

– „Indianerspiel" (R 1)
– „Pizza-Lutz" (E 6)

Grobmotorik	Entspannung	Denken und	
Feinmotorik	✔ **Wahrnehmung**	Bewegen	**R 7**
Gleichgewicht	● **Reaktion**	✔ **Sozialverhalten**	
Konzentration	Ausdauer		

Paß auf, Spitz!

Eine Teilnehmerin steht auf einem kleinen Kasten, die restliche Gruppe in einem weiteren Kreis um sie herum. Alle halten Seilchen in ihren Händen, am Ende (in der Nähe des Kastens) sind Luftballons befestigt. Diejenige, die in der Mitte steht, springt plötzlich herunter und versucht dabei, einen oder zwei Luftballons zum Platzen zu bringen. Durch schnelles Wegziehen des Seilchens soll dieses verhindert werden. Nach vorher abgesprochenem Modus wird die Springerin abgelöst.

Gruppengröße: 3-15

Material:

– ein kleiner Kasten

– ein Seilchen und mehrere Luftballons pro Person

Altersgruppe: ab 6

Organisationshilfen:

– evtl. schon vorab mehrere Luftballons aufpusten und an einem Seil befestigen

Variationen:

– (bei Zeitmangel) ohne Luftballons

– wer vor dem Sprung zuckt, muß einmal aussetzen

– als Partnerübung

Querverweise:

– „Schlangenspiel" (R 13)

R 8	✔ **Grobmotorik** Feinmotorik Gleichgewicht ✔ **Konzentration**	Entspannung Wahrnehmung ● **Reaktion** Ausdauer	Denken und Bewegen ✔ **Sozialverhalten**

Ortswechsel

Die Mitspieler halten einen Fallschirm oder ein Riesenschwungtuch in den Händen und bewegen das Gerät gleichzeitig vom Boden bis über den Kopf und wieder zurück. Während der Aufwärtsbewegung ruft der Spielleiter laut eine „Eigenschaft". Wer diese „Eigenschaft" besitzt (z.B. kurze Hose, Ohrringe, Brille, o.ä.), muß schnell auf die gegenüberliegende Seite laufen.

Gruppengröße: 10-25

Material:

– ein Fallschirm/großes Schwungtuch

Altersgruppe: ab 6

Organisationshilfen:

– auf gleichzeitige Bewegungen achten
– deutlicher Zuruf

Variationen:

– Kombination von Merkmalen ausrufen (z.B. verheiratet und Brille)
– während des Ortswechsels zusätzliche Bewegungsaufgaben lösen (z.B. kurz hinsetzen)

Querverweise:

– „Versteinern" (R 14)

Grobmotorik	Entspannung	✔ **Denken und**	
Feinmotorik	Wahrnehmung	**Bewegen**	**R 9**
Gleichgewicht	● **Reaktion**	✔ **Sozialverhalten**	
Konzentration	Ausdauer		

Mörderspiel

Die Mitspielerinnen sitzen im Kreis. Jede zieht aus einem Gefäß einen Zettel (es gibt so viele Zettel wie Mitspielerinnen). Auf einem Zettel steht der Begriff „Mörder". Die so bezeichnete Mitspielerin soll nun, ohne entdeckt zu werden, alle anderen Mitspielerinnen „ins Jenseits befördern". Dies kann sie ganz einfach durch Zuzwinkern. Diejenige, der zugezwinkert wurde, bricht mit einem lauten Schrei „tot" zusammen. Sollte eine Mitspieler einen Verdacht äußern wollen, muß sie auf die Hilfe einer zweiten hoffen. Diese zeigen gleichzeitig auf eine Verdächtige. Zeigen sie auf zwei verschiedene Personen, ist ihr Leben ebenso zu Ende, wie wenn sie auf eine falsche zeigen. Sollten sie die Mörderin erwischt haben, ist das Spiel zu Ende.

Gruppengröße: 10-25

Material:

— ein Zettel pro Mitspielerin, davon ein „Mörder"-Zettel

Altersgruppe: ab 10

Organisationshilfe:

— auf völlige Ruhe achten

Variationen: –

Querverweise:

— „Indianerspiel"
  (R 1)

	✔ **Grobmotorik**	Entspannung	✔ **Denken und**
R 10	Feinmotorik	Wahrnehmung	**Bewegen**
	Gleichgewicht	● **Reaktion**	Sozialverhalten
	Konzentration	Ausdauer	

Reaktionsball

Jeder Mitspieler hat einen Gymnastikball. Vielfältige Reaktionsspiele mit steigendem Schwierigkeitsgrad sind möglich:

– Ball hochwerfen und fangen, ohne daß der Ball auf den Boden fällt

– dann versuchen, möglichst oft in die Hände zu klatschen

– den Ball auf den Kopf legen in die Hände klatschen und schnell wieder fangen

– den Ball auf den Kopf legen, die Hände schnell hinter den Rücken führen und versuchen, den Ball hinter dem Rücken aufzufangen

– den Ball hochhalten, nach hinten fallen lassen, eine Körperdrehung machen, versuchen, den Ball nach einmaligem Auftippen zu fangen

– den Ball mit geschlossenen Augen so hochwerfen, daß er noch gefangen werden kann

Gruppengröße: 2-20

Material:

– ein Gymnastik oder Schaumstoffball pro MitspielerIn

Altersgruppe: 4-10

Organisationshilfen:

– auf genügend Abstand voneinander achten

Variationen:

– viele Übungen können statt mit Bällen auch mit Reissäckchen oder Luftballons durchgeführt werden

Querverweise:

– „Fuchs und Eichhörnchen" (R 17)

– „Ballmaschine" (S 11)

Grobmotorik	Entspannung	Denken und	
Feinmotorik	✔ **Wahrnehmung**	Bewegen	**R 11**
Gleichgewicht	● **Reaktion**	✔ **Sozialverhalten**	
Konzentration	Ausdauer		

Butter, Eier, Käse, Milch

Ein Mitspieler steht mit dem Gesicht zur Wand an einem Ende der Turnhalle. Die anderen warten am anderen Ende auf das Startzeichen, sich in Richtung des Einzelnen zu bewegen. Das Startsignal ist der laut gerufene Satz: „Butter, Eier, Käse, Milch". Während diese Worte gerufen werden, versuchen alle, möglichst weit auf den Rufer zuzulaufen. Nachdem der Rufer die Worte ausgesprochen hat, dreht er sich schnell um; alle müssen wie versteinert stehenbleiben. Wer sich noch bewegt, wird vom Rufer drei Schritte zurückgeschickt (der Rufer bestimmt deren Größe). Danach beginnt der Ablauf von vorn. Wer als Erster den Rufer erreicht, löst diesen ab. Das Spiel beginnt von vorn.

Gruppengröße: ab 5

Material: –

Altersgruppe: 4-10

Organisationshilfen:

– dem Rufer helfen, zu sehen, wer sich noch bewegt hat; notfalls auch korrigieren

Variationen:

– die Strecke mit leichten Hindernissen (z.B. kl. Kästen Bänke) versehen

Querverweise:

– „Ortwechsel" (R 8)

R 12	Grobmotorik ✔ **Feinmotorik** Gleichgewicht Konzentration	Entspannung ✔ **Wahrnehmung** ● **Reaktion** Ausdauer	Denken und Bewegen Sozialverhalten

Pustebällchen

Auf einen Tisch werden zwei seitliche Begrenzungen (z.B. Gymnastikstäbe) gelegt. Zwei Spieler sitzen sich gegenüber und haben jeweils ein Lineal in der Hand. Ein Tischtennisball wird über den Tisch gepustet und der jeweilige Spieler versucht, mit dem senkrecht gestellten Lineal als Blockierung, den Ball nicht durchzulassen. Nun versucht er seinerseits, den Tischtennisball auf der anderen Seite vom Tisch zu pusten.

Gruppengröße: 2 je Spielfeld

Material:

– Tischtennisbälle, Tische, Begrenzungshölzer

Altersgruppe: ab 5

Organisationshilfen:

– dieses Spiel eignet sich z.B. gut im Klassenraum, für eine Regenpause oder ähnliches

Variationen:

– statt auf Tischen, läßt sich das Spiel auch in Bauchlage auf dem Boden spielen

– auch im Kreis mit mehreren Spielern und mehreren Bällen möglich; die Bälle sollen im Kreis gehalten werden

Querverweise:

– „Spielchen mit dem Japanball" (FM 13)

✔ Grobmotorik	Entspannung	Denken und	
✔ Feinmotorik	✔ Wahrnehmung	Bewegen	**R 13**
Gleichgewicht	● Reaktion	Sozialverhalten	
Konzentration	Ausdauer		

Schlangenspiel

Jede Mitspielerin hat ein Seilchen. Alle gehen langsam rückwärts durch die Halle und führen das Seilchen, das durch schnelles Hin- und Herbewegen der Hand zur „Schlange" wird, hinter sich her. Mit dem Fuß versucht man, auf andere Schlangen zu treten und diese festzuhalten. Gleichzeitig soll verhindert werden, daß andere auf die eigene Schlange treten.

Gruppengröße: 5-25

Material:

— ein Seilchen pro Mitspielerin

Altersgruppe: ab 7

Organisationshilfen:

— bei jüngeren Kindern das Spiel zuerst partnerweise durchführen (ein Mitspieler mit Seilchen, der andere versucht dieses zu fangen)
— Laufen nicht gestatten (Gefahr von Zusammenstößen)

Variationen:

— das Seilchen mit dem Fuß hinter sich herziehen

Querverweise:

— „Klammerklau" (A 20)
— „Fechten" (R 4)
— „Paß auf, Spitz" (R 7)

R 14	Grobmotorik Feinmotorik Gleichgewicht Konzentration	Entspannung ✔ **Wahrnehmung** ● **Reaktion** ✔ **Ausdauer**	Denken und Bewegen Sozialverhalten

Versteinern

Die Spielleiterin gibt mit dem Tambourin Rhythmus und Lautstärke vor. Die Mitspielerinnen versuchen diese Vorgaben in Bewegungen umzusetzen.

Beispiele:

- laut – leise
- schnell – langsam
- einfache und komplexere Rhythmen.

Auf einen letzten sehr lauten Schlag bleiben alle wie versteinert stehen. Die Spielleiterin kann nun die Versteinerten in ihrer Position verändern.

Gruppengröße: 5-12

Material:

- ein Tambourin

Altersgruppe: ab 5

Organisationshilfen:

- bei jüngeren Kindern nur sehr einfache Rhythmen vorgeben

Variationen:

- alle versuchen den Rhythmus mitzuklatschen

Querverweise:

- „Butter, Eier, Käse, Milch" (R 11)

Grobmotorik	Entspannung	Denken und	
Feinmotorik	✔ **Wahrnehmung**	Bewegen	**R 15**
Gleichgewicht	● **Reaktion**	✔ **Sozialverhalten**	
Konzentration	Ausdauer		

Alle Vögel fliegen hoch...

Die Teilnehmer sitzen im Kreis und trommeln mit den Fingerspitzen auf den Boden. Eine vorher bestimmte Spielleiterin sagt dabei in jedem Durchgang folgenden, vorher festgelegten Satz, bei dem jeweils das Subjekt (Tierbegriff) verändert wird: „Alle – Spatzen – fliegen hoch". Wird ein Tier erwähnt, das fliegen kann, strecken alle Mitspieler schnell die Arme in die Luft; andernfalls bleiben sie unten.

Gruppengröße: ab 4

Material: –

Altersgruppe: 4-9

Organisationshilfen: –

Variationen:

- die Bewegungen und Laute der genannten Tiere werden nach dem Nennen imitiert

Querverweise:

- „Erbsengeschichte" (FM 12)

R 16	Grobmotorik Feinmotorik Gleichgewicht Konzentration	Entspannung Wahrnehmung ● **Reaktion** Ausdauer	Denken und Bewegen ✔ **Sozialverhalten**

Hausbesetzer

Ca. drei bis vier Reifen mehr als Teilnehmerinnen vorhanden sind, liegen ohne bestimmte Ordnung beieinander. Jeweils eine Mitspielerin steht in einem beliebigen Reifen. Jetzt wird von Reifen zu Reifen gehüpft, wobei jeweils nur in freie Reifen hineingesprungen werden darf. Diese werden dadurch „besetzt".

Gruppengröße: 10-25

Material:

– Gymnastikreifen

Altersgruppe: 5-10

Organisationshilfen:

– keine Teilnehmerin darf ausscheiden (wie bei dem bekannten Spiel: „Reise nach Jerusalem")

Variationen:

– nur in Reifen hüpfen, in denen schon jemand steht (der dann den Reifen wieder verlassen muß)

Querverweise:

– „Reifenstraße" (GK 16)

✔ Grobmotorik	Entspannung	✔ Denken und	
Feinmotorik	Wahrnehmung	Bewegen	**R 17**
Gleichgewicht	● Reaktion	✔ Sozialverhalten	
Konzentration	Ausdauer		

Fuchs und Eichhörnchen

Die Mitspieler („Bäume") stehen im Kreis. Zwei „Füchse" (Gymnastikbälle, mit der gleichen Farbe) versuchen ein „Eichhörnchen" (ebenfalls ein Gymnastikball – mit einer anderen Farbe als die Füchse) zu fangen. Die „Füchse" dürfen dabei zwar in beliebiger Richtung laufen (Ball weitergeben), jedoch nur von einem „Baum" zum nächsten. Das „Eichhörnchen" kann dagegen im Notfall kreuz und quer springen (Ball von einem Mitspieler zu einem anderen werfen). Hat ein „Fuchs" einen „Baum" erreicht, auf dem das „Eichhörnchen" sitzt, ist das Spiel zu Ende.

Gruppengröße: ab 10

Material:

– drei Gymnastikbälle

Altersgruppe: ab 6

Organisationshilfen:

– sollte das Spiel zu langsam ausgeführt werden, zur Temposteigerung animieren
– in größeren Gruppen mehr „Füchse" und evtl. ein zweites „Eichhörnchen" einsetzen

Variationen:

– in Bauchlage durchführen
– kleinere Bälle (Tennisbälle) einsetzen, die schwerer zu fangen sind

Querverweise:

– „Ballmaschine" (S 11)

| R 18 | Grobmotorik
Feinmotorik
Gleichgewicht
Konzentration | Entspannung
✔ **Wahrnehmung**
● **Reaktion**
Ausdauer | Denken und
Bewegen
✔ **Sozialverhalten** |

Ball im Kreis

Die Mitspieler hocken (knien) im Kreis. Nun wird ein Ball im Kreis gerollt. Jede rollt den Ball so schnell wie möglich weiter und paßt auf, daß er nicht aus dem Kreis schlüpft.

Gruppengröße: 4-6

Material:

– verschiedene Bälle

Altersgruppe: 5-10

Organisationshilfen:

– Abstand: Mitspieler berühren sich mit den Armen

Variationen:

– Ball darf auch durch den Kreis gerollt werden
– mehrere Bälle werden gerollt. Der eine darf den anderen nicht berühren.
– verschiedene Bälle: großer (Wasserball), kleiner (Tischtennisball, Murmeln), schwerer (Medizinball), leichter (Luftballon)
– im Liegen kann man sich die Bälle auch zupusten

– mit geschlossenen Augen

Querverweise:

– „Ballmaschine" (S 11)
– „Fuchs und Eichhörnchen" (R 17)
– „Halt den Ballon im Auge" (W 10)

Grobmotorik	Entspannung	Denken und	
Feinmotorik	Wahrnehmung	Bewegen	**R 19**
Gleichgewicht	● **Reaktion**	✔ **Sozialverhalten**	
Konzentration	✔ **Ausdauer**		

Alle gegen Einen

Die Mitspieler bilden einen Kreis, fassen sich an den Händen; ein Fänger – außerhalb des Kreises – versucht, um den Kreis herum eine vorher bestimmte Person zu erreichen und abzuschlagen. Die Kreisspieler versuchen dies durch Mitlaufen in der Laufrichtung des Fängers zu verhindern.

Gruppengröße: 10-20

Material: –

Altersgruppe: ab 8

Organisationshilfen:

- bei großen Gruppen zwei zu Fangende bestimmen
- Markierungen der Halle (z.B. Mittelkreis) nehmen oder andere anbringen (Kegel), um beim Laufen die Kreisform zu halten

Variationen:

- eine bestimmte Zeit vorgeben
- während des Spiels einen neuen zu Fangenden bestimmen

Querverweise:

- „Tierfang und andere Fangspiele" (A 5)
- „Hussa" (A 4)

R 20	✔ Grobmotorik	Entspannung	Denken und
	Feinmotorik	Wahrnehmung	Bewegen
	Gleichgewicht	● Reaktion	✔ Sozialverhalten
	Konzentration	Ausdauer	

Fangen wie die Feuerwehr

Die Mitspielerinnen stehen im Kreis und halten einen Fallschirm oder ein Schwungtuch gespannt. Ein Mitspieler wirft aus ca. 4 Meter Entfernung einen Gymnastikball ungefähr in die Richtung des Tuchs. Die Mitspielerinnen müssen wie die Feuerwehr so mit dem Tuch laufen, daß der Ball nicht auf den Boden fällt.

Gruppengröße: 5-25

Material:

– Fallschirm/Riesenschwungtuch/Schwungtuch/Bettlaken

Altersgruppe: ab 6

Organisationshilfen:

– bei jüngeren Kindern sollte ein langsamer fliegender Ball („Zeitlupenball") genommen werden

Variationen:

– schnell hintereinander mehrere Bälle werfen

Querverweise:

– „Halt den Ballon im Auge" (W 10)

3.8 Ausdauer (A)

Ausdauer – Immer am Ball –

Dem Bereich der Ausdauer wird heute zunehmende Beachtung geschenkt, da zum einen viele Menschen im täglichen Leben ihren Bewegungsmangel als Problem erleben, zum anderen kann die geringe Fähigkeit, Ermüdung entgegenzuwirken, Ursache für vielfältige Probleme sein (z.B. Unfallgefahr).

Sportmedizinische Untersuchungen zeigen deutlich, daß eine ausreichend entwickelte Ausdauerleistungsfähigkeit eine wichtige Grundlage für die Förderung und Stabilisierung der Gesundheit darstellt.

Der Ausdaueraspekt läßt sich auch in der Psychomotorik nicht wegdenken. Es geht dabei nicht darum, monotone Bewegungen über möglichst lange Zeiträume durchzuführen – man denke an die für manchen als quälend empfundenen Runden auf der Laufbahn oder die „endlosen" Bahnen im Schwimmbad. Einer Aktivität über einen längeren Zeitraum nachzugehen fällt leichter, wenn erlebnisreiche Bewegungsformen dazu auffordern. Wird der eigene Körper dabei wahrgenommen, ist eine individuell angemessene Reaktion auf die eintretende Ermüdung möglich. Der Reiz, seine Grenzen zu entdecken und eine Sache zu Ende zu bringen, soll dabei nichts mit zwanghaftem Durchhalten gemeinsam haben. An die Stelle der objektiv meßbaren Leistung tritt das Bewegungserlebnis und der Wunsch, die eigenen Handlungsmöglichkeiten zu erweitern.

Ein ausdauerndes Tun auf sportlicher und/oder mentaler Ebene fällt dem einen Menschen schwerer, während der andere sich dabei wohlfühlt. Sich selbst zu erleben, das enge Wechselspiel von Körper und Psyche wahrzunehmen und sich mit anderen darüber auszutauschen sind grundlegende Forderungen an psychomotorische Angebote mit dem Schwerpunkt der Ausdauer.

Balz, Gall, Spiller, Trenner: Ausdauersport in der Schule. In: Sportpädagogik (1990)

Breithecker, D.: „Dick und rund – na und!?" Umfangbetonte Ausdauerbelastungen als gewichtsreduzierende Maßnahmen. In: Praxis der Psychomotorik 18(1993)3, 124-132

✔ Grobmotorik	Entspannung	Denken und	
Feinmotorik	Wahrnehmung	Bewegen	**A 1**
Gleichgewicht	✔ Reaktion	✔ Sozialverhalten	
Konzentration	● Ausdauer		

Rollbrettrugby

Zunächst finden sich zwei gleich große Mannschaften und jede Mitspielerin legt sich auf ein Rollbrett. Zwei Matten, die an entgegengesetzte Punkte des Raumes gelegt werden, sind die Ziele, auf die ein dicker, nicht zu schwerer Ball gelegt werden soll. Jede Mannschaft versucht durch geschicktes Abspiel und schnelles Balltransportieren das Ziel der anderen Mannschaft zu erreichen. Die verteidigende Mannschaft darf dies durch Halten, Ziehen,... zu verhindern versuchen. Kratzen, Schlagen, Kitzeln,... sind verboten.

Die Dosierung des erlaubten Körperkontakts muß auf die Zielgruppe abgestimmt werden. Das Spiel ist äußerst bewegungsintensiv und ermöglicht so einen häufigen Wechsel der Mitspielerinnen.

Gruppengröße: ab 4 Personen

Material:

– je Mitspielerin ein Rollbrett

– 2 Matten

– 1 Pezziball

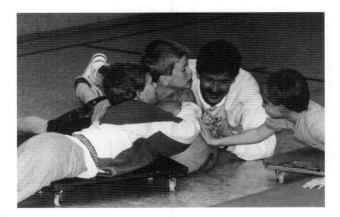

A 1a	✔ **Grobmotorik**	Entspannung	Denken und
	Feinmotorik	Wahrnehmung	Bewegen
	Gleichgewicht	✔ **Reaktion**	✔ **Sozialverhalten**
	Konzentration	● **Ausdauer**	

Rollbrettrugby

Altersgruppe: ab 10

Organisationshilfen:

- die Teilnehmerinnen sollen schon Erfahrung mit dem Rollbrett haben (Grundregeln im Umgang mit dem Rollbrett kennen) bevor dieses Spiel eingebracht wird.

Variationen:

- verschiedene Fangspiele lassen sich auf den Rollbrettern durchführen. Z.B. sitzen je zwei Partner Rücken an Rücken auf dem Rollbrett. Ein Fängerpaar jagt ein anderes Paar, das, sobald es abgeschlagen ist, selbst zum Fänger wird.

Querverweise:

- „Schatzräuber" (D 18)
- „Raubritter" (A 19)

✔ Grobmotorik	Entspannung	✔ Denken und	
Feinmotorik	✔ **Wahrnehmung**	**Bewegen**	**A 2**
Gleichgewicht	Reaktion	Sozialverhalten	
Konzentration	● **Ausdauer**		

Hubschrauber

Alle Mitspieler laufen durch die Halle und lassen dabei das Schleuderhorn über dem Kopf kreisen – sie sind die Hubschrauber. Auf ein Zeichen setzen sich alle (Landung) und hören mit dem Schleuderhorn ihren Herzschlag ab. Bei einer Wiederholung kann den Herztönen auch partnerweise gelauscht werden. In den Ruhephasen können Erklärungen zur Arbeit des Herzens (z.B. das Herz als Motor) gegeben werden.

Gruppengröße: beliebig

Material:

– je Mitspieler ein Schleuderhorn

Altersgruppe: ab 6

Organisationshilfen:

– die Hubschrauber sollen Abstand voneinander halten
– schon vor dem Start versuchen, den Herzschlag zu hören. So wissen die Mitspieler nach der „Landung", wo sich das Herz befindet und sie können den Unterschied vor und nach der Belastung wahrnehmen.

Variationen:

– in kleinen Räumen auf der Stelle hüpfen und das Schleuderhorn (Propeller) betätigen
– als Lenker in die Hand nehmen und „Auto fahren"
– ein „Herzblatt" erstellen, auf dem die unterschiedlichen Pulswerte eingetragen werden

Querverweise: –

A 3	✔ **Grobmotorik**	Entspannung	Denken und
	Feinmotorik	Wahrnehmung	Bewegen
	Gleichgewicht	✔ **Reaktion**	Sozialverhalten
	Konzentration	● **Ausdauer**	

Vom Storch und den Fröschen

Der „Storch" (Fänger) versucht die Frösche zu fangen, die sich von einem See (Matte) zum anderen bewegen. Die Häufigkeit der Wechsel von einem See zum anderen wird von den Fröschen selbst bestimmt und immer besteht die Rückzugsmöglichkeit zum Ausgangssee. Der Storch zieht sich soweit zurück, daß er die Frösche zu einem Wechsel der Seen verlockt (z.B. stellt er sich schlafend). Die gefangenen Frösche können in Störche verwandelt werden, sobald sie gefangen werden oder sie kommen in einen speziellen See, aus dem sie von den anderen Fröschen befreit werden können.

Gruppengröße: beliebig

Material:

– 2 oder mehr Matten

Altersgruppe: 4-8

Organisationshilfen: –

Variationen:

– „Krakenfangen": Die Gefangenen werden zu Kraken, die an dem Punkt stehenbleiben und ihre Fangarme ausstrecken, um dem Storch beim Fangen zu helfen.

– die Fortbewegungsarten können beliebig verändert werden (hüpfen, mit Rollbrettern...).

Querverweise:

– „Tierfang und andere Fangspiele" (A 5)

✔ **Grobmotorik**	Entspannung	Denken und	
Feinmotorik	Wahrnehmung	Bewegen	**A 4**
Gleichgewicht	Reaktion	✔ **Sozialverhalten**	
Konzentration	● **Ausdauer**		

Hussa

Die Mitspielerinnen stehen in Kreisaufstellung und halten sich die Hände. Sie laufen in eine Richtung bis auf „eins" ein Richtungswechsel erfolgt. Die Spielleiterin erklärt das Spiel während der Durchführung. Bei „zwei" setzen sich alle Teilnehmerinnen, stehen wieder auf und laufen in gleicher Richtung weiter. Bei „drei" begeben sich alle in die Bauchlage und erheben sich wieder. Die Hände sollen durchgehend festgehalten werden. Bei „vier" gehen sie in Richtung Mitte und springen aus der Hocke mit einem kräftigen „Hussa"-Schrei gemeinsam hoch.

Gruppengröße: beliebig

Material: –

Altersgruppe: alle Altersgruppen

Organisationshilfen:

– bei jüngeren Kindern zunächst im Gehen

Variationen:

– mit Fallschirm oder Schwungtuch

– Bewegungsaufgaben von den Mitspielerinnen erweitern lassen

Querverweise: – „Alle gegen einen" (R 19)

A 5	✔ **Grobmotorik** Feinmotorik Gleichgewicht Konzentration	Entspannung Wahrnehmung Reaktion ● **Ausdauer**	✔ **Denken und Bewegen** ✔ **Sozialverhalten**

Tierfang und andere Fangspiele

Fangspiele unterschiedlichster Art motivieren alle Altersgruppen zu ausdauernder Belastung. In der Psychomotorik wird das „Ausscheiden" der Gefangenen vermieden.

Tierfangen: Um sich vorm Fänger zu schützen, ruft der Verfolgte einen Tiernamen, bleibt stehen und stellt diese Tier dar (Geräusche oder Bewegungen). Sobald ein Mitspieler das wartende Tier berührt oder durch die Beine krabbelt, darf es weiterlaufen und erneut gefangen werden. Sollte jemand gefangen werden, bevor er einen Tiernamen rufen kann, hilft er dem Fänger.

Der Spielraum kann in Wald, Wiese, Wasser, Himmel usw. oder in Kontinente aufgeteilt werden und die genannten Tiere sollen dort leben (z.B. Wald – Reh, Wasser – Delphin...). Das Tierfangen läßt sich natürlich auch als „Pflanzenfangen", „Städtefangen" usw. spielen.

Gruppengröße: 3-20

Material: –

Altersgruppe: alle Altersgruppen

Organisationshilfen:

– bei kleineren Kindern vor Spielbeginn einige Lösungen sammeln

Variationen:

– „Die geheimen Erlöser": Die Variation zum üblichen Fangspiel ist, daß die Gefangenen durch ein oder zwei zuvor heimlich Bestimmte befreit werden können.

– Kettenfangen: Ein Fänger beginnt und bildet mit den Gefangenen eine Kette, die andere Mitspieler fängt. Wird die Kette zu lang und unbeweglich, kann der Raum begrenzt werden oder die Kette teilt sich.

Querverweise: – „Alle gegen einen" (R 19)

✔ Grobmotorik	Entspannung	Denken und	
Feinmotorik	Wahrnehmung	Bewegen	A 6
Gleichgewicht	Reaktion	✔ Sozialverhalten	
Konzentration	● Ausdauer		

Begegnungsstaffel

Die Begegnungsstaffel ist eine Abwandlung üblicher Staffelspiele, bei der ein stärkeres Zusammenwirken der Gruppe gefordert wird und nicht der unmittelbare Vergleich zwischen Einzelnen stattfindet.

Jede Gruppe hat an zwei entgegengesetzten Punkten ihre Läufer. Auf ein Zeichen läuft je ein Läufer pro Gruppe und Seite los. Wenn sie sich treffen, tauschen sie einen Gegenstand aus, laufen zurück und übergeben diesen Gegenstand an den nächsten Läufer.

Gruppengröße: pro Gruppe 6-8

Material:
– beliebige Tauschgegenstände

Altersguppe: ab 6

Organisationshilfen:

Variationen:
– als Rollbrettstaffel

– „Begegnung" (paarweise): Jede Mitspielerin hat ein Chiffontuch und die Paare wählen einen beliebigen Abstand. Die Tücher werden hochgeworfen und die Partnerinnen begegnen sich in der Mitte, indem sie sich berühren oder umeinander herum laufen um dann zum eigenen Tuch zurückzukehren.

– beim Lauf soll es vermieden werden, eine Turnhallenlinie zu berühren (zusätzliche Anforderung an die Wahrnehmung)

Querverweise:
– „Fliegende Tücher" (GM 9)

A 7	✔ **Grobmotorik** Feinmotorik Gleichgewicht Konzentration	Entspannung ✔ **Wahrnehmung** Reaktion ● **Ausdauer**	Denken und Bewegen Sozialverhalten

Riesentorlauf

Jede Mitspielerin stellt im Raum ein Tor aus Kegeln auf, die dann von allen durchlaufen werden.

Dies geschieht auf unterschiedliche Art:

– vorwärts laufen, rückwärts durch das Tor

– ganz klein machen, wenn das Tor passiert wird

– ganz leise laufen und wenn ein Tor (Lichtschranke) passiert wird, gibt es einen Ton (Piep) von sich

– alle Tore durchlaufen und dabei laut zählen, wieviele es gibt

Gruppengröße: beliebig

Material:

– pro Person zwei Kegel

Altersgruppe: 6-10

Organisationshilfen:

– wer Kegel umwirft, stellt sie wieder auf

Variationen:

– partnerweise nebeneinander oder hintereinander laufen

– ein Läufer gibt den Parcour vor, die anderen merken sich diesen und laufen hinterher

Querverweise: –

✔ Grobmotorik Feinmotorik Gleichgewicht Konzentration	Entspannung Wahrnehmung Reaktion • Ausdauer	Denken und Bewegen ✔ Sozialverhalten	**A 8**

Haltet den Kreis frei!

In der Mitte eines Raumes wird ein Kreis abgeklebt (oder Mittelkreis der Turnhalle) oder ein Gymnastikreifen hingelegt, in dem so viele Reissäckchen wie vorhanden liegen. Eine oder zwei Mitspielerinnen bemühen sich, alle Reissäckchen über den Boden aus dem Kreis zu schleudern. Alle anderen Teilnehmerinnen bringen diese möglichst schnell wieder zurück, damit der Kreis nicht „frei" wird.

Gruppengröße: ab 6 Personen

Material:

– 20 oder mehr Reissäckchen

Altersgruppe: ab 6

Organisationshilfen:

– nicht werfen, die Reissäckchen sollen über den Boden rutschen

Variationen:

– „Halte dein Feld frei" mit Softfrisbees oder Zeitungsbällen

Querverweise: –

| **A 9** | Grobmotorik
Feinmotorik
Gleichgewicht
Konzentration | Entspannung
✔ Wahrnehmung
✔ Reaktion
● Ausdauer | ✔ **Denken und**
Bewegen
Sozialverhalten |

Eisenbahnspiel

Alle Mitspieler sind Eisenbahnen, die sich auf den Schienen (Linien) fortbewegen. Begegnen sich zwei Bahnen, muß eine den Rückwärtsgang wählen. Auch kann ihnen eine unterschiedliche Funktion (Bummelzug, IC,...) zugeordnet werden. Dabei darf beispielsweise der IC nur auf der roten Linie fahren, die anderen müssen ihm aber ausweichen. Auch sind Gleissperrungen möglich, die zur Umkehr zwingen. Weitere Spielelemente, wie Brücke, Tunnel und Bahnhöfe können von den Teilnehmern entwickelt werden, so ist ein Bahnhof z.B. eine gute Ausruhmöglichkeit.

Gruppengröße: 4-20

Material:

- Großgeräte wie z.B. zwei Sprungbretter für eine Brücke

Altersgruppe: alle Altersgruppen

Organisationshilfen:

- bei Kindern sollten die Spezialzüge besonders gekennzeichnet werden (z.B. Hüte, Bänder,...)

Variationen:

- mit Rollbrettern oder Rollschuhen
- mit Musik und bei Musikstop kehren alle Züge um

- als Fangspiel: ein „Geisterfahrerzug" ist unterwegs, dem alle ausweichen müssen; wird jemand erwischt, ist er ebenfalls Geisterfahrer

Querverweise:

- „Riesentorlauf" (A 7)

✔ Grobmotorik	Entspannung	Denken und	
Feinmotorik	Wahrnehmung	Bewegen	**A 10**
Gleichgewicht	Reaktion	✔ **Sozialverhalten**	
Konzentration	● **Ausdauer**		

Kreistauziehen

Ein Tau wird an einer Stelle verknotet und alle Teilnehmer halten es in der Kreisaufstellung. In der Mitte werden einige Kegel aufgestellt oder zwei Matten ausgelegt. Durch kräftiges Ziehen wird versucht, die anderen Teilnehmer auf die Matte oder gegen die Kegel zu bewegen. Die Zugrichtung kann dabei ständig gewechselt werden.

Gruppengröße: 10-30

Material:

– ein Tau

Altersgruppe: ab 8

Organisationshilfen:

– plötzliches Loslassen ist verboten

Variationen:

– Tauziehen mit „Springer": Ein „Springer" wechselt auf die Seite der gerade Schwächeren. Dies ist auch beim normalen Tauziehen anwendbar.

Querverweise: – „Kleine Kämpfchen" (S 9)

A 11	Grobmotorik Feinmotorik Gleichgewicht ✔ **Konzentration**	Entspannung Wahrnehmung Reaktion ● **Ausdauer**	Denken und Bewegen Sozialverhalten

Platznehmen

Die Mitspielerinnen verteilen die Medizinbälle (Pezzibälle) im gesamten Raum. Sie erhalten die Aufgabe, durch den gesamten Raum zu laufen und sich auf jeden der Bälle einmal hinzusetzen. Dabei werden die Bälle gezählt. Anschließend werden die Ergebnisse verglichen. Sind unterschiedlich große oder farbige Bälle vorhanden, können die Aufgaben differenzierter gestellt werden, z.B.: „Setzt euch nur auf die roten Bälle!"

Gruppengröße: beliebig

Material: Medizin- und/oder Pezzibälle

Altersgruppe: ab 4

Organisationshilfen:

– Medizinbälle haben den Vorteil, daß sie nicht so leicht rollen, deshalb ist die Aufgabe leichter lösbar als bei Pezzibällen

Variationen:

– sind keine Bälle vorhanden, sind auch Gymnastikreifen oder Zeitungsblätter verwendbar. Der Einsatz einer Musik und Musikstops können ebenfalls motivierend wirken.

Querverweise: –

Grobmotorik Feinmotorik ✔ **Gleichgewicht** Konzentration	Entspannung Wahrnehmung Reaktion ● **Ausdauer**	Denken und Bewegen ✔ **Sozialverhalten**	**A 12**

Ägyptischer Transport

Wie im alten Ägypten werden die schwersten Lasten über rollende Gegenstände wie Bälle oder Stäbe transportiert. Umgedrehte Gymnastikbänke, Kastenoberteile oder kleine Kästen werden über Stäbe gerollt, die von den Arbeitern natürlich schnell genug wieder in Rollrichtung der Last transportiert werden müssen, damit die „Fahrzeuge" nicht auf dem Boden aufsetzen. Selbstverständlich werden auch Personen befördert, die auf den Geräten sitzen. Wird eine Matte über Bälle gerollt, läßt sich durch seitlich gekippte Bänke eine Transportstraße schaffen, die die Richtung genau vorgibt.

Material:

– Stäbe oder Bälle, Gymnastikbank, feste Gymnastikmatte, Kastenoberteil oder kleiner Kasten

Altersgruppe: ab 6

Organisationshilfen:

– die Aufgabe so stellen, daß die Materialien als Hilfsmittel für den Transport gegeben werden, die Lösung selbständig gefunden werden kann

Variationen:

– im Gruppen- oder Klassenraum kann auch ein umgedrehter Tisch genutzt werden

Querverweise:

– „Balanceakt auf der Turnbank" (G 1)
– „Schwabbelsteg" (G 11)

A 13	✔ Grobmotorik	Entspannung	Denken und
	Feinmotorik	Wahrnehmung	Bewegen
	Gleichgewicht	✔ Reaktion	Sozialverhalten
	Konzentration	● Ausdauer	

Heißluftballon

Die Übungsleiter rollen große Bälle (Pezzi-Bälle) kreuz und quer durch die Halle. Die Mitspieler dürfen von keinem dieser „heißen Bälle" berührt werden. Wer berührt wird, darf sich so lange an einem vorher festgelegten Ort (z.B. Weichbodenmatte) ausruhen, bis ein anderer getroffen wird.

Gruppengröße: 8-20

Material:

- 3-5 Pezzibälle

Altersgruppe: ab 7

Organisationshilfen:

- dosiert rollen, bei jüngeren Mitspielern aus größerer Entfernung
- zunächst rollen nur Übungsleiter die Bälle

Variationen:

- der getroffene Spieler bleibt auf der Stelle stehen und dient den anderen als Schutz
- Zusatzaufgaben entsprechend der Farbe des Balles, von dem man berührt wurde

Querverweise:

- „Reaktionsspiele" (R 10)
- „Ball im Kreis" (R 18)

✔ Grobmotorik	Entspannung	Denken und	
Feinmotorik	✔ **Wahrnehmung**	Bewegen	**A 14**
Gleichgewicht	Reaktion	Sozialverhalten	
Konzentration	● **Ausdauer**		

Reifendrehen

Im Raum werden an verschiedenen Stellen Gymnastikreifen angedreht. Diese sollen von den Teilnehmern in Schwung gehalten werden, d.h. sie müssen erneut gedreht werden, bevor sie austrudeln. Es werden mehr Reifen gedreht, als Mitspieler dabei sind, so daß diese ständig in Bewegung sein müssen, um die Aufgabe zu lösen.

Gruppengröße: beliebig (raumabhängig)

Material: zwei Reifen pro Person

Altersgruppe: ab 6 Jahre

Organisationshilfen:

- der Spielleiter dreht die Reifen zum ersten Mal selbst an, bestimmt so die Standorte und kann die Aufgabe langsam steigern

- die Teilnehmer finden sich paarweise zusammen, alle drehen ihre Reifen an, aber nur jeweils ein Partner hält die Reifen in Schwung, der Wechsel erfolgt auf ein Zeichen des Spielleiters

Variationen:

- keinen Reifen zweimal hintereinander andrehen

- jeder versucht alle Reifen einmal anzudrehen

- jeder Spieler hat zwei Reifen in selbst gewählter Entfernung angedreht und hält diese in Schwung

Querverweise:

- „Rollende Reifen" (GM 7)

A 15	✔ **Grobmotorik** Feinmotorik Gleichgewicht Konzentration	Entspannung Wahrnehmung Reaktion ● **Ausdauer**	Denken und Bewegen ✔ **Sozialverhalten**

Mattenathletik

Alle Mitspielerinnen stehen um ein dicke Matte (Kinder kleine Matte). Zunächst wird sie auf die Seite gestellt und alle laufen herum und stützen die Matte mit einer Hand, so daß sie nicht umkippt. Auf ein Zeichen werden verschiedene Aufgaben eingeflochten (Richtungswechsel, Matte über die Köpfe heben, drehen, mit der Matte laufen,...). Diese Form kann sehr gut zum Aufbau von Geräten oder in der Erwärmungsphase einer Stunde genutzt werden.

Gruppengröße: je Matte 6 Personen

Material:

– Weichbodenmatte bzw. Gymnastikmatte

Altersgruppe: ab 6

Organisationshilfen: –

Variationen:

– Mattenfang: je vier Personen tragen eine Gymnastikmatte und spielen Nachlaufen

– gleiche Aufstellung: Staffeln, bei denen auf den Matten etwas transportiert wird

– Mattenwälzen (auch als Staffel): 4-6 Mitspielerinnen pro Matte, die seitlich von der Matte stehen. Die Matte wird hochkant aufgestellt, fallen gelassen und wieder aufgefangen, bis sie auf der anderen Hallenseite ist.

Querverweise:

– „Knallbonbon" (S 3)

✔ Grobmotorik	Entspannung	Denken und	
Feinmotorik	Wahrnehmung	Bewegen	**A 16**
✔ Gleichgewicht	Reaktion	✔ Sozialverhalten	
Konzentration	● **Ausdauer**		

Halle Putzen

Die Teilnehmer gehen paarweise zusammen. Einer von beiden setzt sich auf ein Tuch und wird von dem andern durch die Halle (den Raum) gezogen. Auch hier können verschiedene bekannte Spiele aufgenommen werden (z.B. Fangspiele, das Eisenbahnspiel, Begegnungsstaffel,...), die mit dieser Fortbewegungsform neu entdeckt werden.

Gruppengröße: 6-20

Material:

— paarweise ein Tuch

Altersgruppe: 4-10

Organisationshilfen:

— kleine Kinder in Bauchlage

— da die Tücher dabei verschmutzen, zum Ende der Stunde durchführen

Variationen:

— Reifen oder Seile zum Ziehen nutzen

— gut geeignet als Eltern-Kind-Aufgabe

— viele Kleine ziehen Große

— in der Hocke (Wagenlenker)

— Slalom

Querverweise:

— „Wagenrennen" (G 14)

A 17	✔ Grobmotorik Feinmotorik Gleichgewicht Konzentration	Entspannung Wahrnehmung Reaktion ● **Ausdauer**	Denken und Bewegen Sozialverhalten

Knaller

Alle Mitspielerinnen haben einen Luftballon und mit ihm schon viele „Kinkerlitzchen" (GM 3) ausprobiert. Die Luftballons werden jetzt auf eine Weichbodenmatte gelegt, die mit einem schwingenden Tau erreichbar ist. Durch eine Landung mit Füßen oder Hintern auf dem Ballon, soll dieser zerplatzen. Der Absprung vom Tau enthält einen besonderen Reiz, läßt sich aber so variieren, daß z.B. vom Kasten oder von der Sprossenwand abgesprungen wird.

Gruppengröße: 2-10 je Station

Material: Luftballons, Weichbodenmatte(n), Taue

Altersgruppe: ab 6

Organisationshilfen:

- Sprünge ohne Turnschuhe erschweren die Aufgabe und erhöhen den Reiz

- die Springerinnen müssen dafür sorgen, daß die Luftballons auf die Matte zurückkommen

Variationen:

- Zielspringen, d.h. der Luftballon, der zerplatzen soll, wird angesagt

Querverweise:

- „Kinkerlitzchen mit dem Luftballon" (GM 3)
- „Eiertanz" (G 6)

Grobmotorik	Entspannung	Denken und	
Feinmotorik	✔ **Wahrnehmung**	Bewegen	**A 18**
Gleichgewicht	✔ **Reaktion**	✔ **Sozialverhalten**	
Konzentration	● **Ausdauer**		

Die heiße Kartoffel

Alle Mitspieler stehen im Kreis und merken sich den Namen und das Gesicht ihres rechten Partners. Der Spielleiter bringt eine „heiße Kartoffel" (Ball) ins Spiel, die sicher und schnell jeweils an den rechten Partner weitergegeben werden soll. Dabei wird der Name z.B. „Rudi, eine heiße Kartoffel" gerufen. Der Kreis wird aufgelöst und alle bewegen sich frei im Raum, die Aufgabe bleibt die gleiche. Der Spielleiter gibt jetzt in kurzen Abständen neue „Kartoffeln" ins Spiel, so daß bald ein Durcheinander von Rufenden und Suchenden entsteht.

Gruppengröße: ab 10 Personen

Material:

– verschiedene kleine Bälle

Altersgruppe: ab 10

Organisationshilfen:

– der Spielleiter spielt mit und kann zum Ende die „Kartoffeln" wieder nach und nach aus dem Spiel nehmen

– bewegen sich die Mitspieler wenig, bekommen sie Zusatzaufgaben, z.B. alle Ecken des Raumes aufsuchen

Variationen:

– mit Leuchtbällen in einem dunklen Raum

– mit einer Augenklappe

Querverweise:

– „Fuchs und Eichhörnchen" (R 17)

A 19	✔ Grobmotorik
	  Feinmotorik
	  Gleichgewicht
	  Konzentration
		Entspannung
		Wahrnehmung
		Reaktion
		● Ausdauer
			✔ Denken und
			  Bewegen
			✔ Sozialverhalten

Raubritter

In der weiten Ebene (Turnhalle) sind an verschiedenen Stellen kleine Burgen (Matten oder kleine Kästen), die von den Rittern mit ihren Pferden (Rollbrettern) im Wechsel besucht werden. Die Ritter transportieren verschiedene Schätze von einem Kontinent (Weichboden oder Wand) zum anderen. Dies ginge problemlos, wenn da nicht einige Raubritter wären, die versuchen, die Schätze zu klauen und auf ihre Raubritterburg zu bringen. Die Raubritter bevorzugen, die Schätze von unbewachten Burgen zu klauen.

Gruppengröße: beliebig

Material:

– pro Person ein Rollbrett

– Matten, kleine Kästen

– Schätze (z.B. Bälle, Luftballons, Tücher,...)

Altersgruppe: 6-12

Organisationshilfen:

– gemeinsamer Aufbau

Variationen:

– wird ein Raubritter von anderen Rittern gefangen, kommt er auf eine Burg und muß befreit werden oder die Ritter lassen ihn gegen schon erbeutete Schätze frei.

Querverweise:

– „Schatzräuber" (D 18)

✔ Grobmotorik	Entspannung	Denken und	
Feinmotorik	Wahrnehmung	Bewegen	**A 20**
Gleichgewicht	✔ Reaktion	✔ Sozialverhalten	
Konzentration	• Ausdauer		

Klammerklau

Jede Mitspielerin befestigt 3 Klammern so an der Kleidung, daß diese gut sichtbar sind. Nun versuchen die Teilnehmerinnen, sich die Klammern gegenseitig zu klauen und befestigen ihre Beute an der eigenen Kleidung. Bei kleinen Kindern empfiehlt es sich, die Beute im Mittelkreis zu sammeln und sobald jemand „klammerlos" ist, darf er sich neu ausstatten. Damit fallen Streitereien und unnötige Frustrationen weg.

Gruppengröße: beliebig

Material:

– pro Teilnehmer mindestens 2-3 Klammern

Altersgruppe: ab 4

Organisationshilfen:

– bei jüngeren Kindern zunächst in Kleingruppen ausprobieren

Variationen:

– am Boden im Spinnengang, gut geeignet für kleinere Räume

– als kleines Kampfspiel Partner gegen Partner, bei in Oberschenkelhöhe befestigten Klammern (Sumo)

– je zwei Personen, die Rücken an Rücken auf dem Rollbrett sitzen und die Klammern an den Beinen befestigt haben

Querverweise:

– „Kleine Kämpfchen" (S 9)

3.9 Denken und Bewegen (D)

Denken und Bewegen

Daß das Baby durch das Greifen begreifen lernt, sich durch das motorische Erkunden seiner Umgebung, das Anfassen und Erfühlen, die Umwelt zu eigen macht und Zusammenhänge erkennt, ist oft und vielseitig beschrieben worden.

Die enge Verknüpfung zwischen Denken und Motorik zeigen viele Alltagshandlungen. So benutzt z.B. der Erstkläßler die Finger zum Zählen. Manche Mutter unterscheidet durch das Drehen der Frühstückseier die gekochten von den ungekochten.

Untersuchungen aus dem Bereich der Gehirnforschung belegen nicht nur die bekannte Tatsache der wechselseitigen Steuerung der Motorik durch das Gehirn. Sie zeigen vor allem, daß die leibliche, sinnliche und motorische Erfahrung zu den jeweils zu begreifenden Abstraktheiten treten muß. Nur in Verbindung affektiver und kognitiver Begriffsanteile entstehen wirkliches Erfassen von Zusammenhängen und speicherbare „Bewegungsmuster", auf die in späteren Situationen zurückgegriffen werden kann.

Dieser Zusammenhang ist keine Einbahnstraße des motorischen Zugangs zur Kognition: Wir wissen aus vielen Untersuchungen, daß sich über bloße gedankliche Vorstellungsarbeit die Blutzirkulation in den betreffenden Körperpartien steigern läßt, ja sogar neue Bewegungsabläufe so vorbereitet werden können, daß sie auf Anhieb gelingen.

Das hat Auswirkungen auf die Pädagogik. Zahlen-, Raum- und Mengenverständnis lassen sich leicht in Laufspielen (z.B. „Atomspiel") vermitteln. Darstellendes Spiel (u.a. auch „Scharaden") kann manche Begrifflichkeit lebendig und unvergeßlich werden lassen.

Grobmotorik	Entspannung	● **Denken und**	
Feinmotorik	✓ **Wahrnehmung**	**Bewegen**	**D 1**
Gleichgewicht	Reaktion	✓ **Sozialverhalten**	
Konzentration	Ausdauer		

Irgendwas

Alle Teilnehmer sitzen in der Hallenmitte. Der Spielleiter sagt eine Eigenschaft, die in der ganzen Halle gesucht werden muß. Die Teilnehmer sollen die Hand darauf legen, sich dort hinsetzen usw.; Eigenschaften können z.B. sein: kalt, warm, weich, hart, rund, eckig, eine bestimmte Farbe, rauh, glatt, groß, klein, dunkel, hell, schön oder nicht schön usw.

Gruppengröße: 4-20

Material: –

Altersgruppe: 4-10

Organisationshilfen:

– die Teilnehmer sollten nach jeder Aufgabenstellung wieder in der Mitte der Halle zusammenkommen

Variationen:

– die Aufgabenstellungen können erschwert werden, indem man mehrere der genannten Eigenschaften miteinander kombiniert

– eine subjektive Wertung (wie „schön" oder „nicht schön") macht die ganze Sache noch lustiger, weil sie bestimmt interessante Diskussionen auslösen wird

Querverweise:

– „Pfadfinder" (W 8)

D 2	Grobmotorik ✔ **Feinmotorik** Gleichgewicht Konzentration	Entspannung Wahrnehmung Reaktion Ausdauer	● **Denken und Bewegen** ✔ **Sozialverhalten**

Mini-Golf

Alle Mitspielerinnen bauen gemeinsam eine Mini-Golf-Anlage in die Turnhalle: Zum „Einlochen" bieten sich die Reckhülsen oder vergleichbare Vertiefungen im Boden an, in die ausgediente Quarkbecher etc. gestellt werden. Mit Matten, Kästen und weiteren verfügbaren Geräten werden Stationen gebaut, die verschiedene Rollwege der Spielbälle (TT-Bälle) erlauben. Als Schläger eignen sich Mini-Hockey-Schläger aber auch einfache Gymnastikstäbe.

Gruppengröße: 5-30

Material:

– Hockeyschläger, Quarkbecher etc., Standardgeräte

Altersgruppe: ab 6

Organisationshilfen:

– evtl. vorher Skizzen anfertigen

Variationen:

– für eine solche selbstgebaute „Minigolf-Anlage" eignet sich die Natur besonders. Hier können natürliche Geländehindernisse für die „Schikanen" und kleine Kuhlen zum Einlochen genutzt werden.

Querverweise: –

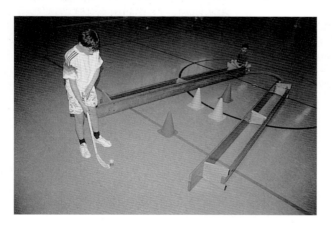

Grobmotorik	Entspannung	● Denken und	
Feinmotorik	✔ Wahrnehmung	Bewegen	D 3
Gleichgewicht	✔ Reaktion	✔ Sozialverhalten	
Konzentration	Ausdauer		

Atomspiel und Variationen

Die Teilnehmer laufen kreuz und quer durch die Halle. Die Übungsleiterin ruft eine Zahl. In entsprechender Zahl sollen sich die Teilnehmer nun zusammenfinden und an den Händen festhalten. Hier sind auch Kombinationen der Personenzahl mit bestimmten Aufgabenstellungen möglich, z.B. 3 Personen, zusammen 4 Bodenkontakte (Fuß, Hand etc.) usw.

Gruppengröße: 8-20

Material: –

Altersgruppe: ab 4

Organisationshilfen:

- die Zahl 1 bringt alle Gruppen wieder auseinander; insofern ist sie auch gut geeignet, etwaige Isolationen einzelner Mitspieler aufzuheben

Variationen:

- die Übungsleiterin ruft besondere Kennzeichen, bestimmter Mitspieler (rote Hose, blonde Haare, Brillenträger, blaue Schuhe, etc.)
- „Teufel, Teufel": Ein Mitspieler ist der Teufel und steht auf einem Kasten. Er hält die Zeigefinger als Hörner vor die Stirn. Alle laufen durcheinander und warten auf ein Signal, worauf der Teufel fängt. Zusammen mit diesem Signal wird eine Zahl angezeigt. Der Teufel kann alle Personen fangen, die sich nicht in einer entsprechenden Gruppe zusammengefunden haben.
- Atomspiel blind: Die Mitspieler halten die Augen geschlossen und finden sich tastend zusammen.

Querverweise: –

| D 4 | Grobmotorik
Feinmotorik
Gleichgewicht
✔ **Konzentration** | Entspannung
✔ **Wahrnehmung**
Reaktion
Ausdauer | ● **Denken und**
Bewegen
Sozialverhalten |
|---|---|---|---|

Merk-Mal

Ein Teilnehmer ist Kommissar und schließt die Augen, während der Räuber einige Gegenstände unter einem Tuch versteckt. Der Räuber hebt für kurze Zeit das Tuch und der Kommissar versucht, sich die Gegenstände zu merken. Die Lösung des Falles kann unterschiedlich gestaltet werden. Der Kommissar kann die Gegenstände benennen. Er kann versuchen, sie ein zweites Mal im Raum zu finden und neben dem Tuch auszulegen, so wie er sie gesehen hat.

Gruppengröße: 2-20 (paarweise Durchführung ist günstig)

Material:

– Tuch oder eine Decke, beliebige Gegenstände

Altersgruppe: ab 4

Organisationshilfen: –

Variationen:

– Veränderung der Anzahl der Gegenstände

– Verkürzung der Beobachtungszeit

– eine Gruppe von Kommissaren und eine Gruppe von Räubern spielen gegeneinander

Querverweise:

– „Der Kommissar" (W14)

✔ Grobmotorik	Entspannung	● Denken und	
Feinmotorik	✔ Wahrnehmung	Bewegen	D 5
Gleichgewicht	Reaktion	Sozialverhalten	
✔ Konzentration	Ausdauer		

Geräteboccia

Drei ganz verschiedenartige Geräte (Reifen, Ball, Frisbee usw.) sollen von einer Linie, aus einer Entfernung von mindestens X-Metern so geworfen/gerollt werden, daß sie anschließend möglichst nah zusammenliegen.

– Welches Gerät wirft man zuerst?
– Welches Gerät rollt wie weit?

Gruppengröße: 2-5 pro Gruppe

Material:

– je Spieler ein Reifen, ein Ball, ein Frisbee oder andere Geräte

Altersgruppe: 4-15

Organisationshilfen:

– evtl. Markierungen (z.B. durch Klebeband) anbringen

Variationen:

– Geräteboccia als Gruppenaufgabe: z.B. soll eine Gruppe möglichst viele ihrer Geräte in ein bestimmtes Ziel oder möglichst nah zusammen bringen

Querverweise: –

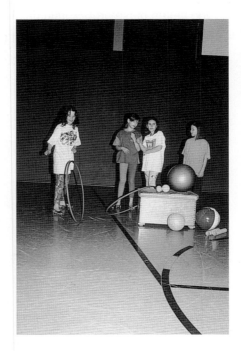

D 6	Grobmotorik ✔ **Feinmotorik** Gleichgewicht ✔ **Konzentration**	Entspannung ✔ **Wahrnehmung** Reaktion Ausdauer	● **Denken und Bewegen** Sozialverhalten

Riesig

Eine Gruppe von Kindern legt mit Seilchen einen „Riesen" großräumig auf dem Boden aus. Mit Tüchern und sonstigen Materialien kann der „Riese" ausgestaltet werden.

Die Kinder benennen die Körperteile, laufen und legen sich hinein...

Gruppengröße: 4-15

Material:

– Seilchen, Tücher, beliebiges Material

Altersgruppe: 4-7

Organisationshilfen: –

Variationen:

– die Kinder legen füreinander bestimmte Zahlen oder Buchstaben aus und laufen diese großräumig nach
– es werden ganze Worte ausgelegt (mehrere Seilchen/ältere Kinder)
– statt der Seilchen lassen sich für dieses Spiel auch gut Zollstöcke verwenden

Querverweise:

– „Formen nachlegen" (W 4)

Grobmotorik	Entspannung	● Denken und	
Feinmotorik	✔ Wahrnehmung	Bewegen	**D 7**
Gleichgewicht	Reaktion	✔ Sozialverhalten	
✔ Konzentration	Ausdauer		

Montagsmaler

Alle Kinder sitzen auf einer Weichbodenmatte. Ein Kind malt mit dem(r) Finger/Hand eine nicht sichtbare Zeichnung auf die Wand (möglichst groß). Wer den Gegenstand dieser Zeichnung errät, darf als nächstes malen, bzw. ein Kind bestimmen, das noch nicht gemalt hat.

Gruppengröße: 5-10

Material: –

Altersgruppe: 4-12

Organisationshilfen: –

Variationen:

– paarweise

– der Spielleiter gibt bestimmte Inhalte vor, die in einen Lernzusammenhang passen (Buchstaben, Zahlen...)

Querverweise: –

D 8	✔ **Grobmotorik** Feinmotorik Gleichgewicht ✔ **Konzentration**	Entspannung ✔ **Wahrnehmung** Reaktion Ausdauer	● **Denken und** **Bewegen** ✔ **Sozialverhalten**

An der Nase herumführen

Aus einer Gruppe übernehmen einige Teilnehmerinnen die Darstellung bestimmter Sprichworte. Die restliche Gruppe soll diese dann erraten. Solche Wortspiele können z.B. sein:

- jemanden auf den Nerven herumtrampeln
- mit jemanden ein Hühnchen rupfen
- jemanden an der Nase herumführen
- einander auf Händen tragen
- jemanden hochleben lassen
- jemanden über das Ohr hauen
- jemanden ins Schlepptau nehmen
- jemanden in die Enge treiben (u.v.m.)

Gruppengröße: beliebig

Material: –

Altersgruppe: ab 6

Organisationshilfen:

- die Bildung von (Zweier)Gruppen, die sich für eine Darstellung eines Sprichwortes absprechen können, hilft, etwaige psychische Blockaden abzubauen

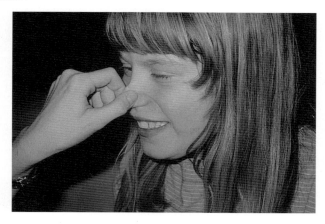

| ✔ Grobmotorik   Feinmotorik   Gleichgewicht   ✔ Konzentration | Entspannung   ✔ Wahrnehmung   Reaktion   Ausdauer | ● Denken und   Bewegen   ✔ Sozialverhalten | **D 8a** |

An der Nase herumführen

Variationen:

– statt ganzer Sprichworte lassen sich auch zusammengesetzte Worte als Darstellungsthema nehmen (z.B. „Affen-Haus", „Buch-Halter" ...). Insgesamt sollten die Worte dem Niveau und dem Könnensstand der Teilnehmerinnen angepaßt werden.

Querverweise: –

D 9	Grobmotorik Feinmotorik Gleichgewicht Konzentration	Entspannung ✔ **Wahrnehmung** Reaktion Ausdauer	● **Denken und** **Bewegen** Sozialverhalten

Orientierungen

Eine Gruppe läuft zu einem Kasten und die Spielleiterin nennt Orientierungspunkte: „Lauft vor, hinter, über, in, unter, um... den Kasten!" Die Gruppe versucht, sich gemeinsam an die richtige Stelle zu begeben.

Gruppengröße: beliebig

Material:

– kleiner Kasten

Altersgruppe: 4-6

Organisationshilfen:

– die Spielleiterin wechselt häufiger ihre Standposition, so daß sich auch die Bedeutung der Raumanweisung (z.B. das Wort „ davor") ändert

Variationen:

– übereinander, miteinander, untereinander usw.
– Kombination mit anderen Angaben wie „leise hinter", „ schreiend auf"...
– für ältere Kinder kann ein Laufplan mehrere Angaben hintereinanderschalten, bis hin zum Orientierungslauf nach Landkarte

Querverweise:

– „Lagebesprechung" (W 9)
– „Pfadfinder" (W 8)

Grobmotorik	Entspannung	● Denken und	
Feinmotorik	✔ Wahrnehmung	Bewegen	**D 10**
Gleichgewicht	Reaktion	✔ Sozialverhalten	
✔ Konzentration	Ausdauer		

Metamorphosen

Einige Seile werden zu einer großen Schlaufe aneinander geknotet und die Kinder stehen damit im Kreis. Aus dieser Grundstellung heraus sollen sie nun verschiedene Formen gestalten, ohne das Seil aus der Hand zu geben. Der Spielleiter ruft z.B.: „Einen Stern, ein Viereck, einen Kreis, ein Oval..."

Gruppengröße: 6-10, je nach Entwicklungsstand auch mehr

Material:

- einige Seile, alternativ: ein Tau, Schleuderhörner...

Altersgruppe: 4-8

Organisationshilfen:

- wenn die Seilchen nicht verknotet, sondern mit den Händen zwischen jeweils zwei Kindern gehalten werden, entstehen wesentlich größere Figuren

Variationen:

- ohne Geräte: an den Händen halten
- (auch für ältere) „Gordischer Knoten" mit Schleuderhörnern: jede der im Kreis stehenden Mitspielerinnen faßt zwei Schleuderhörner, die kreuz und quer durch die Kreismitte führen, mit je einer Hand. Der so entstandene Knoten wird nun gelöst, ohne die Schleuderhörner loszulassen. Tip: Die beiden Enden der zwei Schleuderhörner werden von jeder Mitspielerin fest aneinandergehalten. Wenn die Nachricht, die eine Mitspielerin in eines ihrer Schleuderhörner spricht, wieder bei ihr ankommt, ist der Knoten lösbar. Noch einfacher geht's, wenn die Nachricht von Rohr zu Rohr weitergegeben wird.

Querverweise: – „Verkabelt" (K 17)

| D 11 | ✔ Grobmotorik Feinmotorik Gleichgewicht Konzentration | Entspannung ✔ Wahrnehmung Reaktion Ausdauer | ● Denken und Bewegen ✔ Sozialverhalten |

Bewegungswürfeln

In einer Halle werden viele Reifen ausgelegt. Manche dieser Reifen sind farbig (evtl. markiert, z.B. mit bunten Sprungseilchen oder Tüchern). Mit einem großen Schaumstoffwürfel wird gewürfelt. Die Kinder dürfen in der entsprechenden Zahl weiterspringen. In den farbig markierten Reifen sind dann bestimmte Aufgaben (Bewegungsaufgaben, kleine Rechnungen, Rätsel...) zu erledigen.

Gruppengröße: 3-10

Material:

– Reifen, bunte Tücher, großer Würfel

– alternativ: Teppichfliesen

Altersgruppe: 4-12

Organisationshilfen:

– die Vorbereitung von Karten für bestimmte Felder (z.B. farbige Markierung) ist sinnvoll und erspart viel Arbeit in der Stunde. Auf den Karten ist dann eine bestimmte Aufgabe vermerkt.

Variationen: –

Querverweise:

– „Leiterhüpfen" (G 7)

– „Reifenstraße" (GM 6)

✔ Grobmotorik	Entspannung	● Denken und	
Feinmotorik	✔ Wahrnehmung	Bewegen	**D 12**
Gleichgewicht	Reaktion	✔ Sozialverhalten	
Konzentration	Ausdauer		

Karneval der Tiere

Tiergeräusche werden per Toncassette vorgespielt. Die Mitspieler sollen die jeweiligen Tiere erkennen und deren Bewegungen imitieren. Der „Karneval der Tiere" von Saint-Saens enthält eine Reihe von Loriot köstlich kommentierter Tiercharaktere, die sich für eine Interpretation sehr eignen.

Gruppengröße: beliebig

Material:

– CD oder MC: Saint-Saens, Karneval der Tiere, Sprecher Loriot

Altersgruppe: ab 4

Organisationshilfen:

– Kleingruppen zur Besprechung und Inszenierung der Darstellungsform

Variationen:

– eine Gruppe von Kindern soll bestimmte Tiere darstellen. z.B. laufen wie ein Flamingo; klettern wie ein Affe; guten Tag sagen wie ein ... Dazu können sie entsprechende Geräusche machen und bestimmte Verhaltensweisen nachahmen.

Querverweise: –

D 13	Grobmotorik ✔ **Feinmotorik** Gleichgewicht ✔ **Konzentration**	Entspannung ✔ **Wahrnehmung** Reaktion Ausdauer	● **Denken und Bewegen** Sozialverhalten

Zollstockkonstrukteure

Die Teilnehmerinnen haben einen oder mehrere Zollstöcke, mit denen sie ein Haus bauen. Dabei sind verschiedene Ebenen möglich (eindimensional, mehrdimensional).

Gruppengröße: 2-20

Material:

- je Teilnehmerin ein Zollstock

Altersgruppe: ab 6

Organisationshilfen:

- die Spielleiterin demonstriert Lösungsmöglichkeiten mit dem eigenen Zollstock

Variationen:

- mehrere Teilnehmerinnen arbeiten zusammen: so können noch größere Objekte entstehen

Querverweise:

- siehe Kapitel „Alltagsmaterialien"

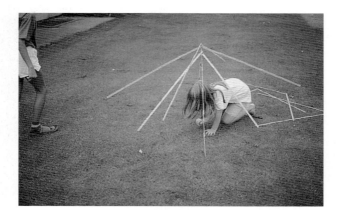

Grobmotorik	✔ Entspannung	● Denken und	
Feinmotorik	✔ Wahrnehmung	Bewegen	**D 14**
Gleichgewicht	Reaktion	Sozialverhalten	
✔ Konzentration	Ausdauer		

Wo zwickt der Storch?

Die Kinder liegen auf einer Matte. Sie haben die Augen geschlossen. Die Übungsleiterin berührt verschiedene Körperteile der Kinder und die Kinder müssen diese erkennen und benennen. In dem Fall, wo sie die korrekte Antwort geben, beißt der Storch nicht. Ansonsten zwickt der Storch in das entsprechende Körperteil.

Gruppengröße: 2-8

Material:

– Gymnastikmatten

Altersgruppe: 4-6

Organisationshilfen:

– das Spiel läßt sich gut nach einem Laufspiel einbauen. Etwa nach dem Spiel „Vom Storch und den Fröschen" (A 3), bei dem die Frösche von Matten aus versuchen, andere benachbarte Matten zu erreichen und ein Storch diese Frösche unterwegs fangen will.

Variationen:

– für etwas ältere Kinder: berührte Teile sollen im Wort eingebettet werden: „Fuß-ball", „Kopf-laus"...

Querverweise: –

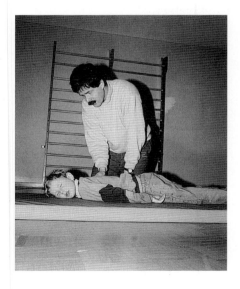

D 15	Grobmotorik ✔ **Feinmotorik** Gleichgewicht Konzentration	Entspannung ✔ **Wahrnehmung** Reaktion Ausdauer	● **Denken und** **Bewegen** Sozialverhalten

Rauhhaardackel

Dieses Spiel ist eine „Fühl-Scharade": Aus verschiedenen erfühlbaren Gegenständen wird ein zusammensetzbarer Begriff ermittelt. Ein Beispiel: Schmirgelpapier (rauh), Handfeger (Haar), kleines Spieltier (Hund). Der Phantasie sind keine Grenzen gesetzt.

Die Gegenstände können unter einem Tuch versteckt sein, in (Schuh-)kartons liegen, in die seitlich ein Fühlloch geschnitten wird, usw.

Gruppengröße: beliebig

Material:

– Kartons, Tücher, Fühl-Gegenstände

Altersgruppe: je nach den vorgegebenen Begriffen ab 4 Jahren

Organisationshilfen:

– zu Anfang können aus nur zwei Worten Begriffe gebildet werden. Auch diese Spielform macht in der Gruppe Spaß. Eine Gruppe kann für die andere Begriffe und entsprechende Gegenstände suchen.

Variationen: –

Querverweise:

– „An der Nase herumführen" (D 8)

Grobmotorik Feinmotorik Gleichgewicht Konzentration	Entspannung ✔ Wahrnehmung Reaktion Ausdauer	● **Denken und** **Bewegen** ✔ **Sozialverhalten**	**D 16**

Piratenschiff

In einer Turnhalle soll ein „Piratenschiff" gebaut werden. Die Mitspieler ermitteln erst einmal, was sie hierzu alles zur Verfügung haben (Geräte etc.). Mit diesen Informationen fertigen sie auf einem DIN A-4 Papier einen Bauplan, der vorhandene Geräte einbezieht und einen bestimmten Aufbau vorsieht. (Jüngere Kinder erhalten die Aufgabe, einen von der Spielleiterin aufgestellten Plan zu erkennen und gemeinsam nach diesen Plänen das Schiff zu bauen.)

Gruppengröße: 2-10

Material:

- je nach Ausstattung: Alle Turnhallengeräte, Alltagsmaterialien oder anderes

Altersgruppe: 6-12

Organisationshilfen:

- in der Schule lassen sich Konstruktionsüberlegungen auch gut als „Hausaufgabe" stellen

Variationen:

- in dem erbauten Schiff eine Piratengeschichte vorlesen
- sich wie Piraten verkleiden und schminken

Querverweise:

- „Schiffbruch" (D 17)

D 17	✔ Grobmotorik Feinmotorik ✔ Gleichgewicht Konzentration	Entspannung Wahrnehmung Reaktion Ausdauer	● Denken und Bewegen ✔ Sozialverhalten

Schiffbruch

Das Piratenschiff ist leck und sinkt. Die Piraten wollen nicht nur ihre Haut, sondern auch die vielen Schätze (Bälle etc.), die sich an Bord befinden, auf die erreichbaren Inseln (Matten) retten. Sie haben dafür nur einige Rettungsboote (Rollbretter) und nicht mehr viel Zeit. Und das Meer wimmelt nur so von Haifischen...

Gruppengröße: 2 -10

Material:

– Rollbretter, Matten, Gegenstände für den Schatz,...

Altersgruppe: 6-12

Organisationshilfen:

– mit der Wahl der Hilfsmittel läßt sich der Schwierigkeitsgrad verändern: für den Antrieb der Rettungsboote kann man Gymnastikstäbe verwenden; sie können aber auch an einem durch die Halle gespannten Tau gezogen werden.

Variationen: –

Querverweise:

– „Piratenschiff" (D 16)

✔ Grobmotorik Feinmotorik Gleichgewicht Konzentration	Entspannung Wahrnehmung Reaktion ✔ Ausdauer	● Denken und Bewegen ✔ Sozialverhalten	**D 18**

Schatzräuber

Die Mitspielerinnen teilen sich in 2 Parteien:

Eine Partei befindet sich auf einer Weichbodenmatte (die sie während des Spiels nicht verlassen darf) und hat einen Vorrat an Wurfgeschossen (Softfrisbees; Schaumbälle etc.), mit denen sie etwaige Angreiferinnen abwehrt. Diese Gruppe bewacht Schätze, die auf den in unterschiedlicher Entfernung um die Matte verteilten Kästen postiert sind.

Die zweite Gruppe versteckt sich in einem gesicherten Bereich (Mattenburg) und versucht, auf Rollbrettern das Versteck zu verlassen und die Schätze zu rauben. Sie versuchen Strategien abzusprechen, so daß möglichst wenige von ihnen getroffen werden. Treffen die Verteidigerinnen mit ihren Wurfgeschossen die Räuber, wechseln diese das Lager und helfen bei der Verteidigung.

Gruppengröße: 6-15

Material:

– Softfrisbees und -bälle, kleine Kästen, Matten, „Schätze"

Organisationshilfen: –

Altersgruppe: 8-15

Variationen:

– die getroffenen Schatzräuber bleiben liegen und dürfen von ihren „Miträubern" befreit werden (Berührung)

Querverweise:

– „Raubritter" (A 19)

D 19	✔ Grobmotorik Entspannung ● Denken und

✔ Grobmotorik | Entspannung | ● Denken und
Feinmotorik | ✔ Wahrnehmung | Bewegen
✔ Gleichgewicht | Reaktion | ✔ Sozialverhalten
✔ Konzentration | Ausdauer |

Cobal

Cobal ist ein sehr spielerisches und kommunikatives Gerät zur Gleichgewichtsschulung. Drei Mitspieler versuchen, durch ihre Balancebewegungen eine (oder mehrere) Kugeln in die Löcher eines Spielfeldes zu bringen, das über Gelenke mit den Kreiseln verbunden ist.

Gruppengröße: 3 Personen je Spiel

Material:

- 1 Cobal-Spiel, verschiedene Kugeln, Murmeln etc.

Altersgruppe: ab 6

Organisationshilfen:

- zur Gewöhnung an das Spiel, bzw. im bestimmten methodischen oder therapeutischen Zusammenhang, kann das Spiel im Sitzen mit den Füßen, oder im Knien (neben den Scheiben) mit den Händen betrieben werden.

Variationen:

- jeder Mitspieler versucht „sein" Loch freizuhalten
- verschiedenen Körperhaltungen (stehen, hocken, knien, ...)

- gemeinsam versuchen die Mitspieler, fünf Murmeln in möglichst kurzer Zeit durch die Spielfeldlöcher fallen zu lassen

Querverweise:

- siehe Kapitel: Psychomotorische Übungsgeräte

Grobmotorik	Entspannung	● Denken und	
✔ Feinmotorik	✔ Wahrnehmung	Bewegen	**D 20**
Gleichgewicht	Reaktion	✔ Sozialverhalten	
✔ Konzentration	Ausdauer		

Kettenreaktion

Die Mitspieler stellen zwei Turnbänke nebeneinander schräg an eine Sprossenwand, so daß in der Mitte ein Medizinball rollen kann. Diese „Ballbeschleunigungsmaschine" wird unten ergänzt durch Kegel, Kastenteile, Bälle etc. Diese Geräte werden einander so zugeordnet, daß sie beim Umfallen oder Weiterrollen den Impuls des Spielballes – auch in verschiedene Richtungen – weitergeben.

Wieviele Gegenstände können so bei einem Spielballstoß bewegt werden?

Gruppengröße: 5-6

Material:

– 2 Turnbänke, Medizinbälle, Kastenteile, Kegel etc.

Altersgruppe: ab 6

Organisationshilfen:

– größere Gruppen in Untergruppen einteilen

Variationen:

– andere „Dominosteine" verwenden: z.B. können Bierdeckel aufgestellt werden

Querverweise: –

3.10 Sozialverhalten (S)

Sozialverhalten – Zusammen-Spiel

Während Kinder bis zum 3. Lebensjahr nicht, kaum oder nur zufällig zusammen spielen (können), entwickelt sich in der Folgezeit das, was wir mit dem Begriff „Sozialverhalten" belegen. Viele Faktoren spielen dabei eine Rolle, wie schnell und auf welche Art und Weise ein Kind neben seinem „Ich" das „Du" bzw. das „Wir" entdeckt. Wer Geschwister hat, wer es schafft, schon früh einen Kindergarten besuchen zu dürfen, hat z.B. in dieser Hinsicht wesentlich mehr Lerngelegenheiten als ein Einzelkind, das u.U. noch von seinen Eltern zu gut behütet wird. Die Fähigkeit zum angemessenen Sozialverhalten, d.h. zur Kooperation und zum Teamgeist, kann man nur im „Zusammen-Spiel" mit einem Partner oder in der Gemeinschaft erwerben.

Andererseits lernt man auch nur im Umgang mit anderen Mißerfolge wegzustecken und mit Frustrationen fertig zu werden. Gerade Konfliktsituationen zeigen oftmals anschaulich, in welchem Maß ein Kind oder auch Erwachsener in der Lage ist, auf andere einzugehen und anderen zu helfen, ohne jedoch seine eigenen Vorstellungen dabei immer zurückzustellen oder sogar aufzugeben.

Die psychomotorische Förderung findet in der Regel als Klein-Gruppenveranstaltung statt und stellt somit schon einen organisatorisch günstigen Rahmen für eine Förderung in dem hier angesprochenen Bereich. Viele Übungen und Spiele sind bewußt so angelegt, daß man nur in Kooperation das Ziel erreichen kann. Die Palette reicht von kleinen, unkomplizierten Partnerübungen über einfache Mannschaftsspiele bis hin zum Bestehen von „gefährlichen Abenteuern".

Kiphard, E.J.: Motopädagogik. Dortmund 1984

Söll, H.: Psychomotorische Entwicklung im Kindes- und Jugendalter. Schorndorf 1982

Zimmer, R./Cicurs, H.: Psychomotorik. Schorndorf 1993

✔ Grobmotorik	Entspannung	Denken und	
Feinmotorik	Wahrnehmung	Bewegen	**S 1**
Gleichgewicht	✔ Reaktion	● Sozialverhalten	
Konzentration	✔ Ausdauer		

Autofahrer

Jeweils zwei oder drei Mitspieler benutzen ein Kastenteil zum „Autofahren" durch die Halle. Dabei können die Spielfeldmarkierungen als Straßen oder Parkplätze dienen. Jeder ist einmal der Fahrer. Es kann auch versucht werden, rückwärts zu fahren oder zu „rangieren".

Gruppengröße: 2-15

Material:

– Kastenteile

Altersgruppe: ab 6

Organisationshilfen:

– es darf nicht auf Zeit gelaufen werden
– die Partner sollten etwa gleich groß sein
– Kastenteil so tragen, daß die Halterungen nach unten zeigen (vermeidet Verletzungen beim Absetzen der Kastenteile)

Variationen:

– über niedrige Hindernisse „fahren"
– in eine Geschichte und Bewegungslandschaft einbauen (z.B. Ausflug)
– Slalomstrecke (z.B. aus Kegeln) durchfahren

Querverweis:

– „Schattenlaufen" (R 13)

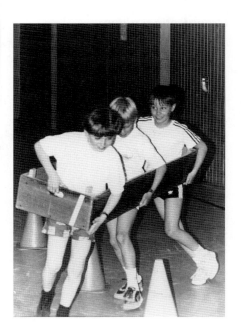

S 2	✔ **Grobmotorik**	Entspannung	Denken und
---	Feinmotorik	✔ **Wahrnehmung**	Bewegen
	Gleichgewicht	Reaktion	● **Sozialverhalten**
	Konzentration	Ausdauer	

Luftpost

Jeweils eine Mitspielerin steht in einem der Reifen, die ohne bestimmte Ordnung in der Halle verteilt sind. Die Mitspielerinnen senden eine „Post" (Ball) von Insel zu Insel und achten darauf, daß diese auch ankommt. Der Ball kann geworfen, gerollt oder auch geprellt werden. Allmählich werden mehr und mehr „Versandstücke" in Umlauf gebracht. Nur durch eine gute Kommunikation der Mitspielerinnen werden die Verluste gering gehalten. Keine darf ihre Insel verlassen (es wimmelt von Haifischen!). Wenn alle Versandstücke verloren sind, werden diese wieder eingesammelt und das Spiel kann von neuem beginnen.

Gruppengröße: 8-20

Material:
- 1 Gymnastikreifen pro MitspielerIn
- Gymnastik oder Pezzi-Bälle

Altersgruppe: 4-8

Organisationshilfen:
- darauf achten, daß die Abstände zwischen den Inseln nicht zu gering sind

Variationen:
- bei älteren Kindern können auch Frisbee-Scheiben genommen werden

- „Seeräuber" einsetzen, die versuchen, „Beute zu machen"

Querverweise:
- „Artistenball" (GM 13)
- „Die heiße Kartoffel" (A 18)

Grobmotorik	Entspannung	Denken und	
Feinmotorik	✔ **Wahrnehmung**	Bewegen	**S 3**
Gleichgewicht	✔ **Reaktion**	● **Sozialverhalten**	
Konzentration	Ausdauer		

Nachts im Dschungel

Zwei Weichbodenmatten liegen jeweils an den entgegengesetzten Enden der Turnhalle. Auf ihnen schlafen die „Tiere des Dschungels". Wenn es Nacht wird, werden diese wach und versuchen zur anderen Seite zu gelangen. Dabei sollen sie (mit verbundenen Augen, oder – wenn möglich – bei ausgeschalteter Hallenbeleuchtung – im Winter –) den Weg kriechend und krabbelnd aneinander vorbei finden und sich dabei mit Tiergeräuschen verständigen.

Gruppengröße: 10-20

Material:

– zwei Weichbodenmatten oder entsprechende Anzahl von Turnmatten

Altersgruppe: 7-12

Organisationshilfen:

– Übungsleiter ruft bei Gefahr „Zauberwort", so daß alle plötzlich innehalten

Variationen:

– Erweiterung durch entsprechende Musik oder Geräusche (auf Tonband oder selbst erzeugt)

– wenn das Licht in der Halle gelöscht werden kann, können mitgebrachte Taschenlampen eingesetzt werden

Querverweise:

– „Begegnungen auf der Bank" (S 8)

– „Heulbojen" (W 18)

	✔ Grobmotorik	Entspannung	Denken und
S 4	✔ Feinmotorik	✔ Wahrnehmung	Bewegen
	Gleichgewicht	✔ Reaktion	● Sozialverhalten
	Konzentration	Ausdauer	

Kranke Bälle

Jeweils zwei Mitspielerinnen stehen sich gegenüber und halten zwei Gymnastikstäbe in den Händen. Auf diesen Stäben werden jetzt „kranke" Bälle transportiert, die nicht verloren werden dürfen. Sie können vom Boden aufgehoben und zu einem bestimmten Ziel (umgedrehter kleiner Kasten o.ä.) getragen werden. Es kann außerdem versucht werden, den Ball einmal oder mehrmals aufspringen zu lassen und ihn dann wieder zu fangen. Auch können zwei und mehr Bälle transportiert werden. Das Tauschen der Bälle mit anderen MitspielerInnen ist besonders motivierend.

Gruppengröße: 2-20

Material:

- ein Gymnastikstab pro Teilnehmerin
- Gymnastik-, Schaumstoff- oder Pezzi-Bälle

Altersgruppe: 6-10

Organisationshilfen:

- in Eltern-Kind-Gruppen auch mit jüngeren Kindern durchführbar

Variationen:

- statt Gymnastikstäbe können Baumwolltücher genommen werden
- bei jüngeren Kindern Luftballons statt Bälle verwenden
- Transport über Hindernisse

Querverweise:

- „Artistenball" (GM 13)

Grobmotorik	Entspannung	Denken und	
Feinmotorik	✔ **Wahrnehmung**	Bewegen	**S 5**
Gleichgewicht	✔ **Reaktion**	● **Sozialverhalten**	
✔ **Konzentration**	Ausdauer		

Murmelbahn

Die Mitspieler stehen im Kreis und stellen mit ihren Händen eine ebenfalls kreisförmige Verbindung mit Schwunghörnern her. In einem Schwunghorn befindet sich eine Murmel, die durch Anheben und Senken der Schwunghörner den ganzen Kreis durchlaufen soll. Alle Mitspieler müssen darauf achten, daß die Murmel dauernd in Bewegung gehalten wird.

Gruppengröße: 2-15

Material:

- ein Schwunghorn pro Person
- einige Murmeln

Altersgruppe: ab 5

Organisationshilfen:

- bei jüngeren Kindern die Verbindungen durch Klettverschlüsse oder Klebeband herstellen
- es gibt Schwunghörner aus Industrieabfall mit kleinerem Durchmesser, die gut in die herkömmlichen eingesteckt werden können

Variationen:

- mit geschlossenen Augen
- auf verabredetes Signal: Richtungswechsel
- statt Kreisaufstellung: Ein langes, schräg abfallendes und zusammenhängendes Rohr halten. Auf der hohen Seite die Murmel einlegen, schnell zum Ende der Leitung laufen und dort die Murmel wieder auffangen.

Querverweise:

- „Das längste Telefon" (K 6)

S 6	✔ **Grobmotorik** Feinmotorik Gleichgewicht Konzentration	Entspannung ✔ **Wahrnehmung** ✔ **Reaktion** Ausdauer	Denken und Bewegen ● **Sozialverhalten**

Vertrauenskreis

Die Teilnehmerinnen stehen in einem engen Kreis zusammen. Eine Mitspielerin steht in der Mitte, spannt möglichst alle Muskeln ihres Körpers an, schließt die Augen und läßt sich dann nach vorn oder hinten umkippen. Der Kreis fängt sie sacht auf und bringt sie wieder in die Senkrechte, bis sie erneut kippt.

Gruppengröße: 5-10

Material: –

Altersgruppe: ab 8

Organisationshilfen:

- den Kreis soweit machen wie möglich, jedoch so eng, daß ein Fallen auf den Boden unter allen Umständen vermieden wird
- bei jüngeren Teilnehmerinnen ausführlich demonstrieren und eventuell eine Weichbodenmatte unterlegen

Variationen:

- in Dreiergruppen (nur vorwärts-rückwärts)

Querverweise:

- „Baumstammflößen" (S 13)

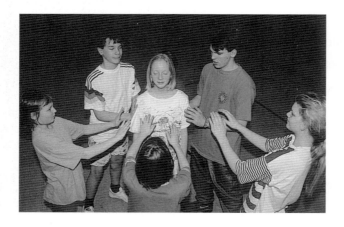

Grobmotorik	Entspannung	Denken und	
Feinmotorik	✔ **Wahrnehmung**	Bewegen	**S 7**
Gleichgewicht	✔ **Reaktion**	● **Sozialverhalten**	
Konzentration	Ausdauer		

Begrüßungen

Die Teilnehmer laufen kreuz und quer durch die Halle. Der Spielleiter gibt Körperteile an, die sich „begrüßen" sollen. (Ellbogen, Rücken, Nasenspitze, Ohren u.v.m.). Sofort wird der nächste Mitspieler gesucht und die Begrüßung ausgeführt.

Gruppengröße: 8-20

Material: –

Altersgruppe: ab 5

Organisationshilfen:

Variationen:

– die Begrüßungen können mit Geräuschen oder Sätzen verbunden werden

– kann als Vorbereitung zur Gruppenbildung eingesetzt werden

– die Teilnehmer rufen selbst laut bestimmte Körperteile

Querverweise:

– „Atomspiel" (D 3)

S 8	✔ Grobmotorik Feinmotorik ✔ Gleichgewicht Konzentration	Entspannung Wahrnehmung Reaktion Ausdauer	Denken und Bewegen ● Sozialverhalten

Begegnung auf der Bank

In Dreiergruppen balancieren die Kinder aus verschiedenen Richtungen über eine Bank aufeinander zu und versuchen, aneinander vorbeizukommen, ohne daß ein Kind herunterfällt. Die Höhe, auf der balanciert wird, kann variiert werden (z.B. durch kleine Kästen oder Einhängen der Bänke in Barren).

Gruppengröße: 3-15

Material:

– Turnbänke

– Weichbodenmatten zum absichern

Altersgruppe: 5-10

Organisationshilfen:

– bei erhöhtem Standort (z.B. Bank auf kleinen Kästen) unbedingt durch Weichbodenmatten absichern

Variationen:

– Bänke im Viereck aufstellen; alle balancieren darüber

– Einbau in eine größere Bewegungsbaustelle

Querverweise:

– „Die mutigen Schatzsucher" (GM 8)

– „Balanceakte auf der Turnbank" (G 1)

Grobmotorik	Entspannung	Denken und	
Feinmotorik	✔ **Wahrnehmung**	Bewegen	**S 9**
Gleichgewicht	✔ **Reaktion**	● **Sozialverhalten**	
Konzentration	✔ **Ausdauer**		

Kleine Kämpfchen

Paarweise oder mit der ganzen Gruppe sind – bei entsprechenden Absicherungsmaßnahmen – vielfältige Rauf-, Zieh- und Schiebekämpfchen auch mit jüngeren Teilnehmerinnen möglich:
– „Das Feld leerräumen": alle sitzen auf der Weichbodenmatte, die von Turnmatten umgeben ist, und versuchen, sich gegenseitig von der Matte zu drängen. Wer heruntergedrängt wurde, muß dort warten bis nur noch einer übrigbleibt.
– „Wäscheklammer-Sumo": Die Kämpfer stehen sich partnerweise gegenüber und versuchen, sich gegenseitig die an den Hüften oder Beinen befestigten Wäscheklammern zu entreißen.
– „Ausbrecherkönig": Die Teilnehmerinnen stehen in einem engen Kreis zusammen und haken sich an den Armen unter. Zwei Teilnehmer befinden sich im Kreis und versuchen aus diesem durch die Beine der anderen auszubrechen. Dabei helfen sie sich gegenseitig.

Gruppengröße: 2-20

Material: – Wäscheklammern

Altersgruppe: ab 5

Organisationshilfen:

– v.a. jüngeren Kindern deutlich machen, daß der „Ringrichter" bei Unfairness sofort eingreift
– die Spielleiterin sollte zeitweise auch mitkämpfen (beste Demonstration!)

Variationen:

– alle vorgestellten Kampfspiele sind vielfältig erweiter- und abänderbar

Querverweise:

– „Wackelkontakt" (G 16)
– „Kreistauziehen" (A 10)
– „Klammerklau" (A 20)

S 10	✔ **Grobmotorik** Feinmotorik Gleichgewicht Konzentration	Entspannung Wahrnehmung ✔ **Reaktion** Ausdauer	Denken und Bewegen ● **Sozialverhalten**

Kletten

Zwei Mitspieler stehen einander gegenüber. Wird vom Spielleiter oder einem anderen Mitspieler ein Körperteil genannt (z.B. Ellbogen), sollen die Partner diese „aneinanderkleben" und sich dann durch den Raum bewegen.

Gruppengröße: 2-20

Material: –

Altersgruppe: ab 5

Organisationshilfen:

– auf Partnerwechsel achten

Variationen:

– eine Hindernisbahn gemeinsam zurücklegen

Querverweise:

– „Der verschluckte Stock" (GM 1)

– „Begrüßungen" (S 7)

– „Schattenlaufen" (R 3)

Grobmotorik	Entspannung	Denken und	
Feinmotorik	✔ **Wahrnehmung**	Bewegen	**S 11**
Gleichgewicht	✔ **Reaktion**	● **Sozialverhalten**	
✔ **Konzentration**	Ausdauer		

Ballmaschine

Die Mitspielerinnen sitzen im Kreis. Auf ein Zeichen setzt sich die Maschine in Bewegung: Ein Tennisball wird von einer zur anderen Mitspielerin wie auf einem Fließband (Greifen, Drehen, Ablegen) weitergegeben. Allmählich kommen immer mehr Bälle hinzu, bis die Anzahl der Bälle der Anzahl der „Maschinenteile" entspricht. Sollten Bälle verlorengehen, läuft die Maschine trotzdem weiter, sie kann sich ja nicht selbst abstellen. Sind keine Bälle mehr in Umlauf, muß die Maschine von einem „Fachmann" repariert werden.

Gruppengröße: 5-15

Material:

— ein Tennisball pro Mitspielerin

Altersgruppe: 5-12

Organisationshilfen:

— Hilfe durch Rhythmusvorgabe durch die Spielleiterin

Variationen:

— die Teilnehmerinnen ahmen beim Weitergeben der Bälle die Geräusche einer großen Maschine nach

— die „Maschinenteile" führen unterschiedliche Bewegungen mit den Bällen aus (z.B. Druck prüfen, Abwischen...)

Querverweise:

— „Murmelbahn" (S 5)

S 12	Grobmotorik	Entspannung	Denken und
	Feinmotorik	✔ **Wahrnehmung**	Bewegen
	Gleichgewicht	Reaktion	● **Sozialverhalten**
	Konzentration	Ausdauer	

Denkmal

Eine Spielerin baut aus einer Gruppe von Mitspielerinnen ein „Denkmal" oder „Kunstwerk", indem sie diese in eine bestimmte Position zueinander – miteinander bringt. Das „Denkmal" darf sich dann nicht mehr bewegen und die „Künstlerin" kann ihr Werk der Gruppe erklären.

Gruppengröße: 5-20

Material: –

Altersgruppe: ab 8

Organisationshilfen:

- evtl. Thema vorgeben

Variationen:

- die Künstlerin wird für eine kurze Zeit hinausgeschickt. Dann werden kleine „bauliche Veränderungen" am Werk vorgenommen, die diese erkennen soll.

- partnerweise oder in kleineren Gruppen Denkmale bauen und dann einen „Kunstwettbewerb" ausschreiben

- mit Kleingräten oder anderen Materialien (z.B. Kartons) kombinieren

Querverweise:

- „Versteinern" (R 15)

✔ Grobmotorik	Entspannung	Denken und	
Feinmotorik	Wahrnehmung	Bewegen	**S 13**
Gleichgewicht	✔ **Reaktion**	● **Sozialverhalten**	
Konzentration	Ausdauer		

Baumstammflößen

Alle Teilnehmer liegen (wie ein Reißverschluß) versetzt auf dem Boden in Rücklage (Ohr an Ohr). Sie halten ihre Arme nach oben gestreckt. Auf den Händen wird von einem Ende zum anderen ein Teilnehmer wie ein Baumstamm weitergegeben.

Gruppengröße: 15-20

Material: –

Altersgruppe: ab 12

Organisationshilfen:

– der Getragene muß sich ganz steif machen

Variationen:

– wer getragen wird, hat die Augen verbunden

Querverweise:

– „Vertrauenskreis" (S 6)

S 14	✔ **Grobmotorik** Feinmotorik Gleichgewicht Konzentration	Entspannung ✔ **Wahrnehmung** ✔ **Reaktion** Ausdauer	Denken und Bewegen ● **Sozialverhalten**

Wildgewordene Roboter

Zwei Mitspieler sollen auf eine ganze Gruppe Roboter aufpassen. Die Roboter halten die einmal eingeschlagene Bewegungsrichtung strikt ein. Die beiden „Lenker" übernehmen die Verantwortung, daß kein Roboter mit einem anderen oder mit der Wand kollidiert. Durch Drehung an der Schulter ändert der Roboter seine Richtung. Die dennoch havarierten Roboter machen sich durch ein möglichst lautes „Notsignal" bemerkbar.

Gruppengröße: 5-20

Material: –

Altersgruppe: ab 7

Organisationshilfen:

- darauf achten, daß die Mitspieler sich wirklich wie Roboter bewegen und nicht zu schnell vorwärtsgehen
- in großen Gruppen eventuell mehr „Lenker" einsetzen

Variationen:

- die Roboter haben keine Augen (Augen verbinden) und müssen auf Zuruf den Weg ändern (die vorgehaltenen Hände sichern den Weg ab)

Querverweise:

- „Der verschluckte Stock" (GM 1)

Grobmotorik	Entspannung	Denken und	
Feinmotorik	✔ **Wahrnehmung**	Bewegen	**S 15**
Gleichgewicht	✔ **Reaktion**	● **Sozialverhalten**	
Konzentration	✔ **Ausdauer**		

Knallbonbon

Alle Teilnehmerinnen stehen hinter der hochgestellten Weichbodenmatte, zählen laut bis Drei und fallen dann mit der Matte um.

Gruppengröße: 2-10

Material:

– eine Weichbodenmatte

Altersgruppe: ab 3

Organisationshilfe:

– darauf achten, daß kein Kind vor der Matte steht

– mit der glatten Seite auf den Boden fallen (größerer Knalleffekt!)

– gut als Stundenabschluß geeignet

Variationen:

– sofort wieder aufstehen, dann die Matte gemeinsam aufrichten und erneut gemeinsam umwerfen. Auf diese Weise kann man sich durch die ganze Halle fortbewegen (Ausdaueraspekt).

Querverweise: – „Mattenathletik" (A 15)

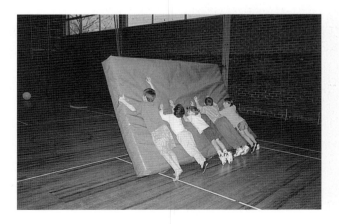

S 16	✔ **Grobmotorik** Feinmotorik Gleichgewicht Konzentration	Entspannung ✔ **Wahrnehmung** Reaktion Ausdauer	Denken und Bewegen ● **Sozialverhalten**

Marionette

Eine Teilnehmerin liegt auf der Weichbodenmatte und hält die heruntergelassenen Ringe in den Händen. Der Spielleiter kann diese nun wie eine Marionette hochziehen, wieder hinlegen, zappeln lassen usw...

Gruppengröße: jeweils 1 Kind

Material:

- Weichbodenmatte
- Turnringe

Altersgruppe: 5-10

Organisationshilfen:

- da immer nur einer Marionette sein kann, sollten die anderen in einem anderen Teil der Halle beschäftigt werden

Variationen:

- in eine Bewegungsgeschichte mit verschiedenen Stationen aufbauen, um Wartezeiten zu vermeiden

Querverweise:

- „Vertrauenskreis" (S 6)
- „Baumstammflößen" (S 13)

Grobmotorik	Entspannung	Denken und	
Feinmotorik	✔ **Wahrnehmung**	Bewegen	**S 17**
Gleichgewicht	✔ **Reaktion**	● **Sozialverhalten**	
Konzentration	Ausdauer		

Haifisch

Die Teilnehmer sitzen auf dem Boden und halten einen Fallschirm oder ein Riesenschwungtuch so, daß die Beine bis zu den Hüften unter dem Fallschirm versteckt sind. Ein „Haifisch" ist unter dem Fallschirm. Alle machen große Wellen, so daß sie nicht sehen, wo sich der „Haifisch" befindet. Dieser fängt nach und nach die am Rand Sitzenden, die mit einem großen Schreckensschrei ins „Meer" gezogen werden und sofort auch zu gierigen „Haien" werden, bis alle unter dem Tuch sind.

Gruppengröße: 10-25

Material:

– Fallschirm oder Riesenschwungtuch

Altersgruppe: ab 6

Organisationshilfen:

– bei Kindern darauf achten, daß die „Opfer" nicht an den Beinen unter das Tuch gezogen werden, da sie sonst auf den Hinterkopf fallen könnten; hier reicht ein kurzes Zwicken in den Fuß

Variationen:

– der „Hai" setzt sich wieder an den Rand, wenn er ein Opfer gefangen hat, das Opfer ist neuer „Hai"

Querverweise:

– „Katz und Maus" (S 20)

	✔ **Grobmotorik**	Entspannung	Denken und
S 18	Feinmotorik	Wahrnehmung	Bewegen
	Gleichgewicht	✔ **Reaktion**	● **Sozialverhalten**
	Konzentration	✔ **Ausdauer**	

Möhrenziehen

Die Mitspielerinnen liegen auf dem Bauch am Boden und halten sich an den Händen (das sind die „Möhren"). Ein Mitspieler (der „Gärtner") versucht, eine „Möhre" aus dem Boden zu ziehen (an den Füßen von den anderen wegziehen). Die Mitspielerinnen versuchen, dies durch Festhalten zu verhindern. Ist die „Möhre" ausgemacht, wechseln sie und der „Gärtner" die Rollen.

Gruppengröße: ab 5

Material: –

Altersgruppe: ab 7

Organisationshilfen:

– vor allem bei jüngeren Teilnehmerinnen darauf achten, daß sich die Festhaltenden nicht plötzlich loslassen

Variationen:

– die Teilnehmerinnen liegen mit geschlossenen Augen am Boden und der Gärtner versucht, in dem er möglichst leise umhergeht, die „Möhren" zu überraschen

Querverweise:

– „Vertrauenskreis" (S 6)

– „Hussa" (A 4)

✔ Grobmotorik	Entspannung	✔ Denken und	
Feinmotorik	Wahrnehmung	Bewegen	S 19
Gleichgewicht	Reaktion	• Sozialverhalten	
Konzentration	Ausdauer		

Hängematte

Eine Hälfte der Gruppe steht sich paarweise gegenüber. Die Paare halten zwei Sprungseilchen in den Händen. Die andere Hälfte steht an der Querseite der gespannten Seilchen. Die Mitspielerinnen halten ebenfalls paarweise Seilchen in den Händen. Indem jeweils eine Partnerin wechselweise über und unter die gespannten Seilchen klettert, webt die Gruppe eine „Hängematte", auf der dann ein Teilnehmer getragen werden kann.

Gruppengröße: 10-20

Material:

– ein Sprungseilchen pro Person

Altersgruppe: ab 10 (in Eltern-Kind-Gruppen ab 2)

Organisationshilfen:

– darauf achten, daß die Maschen sehr eng gewebt werden

– bei jüngeren Kindern eine Weichbodenmatte unterlegen

Variationen:

– die Getragene steht

– alle Seilchen werden jeweils in der Mitte verknotet bzw. umeinandergelegt und an beiden Enden festgehalten; so entsteht ein „Spinnennetz"

Querverweise:

– „Irrgarten" (GM 5)

S 20	Grobmotorik Feinmotorik Gleichgewicht Konzentration	Entspannung ✔ **Wahrnehmung** ✔ **Reaktion** Ausdauer	Denken und Bewegen ● **Sozialverhalten**

Katz und Maus

Die Mitspielerinnen knien oder sitzen im Kreis und halten einen Fallschirm oder ein Schwungtuch gespannt. Eine Mitspielerin (die Maus) ist unter, eine andere (die Katze) auf dem Schwungtuch. Die Katze versucht, auf allen vieren die Maus zu fangen. Diese macht sich ganz klein und darf, ebenfalls auf allen vieren, überall hin entwischen. Die Mitspielerinnen helfen der Maus, indem sie große Wellen machen, so daß die Katze die Stelle, wo die Maus sich befindet, nicht oder kaum erkennen kann. Wenn die Katze die Maus fängt, ist der Durchgang zu Ende.

Gruppengröße: mindestens 10

Material:

– ein großes Schwungtuch oder ein Fallschirm

Altersgruppe: ab 6

Organisationshilfen:

– da das Spiel erfahrungsgemäß sehr gerne und lange gespielt wird, empfiehlt sich der Einsatz von Knieschonern

Variationen:

– mehrere Mäuse und Katzen

Querverweise:

– „Haifisch" (S 17)

4.
Mit und ohne Gerät?
.... in jedem Fall Psychomotorik !

- Alltagsmaterial
- Standardgeräte
- Psychomotorische Übungsgeräte

4.1 Psychomotorik mit Alltagsmaterialien

Der sechsjährige Julian balanciert mit einem Zeitungshut auf dem Kopf über eine zuvor gebaute Straße aus Bierdeckeln. Veronika und David fordern ihn lautstark zu einem Besuch in ihrem Versteck, einem Haus aus Pappkartons, auf. Ein ungewöhnliches Bild zeigt sich dem Beobachter in der Turnhalle, in der sonst Bälle und Turngeräte die Handlungen bestimmen.

Kinder beziehen Alltagsmaterialien so selbstverständlich in ihre Spielwelt ein, daß dem Erwachsenen oft nur das Staunen bleibt. Im Kaufhaus wird die Plastiktüte zum Flugobjekt und der Einkaufswagen zum Auto oder Roller. Das Zeitungsblatt, das eben noch eine Insel war, ist wenig später ein Hut oder ein Fernrohr. Welchem Vater stehen nicht die Schweißperlen auf der Stirn, wenn seine Kinder ihre ersten Erfahrungen mit Papas liebstem Werkzeug, dem Zollstock machen. Viel zu häufig wird der Erkundungsdrang der Kleinen von den „vernünftigen" Großen gebremst, die ja schon wissen, daß eine Zeitung zum Lesen da ist. Erfahren diese Großen bei anderer Gelegenheit die Möglichkeiten des Spiels mit Alltagsmaterialien, werden sie selbst häufig zu Kindern.

Zu einer ungewohnten Nutzung von Materialien des täglichen Gebrauchs sind der Phantasie keine Grenzen gesetzt, wenn man sich über Gewohnheiten hinwegzusetzen lernt. Für kreatives Spiel entstehen weitaus größere Freiräume, als beim Umgang mit Standardgeräten, da diese allzuoft mit normierten Bewegungen in Verbindung gebracht werden. Kaum ist ein Ball verfügbar, wird schnell Handball, Fußball oder Volleyball gespielt und sobald ein Gymnastikreifen vorhanden ist, wird nicht selten ein „Hula-Hupp" probiert.

Alltagsmaterialien ermöglichen neue Erfahrungen, da es keine feste Zuordnung dieser Materialien zu bestimmten Spielen und Bewegungen gibt. Damit erfolgt ein breiterer Zugang zu dem Material, das ja in diesem Zusammenhang entfremdet Verwendung findet und neu entdeckt werden will. Ein Haus aus Bierdeckeln läßt sich problemlos zu Buchstaben umformen und ein Zeitungsstab kann in Sekunden in einen „Schneeball" verwandelt werden. Hier wird die grundlegende Erfahrung gemacht, daß ein Material dem eigenen Spielbedürfnis angepaßt wird und Spielregeln selbständig gefunden und verändert werden dürfen. Der Entwicklung eigener Spielideen wird auch hier grundsätzlich Vorrang vor der Umsetzung vorgegebener Ideen gegeben. Nicht ein bestimmtes Produkt, wie z.B. ein vom Übungsleiter geplante Übung oder Spielform, steht im Vordergrund, sondern der Prozeßcharakter des Spiels.

Vielfältige Erfahrungen im Umgang mit unterschiedlichen Materialien zu ermöglichen, ist eine wesentliches Ziel psychomotorischen Arbeitens. Diese Zielsetzung erfordert ein methodisches Vorgehen, das Freiräume für eigenes Entdecken und Handeln schafft. Bei einer offenen Aufgabenstellung, wie z.B. „versucht euch mit den Teppichfliesen fortzubewegen", werden mehr Lösungsmöglichkeiten eröffnet, als bei einer geschlossenen Aufgabe, wie z.B. „versucht alle mit den Teppichfliesen Roller zu fahren".

Mit der Auswahl der Materialien werden gezielte Vorgaben verknüpft, so erfordert der Umgang mit einer dünnen Malerfolie eine dosierte Bewegungsanpassung, um das Material nicht direkt zu zerreißen. Auch lassen sich thematische Anregungen geben, wie der Bau von Gleichgewichtsgeräten (z.B. Dosenstelzen) oder Musik- und Rhythmusinstrumenten (z.B. Kronkorkenrasseln).

Alltagsmaterialien sind auch für außergewöhnliche Vorhaben eine Bereicherung. So hat der Bau eines Trampolins aus LKW-Reifen und Schläuchen oder eines Riesenschwungtuches aus Zeitungen schon auf manchem Spielfest oder in Projektwochen für Freude gesorgt.

Ein großer Vorteil ist, daß der Ideenfluß zwischen der Psychomotorikstunde und dem alltäglichen Spiel beim Umgang mit Alltagsmaterialien sehr hoch sein kann, denn in fast jeder Wohnung finden sich Wäscheklammern, Decken, Eierkartons, ... die eine Fortsetzung des Spiels ermöglichen. Dem Ziel der Psychomotorik, Anstöße für Entwicklung der Bewegung und Wahrnehmung zu geben, wird hierdurch besonders effizient Rechnung getragen.

Auch ist eine Verknüpfung mit anderen pädagogischen Aspekten wie z.B. der Umwelterziehung denkbar, wenn z.B. ein Mülleimer geleert wird, die Kinder die Materialien sortieren und die Flugeigenschaften oder die Klangmöglichkeiten der Wegwerfprodukte erproben.

Alltagsmaterialien können jede Bewegungsstunde mit Kindern oder Erwachsenen bereichern und ungewöhnliche Spiel und Bewegungserfahrungen eröffnen. Ohne finanziellen Aufwand läßt sich so Psychomotorik an jeden Ort tragen. Alltagsmaterialien ersetzen keine Standardgeräte und sind auch kein Ersatz für psychomotorische Übungsgeräte, sie sind jedoch genausowenig aus dem psychomotorischen Angebot wegzudenken. Der weitläufigen Meinung, Psychomotorik sei ein Konzept, das an spezifische Materialien und Geräte wie z.B. Rollbretter oder Schleuderhörner gebunden ist, sei hiermit deutlich widersprochen.

Auch eine umfangreiche Praxissammlung kann den Umgang mit Alltagsmaterialien nie vollständig aufzeigen, denn selbstverständlich lassen sich beim Experimentieren mit Naturmaterialien (z.B. Kastanien, Muscheln,...), Wegwerfprodukten (z.B. Zeitungen, Joghurtbecher,...) oder Gegenständen des alltäglichen Gebrauchs (z.B. Bierdeckel, Zollstöcke,...) viele andere Verwendungsmöglichkeiten finden. Die dargestellten Spielideen sollen eine Starthilfe zu weiteren, mutigen Versuchen im Umgang mit Alltagsmaterialien sein.

Wäscheklammern

- Wäscheklammerklau (vgl. A 20).
- Zwei Partner befestigen mit Wäscheklammern ein Tuch zwischen sich und bewegen sich fort.

Variation: Verschiedene Fortbewegungsformen (gehen, hüpfen, laufen) auch über Hindernisse.

Variation: Die Paare fangen sich gegenseitig.

- Einen Reifen aus Klammern bauen und diesen transportieren.
- Figuren, Zahlen, Buchstaben legen.
- Einen Turm oder Baum bauen und weiterreichen.
- Spiele, die die verschiedenen Farben berücksichtigen (z.B. die Roten fangen die Gelben).
- Gegenstände mit den Klammern aufheben (z.B. Wollfäden als Spaghetti, Knöpfe als Münzen,...).

Zeitungen

- Die Mitspieler verteilen sich im Raum und erproben das Material, z.B. flattern und fliegen lassen.
- Zeitung klebt durch die Laufgeschwindigkeit am Körper (Laufformen vorwärts, seitwärts, rückwärts).
- Zeitungstransport auf der flachen Hand, auf dem Kopf, auf dem Fuß.

  Variation: Dabei Hindernisse überqueren (z.B. Gräben aus Seilchen, Weichbodenmatte).

  Variation: Verfolgungslauf, Staffelspiele.

- Seitliches Umsetzen: Jeder Mitspieler bewegt sich durch seitliches Umsetzen von Zeitungen von einem Punkt zum anderen. Die Zeitungen werden aneinander gelegt und dürfen nicht verlassen werden.

  Variation: paarweise.

- Eisschollen und Pinguine: Die Zeitungsblätter werden in der Halle verteilt und sind die Eisschollen. Die Teilnehmer sind die Pinguine, die immer wenn der Dampfer tutet (akustisches

Signal) oder sie seine Fahne sehen (optisches Zeichen) zu ihren Schollen zurückkommen. Während die Pinguine auf der Eisscholle sind schmelzen diese auf die halbe Größe. Ein Pinguin macht ein Kunststück (z.B. Einbeinstand, Hampelmann,...) und ein dazu passendes Geräusch, das von den anderen nachgeahmt wird.

- Ballspiele (Halte dein Feld frei, Schneeballschlacht und andere Zielspiele, Jonglieren).
- Hüte, Schiffe oder Hemden (vgl. K 15) basteln.
- Ein Schwungtuch aus Zeitungen und Klebeband herstellen.
- Jemanden mit Zeitungen zudecken.
- Einen Stab rollen und damit kleine Softbälle oder Luftballons transportieren.
- Zeitungstanz: Nach einer Musik wird paarweise auf einer Zeitung getanzt. Nach einem Musikstop wird die Zeitung auf die Hälfte verkleinert, ohne sie zu verlassen. Vorgang mehrmals wiederholen, evt. bis die Partner sich gegenseitig tragen müssen.
- Modenschau: sich mit Zeitungen gegenseitig verkleiden und eine Modenschau vorführen (siehe auch Fotos auf S. 277).

Eierschachteln

- Türme und andere Hindernisse bauen und diese überspringen oder umlaufen.
- Eine oder mehrere Eierschachteln auf dem Kopf, den Händen, dem Rücken transportieren.

Variation: über Hindernisse (Bänke, Mattenberge, ...).

Variation: paarweise zwischen den Schultern, Becken, Köpfen, ...

- Einen Finger in die Vertiefung stecken und die Eierschachteln kreiseln lassen.
- Auf den beiden Zeigefingern balancieren und weitergeben.
- Kleine Kinder können vorsichtig auf den Schachteln gehen.
- Als Kegel, die mit leichten Bällen umgeworfen werden.
- Als Schläger für ein Softballtennisspiel.
- Ein Quadrat mit aufgeklappten Eierschachteln auslegen. Die in der Mitte liegende Eierschachtel (evt. auch die angrenzenden) wird farbig markiert. Ziel ist nun einen Tischtennisball oder kleinen Softball so zu werfen, daß er auf der bunten Schachtel liegen bleibt.

Bierdeckel

- Werfen: auf ein Ziel (Reifen, Eimer, kl. umgedrehter Kasten). Hochwerfen und fangen. Einfache Figuren werfen. So werfen, daß „Inseln" entstehen, die eine vorgegebene Strecke markieren.

- Balancieren über Bierdeckelstraßen, gelegte Buchstaben oder Figuren.

- Bierdeckel auf ein Körperteil legen und dann gehen (evt. über Hindernisse), sich hinsetzen, kriechen, hüpfen,...

- Jemanden mit Bierdeckeln zudecken.

- Möglichst viele Deckel an einer Person „verkleben" (auf Kopf, Arme, Füße,...legen), die sich dann fortbewegt.

- Kartenhäuser bauen.

- Bierdeckel unter Füße und Hände und dann fortbewegen.

- Ein Bild legen und raten lassen (Montagsmaler).

- Bierdeckel ihrer Form nach ordnen (unter einem Tuch oder mit verbunden Augen).

Pappteller

- Nutzungsbeispiele mit Zeitungen und Bierdeckeln lassen sich übertragen:
  z.B. als Insel, jemanden zudecken, „verkleben",...

- Als Frisbee.

- Maske daraufmalen und ausschneiden.

- Pappteller und T.T.-Ball: Ball kreisen lassen, Hochspielen und Auffangen, Ping-Pong-Spiele.

Teppichfliesen

- Zunächst kann das Material ertastet werden, denn Ober- und Unterseite fühlen sich unterschiedlich an.
- Liegt die gummierte Seite unten, rutschen die Fliesen nicht und sie können als Markierungen genutzt werden (z.B. die „Inseln" umlaufen und sich auf ein Zeichen auf Teppichfliesen einer bestimmten Farbe treffen oder von Insel zu Insel hüpfen).
- Offene Aufgabenstellung: Bewege dich mit Hilfe der Teppichfliesen fort. Mögliche Lösungen:

  Wischen: Fortbewegung mit Hilfe der Hände auf den Teppichfliesen.

  Rollerfahren: Ein Fuß steht auf einer rutschenden Teppichfliese mit dem anderen wird Schwung gegeben.

  Skifahren: Fortbewegung mit beiden Füßen auf Teppichfliesen im Schlittschuhschritt.

  Fersensitz auf der Teppichfliese und die Hände und Füße geben Schwung.

  Ein Partner liegt mit dem Rücken auf einer Teppichfliese und wird von einem anderen an den Beinen festgehalten und gezogen (mit Jugendlichen und Erwachsenen auch im Sitzen).

- Einzelne Buchstaben legen und diese nachgehen.
- Mit einer Teppichfliese einen Ball hochwerfen und wieder auffangen.

Plastikfolie

- Die Plastikfolien gibt es in unterschiedlicher Größe und Stärke, deshalb müssen beim Kauf die Voraussetzungen der Gruppe und das Vorhaben berücksichtigt werden. Da durch die Folien in der Regel neuer Abfall entsteht, sollten sie sparsam eingesetzt werden.
- In Kreisaufstellung die Folie gespannt halten und durch Auf- und Abwärtsbewegungen Wellen erzeugen (Vgl. dazu W 10).
- Unterlaufen der Folie nach bestimmten Anweisungen, z.B. alle, die rote Hosen tragen oder alle, die gern Schokolade essen ....

- Mit der Folie auf dem Boden Wellen erzeugen und Tischtennisbälle darauf wandern und hüpfen lassen.
- Hinter der gespannten Folie etwas darstellen (Verfremdungseffekt).
- Durch die gespannte Folie auf eine Weichmatte hechten und sie dabei zerfetzen.

Zollstöcke

- Den Zollstock auseinanderklappen und sich messen.
- Auf dem Zollstock balancieren.
- Über den Zollstock seitwärts hin- und herspringen.
- Hinkekästchen spielen.
- Den Zollstock auf der Hand, dem Kopf, einem Finger,... balancieren.

- Eine Zollstockbahn legen und Bälle hindurchrollen.
- Zahlen, Buchstaben, Figuren oder Bilder (großes Haus, Mensch,..) legen.
- Zelte bauen, durchkrabbeln oder mit Rollbrettern durchfahren (vgl. D 13).
- Zu einem Stern formen und drehen (besonders toll, wenn so Tischtennisbälle hin- und hergeschossen werden; vgl. FM 10).
- Zollstock zum Kreis formen und Enden mit Klebeband verbinden, so daß ein Reifen entsteht (Reifen drehen, rollen, ...).
- Mit einem Magnet am Ende kleine Gegenstände angeln.

Stühle

- Verschiedene Formen des Sitzens, Hockens, Kniens,...
- Nur die angegebenen Körperteile berühren den Stuhl bzw. den Boden, wie z.B. ein Fuß am Boden und einer auf dem Stuhl.
- Bewegungen ausprobieren, wie z.B. mit den Füßen winken, auf dem Bauch liegend den Nachbarn berühren.
- Mit Hilfe über die Lehne steigen oder springen.
- Stühle im Kreis aufstellen und in Kreisrichtung gehen, aneinander vorbeigehen,...
- Stühle eng zusammenstellen und kreuz und quer gehen, zum eigenen Stuhl zurückkehren.
- Aus Stühlen und Decken/Tüchern einen Tunnel, eine Höhle oder ein Labyrinth bauen.
- Paarweise auf einem Stuhl sitzen, stehen oder gemeinsam eine Statue bilden.
- Sich zwischen den Stühlen Bälle, Reissäckchen u.ä. weitergeben oder zuwerfen.

Trampolinbau aus LKW-Reifen und Schläuchen

Die Schläuche werden in ca. 3-4 cm breite Streifen geschnitten, wobei keine Einschnitte entstehen sollten, da die Streifen an dieser Stelle sonst schnell reißen. Die Streifen werden fest um den Reifen gespannt und an der Unterseite verknotet. Sind sie in einer Richtung stramm verspannt, werden die weiteren damit verflochten (dabei wird abwechselnd oben und unten begonnen) und ebenfalls an der Unterseite verknotet.

Das Trampolin sollte regelmäßig kontrolliert werden und gerissene Streifen sind zu ersetzen. Es empfiehlt sich, das Trampolin mit Matten abzusichern oder in einem Sandkasten bzw. auf einer Wiese aufzustellen.

Bau einer Fühlwand

Aus verschieden Materialien des alltäglichen Gebrauches wie z.B. verschieden Bürsten (Zahnbürsten, Schuhbürsten, Klobürsten,...), Stoffe, Leder,... wird eine Fühlwand hergestellt. Auch kann zuvor ein Motiv (Gesicht,

Tier, Form,...) überlegt werden, das in der Fühlwand wiedererkannt werden soll (vgl. D 15).

Bau von Musikinstrumenten

- Kronkorkenrassel: Kronkorken werden durchbohrt und auf einen Draht gezogen.
- Flaschophon: Flaschen mit unterschiedlich viel Wasser gefüllt, aufgehängt und mit Stäben oder Steinchen Klänge erzeugen.
- Rasseln: aus Dosen mit unterschiedlichem Inhalt.
- Horn: gedrehter Schlauch mit Trichtern.

Literatur:

Balster, K.: „Müll" für Sportgelegenheiten?, in: Praxis der Psychomotorik 16(1991)3, 169-170

Beins, H.J.: Das große, kecke Zeitungsblatt – Alltagsmaterialien in der psychomotorischen Entwicklungsförderung, in: Praxis der Psychomotorik 18(1993)1, 46-50

Jansen, U.: Bewegen und Spielen mit dem Alltagsobjekt Partyteller", in: Praxis der Psychomotorik 16(1991)3, 149-155

Miedzinski, K.: Erlebnispädagogik in Südamerika, Lüneburg 1991

Zimmer, R. / Circus, H.: Psychomotorik, Schorndorf 1993

4.2 Psychomotorik mit Standardgeräten

Der Blick in den Geräteraum einer Normalturnhalle kann den Interessierten in echtes Erstaunen versetzen. Nicht selten offenbaren sich Barren, Pferde, Kästen usw. in verblüffend großer Zahl, während die Suche nach Reifen, Seilchen oder gar psychomotorischen Übungsgeräten erfolglos bleibt. Wird die Turnhalle nicht zufällig von einer eifrigen Turngruppe genutzt und zudem nicht von einer in die Tiefen des Geräteraumes vordringenden „Kolonne" geputzt, gehören die schweren Eisenfüße der Barren nicht selten den Spinnen und ihrer Garnkunst.

Grundsätzlich ist Psychomotorik an jedem Ort mit oder ohne Geräte, mit oder ohne psychomotorische Spezialgeräte möglich. Vielfach herrscht die Ansicht vor, ohne psychomotorische Übungsgeräte wäre eine Förderung nicht durchführbar. Sicherlich, die eigens für die Psychomotorik erdachten und konstruierten Geräte beleben das Geschehen und sind unverzichtbar, doch sollten die in jeder Normalturnhalle vorzufindenden Geräte nicht außer acht gelassen werden.

Wem kommen bei dem Gedanken an Großgeräte im Sportunterricht nicht schlechte Erinnerungen? Jedoch lassen sich Kästen, Barren, Reck und Bock unter einem veränderten Blickwinkel betrachtet, hervorragend in unser Förderangebot integrieren. Sie bieten sogar gerade gegenüber den psychomotorischen Spezialgeräten eine Reihe von Vorteilen:

* Der Transport in die Turnhalle entfällt. Sie stehen unmittelbar zur Verfügung. In der psychomotorischen Praxis sind oft an einem Tag mehrere Hallen/Schulen anzufahren. Jede Übungsleiterin kennt es aus der Praxis, wie mühsam oft das Schleppen von Rollbrettern, Varussels, Pedalos oder ähnlichem von einem Veranstaltungsort zum anderen ist.

* Gerade bei Kindern im Schulalter lassen sich Großgeräte besonders gut unter psychomotorischen Aspekten einsetzen. Die Kinder kennen diese Geräte aus dem Sportunterricht und haben zum Teil nicht gerade die schönsten Erfahrungen mit diesen gesammelt (man denke nur an „mißlungene" Sprünge über den Kasten oder den Bock – und die ganze Klasse sieht zu!). Stellt man aber aus vielen Großgeräten eine Bewegungslandschaft zusammen, an der die einzelnen Kinder unbeobachtet von den anderen – sie sind ja ebenfalls beschäftigt – in Ruhe und mit selbstbestimmter Festsetzung des Niveaus mit den Geräten vertraut werden können, wird so die Angst reduziert und über diese Materialerfahrung Selbstbewußtsein aufgebaut. Wenn Großgeräte auch noch verfremdet eingesetzt werden (im Sportunterricht eigentlich undenkbar) – wie wackelnde oder umgedrehte Böcke – oder wenn das Arrangement von den Kindern selbst verändert werden kann, wird dieser Effekt sicherlich noch gesteigert.

* Nicht zuletzt lassen sich die Standardgeräte in vielfacher Weise hervorragend mit den psychomotorischen Übungsgeräten kombinieren. Man denke nur daran, wie gerne Kinder aus Turnmatten und Weichböden riesige Tunnelsysteme bauen, durch die sie auf Rollbrettern fahren können. Selbstverständlich können dabei die Schleuderhörner als Telefonverbindung von innen nach außen und umgekehrt genutzt werden.

Die Schwierigkeiten, die sich beim Einsatz von Standard- bzw. Großgeräten ergeben, dürfen nicht übersehen werden, sollten jedoch nicht zu einem Einsatzverzicht führen. Es ist nicht von der Hand zu weisen, daß – zumal bei alten Geräten – der Aufbau langwierig ist, die Geräte häufig sehr schwer sind und oftmals aus Sicherheitsgründen nur der Übungsleiter selbst diese Geräte aufbauen darf. Günstig wirkt sich hier aus, wenn die aufgebauten Geräte über mehrere (Gruppen-)Stunden stehen bleiben können, so daß jede Gruppe an der Bewegungslandschaft weiterbauen kann.

In unserer Spiele- und Übungssammlung finden sich zahlreiche Anregungen für den Einsatz von Standard/Großgeräten. Anhand der bekanntesten Geräte wollen wir im folgenden einige Beispiele gesondert hervorheben:

Weichbodenmatten

- Gemeinsames Tragen, Werfen und Umdrehen (vgl. A 15).

- Matte als labiler Untergrund zum Thema „Führen und Geführt-Werden" (vgl. W 1) oder bei „Kleinen Kämpfchen" (S 9).

- Gemeinsam um die stehende Matte herumlaufen und eine Hand dagegenhalten, damit sie nicht umfällt (vgl. A 15).

- Die Weichbodenmatte als „Rutschgerät" benutzen (die Mitspieler springen gleichzeitig in Bauchlage auf die Matte).

- Medizinbälle unterlegen: „Wackelboden" oder „Rodeo" (vgl. G 10).

- Mit Seilchen an den Ringen befestigen: „Riesenschaukel" (vgl. E 19).

- Zwei Weichböden mit Seilchen in den Schlaufen zu einer „Riesentonne" verknoten (vgl. G 9).

- Eine Weichbodenmatte an der Sprossenwand befestigen: „Steilwand" (vgl. GM 16).

Turnkästen

- Als Tunnel oder Versteck in eine Bewegungsbaustelle integrierbar z.B. durch Flachlegen der Kastenteile.
- Kastenoberteile mit darunterliegenden Medizinbällen als „Schwabbelsteg" (vgl. G 11).
- Unter ein Kastenoberteil Gymnastikstäbe legen; dann laufend die Gymnastikstäbe von hinten nach vorne legen und so das Kastenoberteil weiterrollen lassen (vgl. A 12).
- „Seenot": Alle müssen sich mit Hilfe der Taue von einem Kasten zum anderen „hinüberretten" (vgl. GM 20).
- Ein umgedrehtes Kastenoberteil liegt auf zwei Rollbrettern als „Eisenbahn" oder mit einer eingeklemmten Gymnastikmatte als „Postkutsche".

Böcke/Pferde

- Hintereinanderstehende, verschieden hohe Böcke und Pferde überklettern; dann das Überklettern erschweren, durch Verkürzen jeweils eines Beines oder durch Aufstellen auf einen weicheren Untergrund („Wakkelbahn").
- Als Halterung für einen Mattentunnel.

Barren/Reck

- Mit Hilfe von Seilchen „Hängebrücke" bauen (vgl. GM 8).
- Zwischen zwei Barren oder Barren und Reck eine Turnbank einhängen, so wird eine „Brücke" in eine Gerätebahn oder Bewegungslandschaft gebaut.
- Zwischen zwei Barren möglichst viele Seilchen verknoten und so einen „Irrgarten" bauen, der durchklettert werden kann (vgl. GM 5).
- Als sicheres Standgerät zum Verknoten von Balancetauen oder Einhängen von Rutschen, Bänken oder Kletterleitern.

Ringe

- Aufhängungsmöglichkeit für Mattenschaukel (vgl. E 19) oder Flugschaukel (mit Gurten).

- Aufhängungsmöglichkeit für Turnbänke, wobei diese durch Seilchen fixiert werden.
- Kleinere Kinder können sich in die Ringe setzen. Sie werden geschaukelt und hochgezogen.
- Gute Befestigungsmöglichkeit für ein schnell und einfach zu bauendes Zelt mit Hilfe eines Schwungtuchs oder Fallschirms.

Kleine Kästen

- Hintereinandergestellt mit unterschiedlichen Abständen als „Steine in einem Bach", der überquert werden soll.
- Zusätzlich Kegel auf die Kästen stellen, die nicht umfallen dürfen (vgl. GM 8).
- Umgedrehte Kästen als Wurfziele.
- Hochkant gestellte Kästen als Versteck.
- Umgedrehter Kasten auf einem Rollbrett als „Auto".

Turnbänke

- Mehrere Kinder sollen aneinander vorbeikommen ohne herunterzufallen (vgl. S 8).
- Gymnastikstäbe unter eine umgedrehte Bank legen und darüber balancieren (vgl. G 1).
- Eine umgedrehte Bank auf einem kleinen Kasten als „Wippe" oder „Kipp-Balance-Hindernis" (vgl. G 1).
- Eine umgedrehte Bank auf zwei Rollbrettern als „Bus".
- Als Partnerübung versuchen, sich einen Ball über die Bank von einem Ende zum andern zuzurollen, ohne daß er herunterfällt.
- Eine umgedrehte Bank mit einem Ende auf eine Karusselscheibe legen (dazwischen eine rutschfeste Unterlage) und mit dem anderen Ende auf ein Rollbrett: „Riesenkarussell".
- Zwei eingehängte Turnbänke als Beschleunigungseinrichtung für Bälle, die über eine selbstgestaltete Ballbahn (z.B. mit Tunneln oder Hindernissen) rollen sollen (vgl. D 20).

Taue

- Zwei Taue zusammenknoten und als „Schaukel" benutzen.
- Zwei Taue zusammenknoten und eine Bank einhängen; dann kann man hochgehen oder -krabbeln und in die Weichbodenmatte springen.
- „Schwebebrücke": Bank vorne und hinten in jeweils zwei zusammengeknotete Taue einhängen.
- Bank unter die Taue stellen und die Taue zum Schwingen bringen; dann versuchen, über die Bank zu gehen, ohne ein Tau zu berühren (W 12).
- Als Beschleunigungshilfe beim Rollbrettfahren (GM 10).
- Mit geschlossenen Augen in einem Reifen stehen; das Tau loslassen und versuchen, es im richtigen Moment wieder zu ergreifen. Als Variation: Das Tau mit einem Reifen fangen.
- Zielkegeln: Auf eine entsprechende Erhöhung werden verschiedene Bälle gelegt, die durch ein schwingendes Tau heruntergekegelt werden sollen.

Turnmatten

- Aus Reifen und Matten eine „Reifenschaukel" bauen (vgl. G 9), die ausbaubar ist durch Ineinanderlegen mehrerer Reifenschaukeln zu einem „Schaukelschiff" (immer die Reifen doppelt nehmen; nur Holzreifen verwenden!).
- „Mattenrolle": Zwei Matten – eine oben, eine unten – in Reifen klemmen (vgl. G 9).
- Eine Reifenschaukel in die Ringe hängen. Zusätzlich kann man die Schaukel mit einem Schwungtuch abdecken.

- Tunnelbau durch Einklemmen der Matten zwischen zwei Bänken oder einer Bank und der Wand.
- „Mattenberg" (vgl. G 12).
- „Mutsprung": Bei jüngeren oder ängstlichen Kindern ist durch ein Aufeinanderlegen der Turnmatten ein in der Höhe selbst wählbarer, bei nur allmählich sich steigernder Schwierigkeit vollziehbarer „Mutsprung" von den Matten – auf die Matten möglich.

Standard-Kleingeräte

Zu den in jeder normal ausgestatteten Turnhalle befindlichen Kleingeräten wie Seilchen, Reifen, Bälle, Medizinbälle, Gymnastikstäbe und Keulen finden sich in den angeführten Spiel- und Übungsvorschlägen zahlreiche Beispiele, so daß an dieser Stelle eine weitere Auflistung entfallen kann.

Brinkmann, A./Treeß, U.: Bewegungsspiele. Reinbek 1980

Schraag, M./Jansen, W. u.a.: Geräte und Materialien in der Bewegungserziehung. Schorndorf 1991

Trebels, A.H. (Hrsg.): Spielen und Bewegen an Geräten. Reinbek 1983

4.3 Psychomotorische Übungsgeräte

Eine Voraussetzung für die Umsetzung der Ziele der Psychomotorik ist, dem Kind/Teilnehmer ein großes und vielfältiges Materialangebot zum (Bewegungs-)Dialog zur Verfügung zu stellen. Die speziellen psychomotorischen Übungsgeräte tragen dem in besonderer Weise Rechnung. Von ihnen gehen eine Fülle unterschiedlicher Reize (visuelle, akustische, taktile) aus, die, um mit den Worten KIPHARD's zu sprechen, unabhängig vom Alter „Eroberungsgelüste wecken" und eine Reihe von Bewegungsantworten provozieren.

Die Psychomotorik macht es sich also zur Aufgabe, ein großes, buntes und variationsreiches Material/Umweltangebot zu schaffen. „Insofern bestimmt das Übungsgeräteangebot als Entwicklungsreiz im weitesten Sinne den Grad und die Qualität der kindlichen Sinnes – und Bewegungserfahrung." (KIPHARD) Psychomotorische Übungsgeräte bieten Handlungsmöglichkeiten auf sehr breitem sowie differenzierbarem Niveau und verbinden diese mit selbstdosierbarem Risiko. Dabei verhindern z.B. weiche Materialien (wie Schaumstoff-Frisbees) die Entstehung von Ängsten oder helfen sogar beim Angstabbau.

Es ist nicht verwunderlich, daß seit Jahren die Bedeutung von speziellen psychomotorischen Übungsgeräten bekannt ist und ein Markt für diese Geräte entstand. Ideen von in der Praxis tätigen Psychomotorikern und vor allem auch von Kindern, führten zu einer breiten Palette. Einige Firmen haben sich ganz auf den Bau dieser Spezialgeräte konzentriert. Das Angebot wird ständig erweitert, differenziert und in Reflexion der Praxis verbessert. Neben Alltagsmaterialien und den Standardgeräten sind die psychomotorischen Übungsgeräte zu einem unverzichtbaren Bestandteil der psychomotorischen Praxis geworden.

Für das gesamte in der psychomotorischen Praxis eingesetzte Material – aber ganz besonders für diese Geräte – gelten folgende Anforderungen:

* Die Geräte sollen einen hohen Aufforderungscharakter besitzen. Dies wird unter anderem erreicht durch eine oft sehr farbenfrohe Gestaltung der Geräte und eine meist als sehr angenehm empfundene Berührungsqualität. Erwähnt seien hier nur die unterschiedlichen Bälle, Ballons, Seilchen oder Schwungtücher.

* Die Geräte sollen nicht nur eine oder zwei Übungen zulassen, sondern vielfältige Spiel- und Übungsmöglichkeiten in möglichst breiten Erfahrungsbereichen eröffnen. So kann man z.B. mit dem Schleuderhorn nicht nur Töne erzeugen, miteinander telefonieren, sondern auch noch eine lange Murmelbahn bauen oder seine eigenen Herztöne hören. Die schier

unendlichen Einsatzmöglichkeiten werden auch in den vorliegenden Beispielen deutlich. Der Suche nach neuen Übungen und Spielen darf eigentlich keine Grenze gesetzt sein.

* Im Zusammenhang zu den vorhergehenden Gedanken steht die Forderung, daß psychomotorische Übungsgeräte auf vielerlei Art und Weise miteinander und auch mit Standardgeräten kombinierbar sein sollen. Ein Blick in den psychomotorischen Alltag beweist eindrucksvoll, daß die meisten Geräte diese Forderung „spielerisch" erfüllen: Schleuderhorn und Frisbeescheibe als schwer zu balancierender „Regenschirm" oder ein aus Seilchen, Schleuderhörnern, Stab- und Reifenhaltern, Schwungtuch und vielem mehr gebauter „Irrgarten" sind nur zwei von unzähligen Beispielen.

Im folgenden stellen wir einige Spielmöglichkeiten mit den in der Regel am häufigsten eingesetzten Geräten vor:

Schleuderhorn

- Geräusche erzeugen durch Schwingen.
- Einer gibt den Ton vor, alle stimmen ein.
- Unterschiedliche Telefonleitungen bauen (vgl. K 6).
- Als Ring (mit einem Verbindungsstück aus Klebeband o.ä. hergestellt) rollen, werfen, drehen.
- Mit Hilfe von Gymnastikstäben Bogentore bauen.
- Darstellen von Tieren (Hörner, Rüssel, Geräusche).
- Als „Stab" für Objektgleichgewichtsspiele (vgl. G 17).
- Als Schläger für Luftballontennis (vgl. GM 19).
- Zusammengesetzt als „Murmelbahn" (vgl. S 5).
- Einen durch festgehaltene Schleuderhörner gebildeten Knoten lösen (vgl. K 17).

Schaumstoff-Frisbee

- Mit Partner oder in der Gruppe hin- und herwerfen.
- Als Hut aufsetzen und ohne festzuhalten die anderen Mitspielerinnen mit kräftigem Händeschütteln begrüßen. Dabei darf der Hut nicht herunterfallen.

- Ziele treffen oder wie „Wilhelm Tell" den Apfel (Frisbee-Scheibe) vom Kopf werfen.

- Sich gegenseitig abtreffen; das Duell: Im Laufen, auf einer Bank oder „klassisch" (Rücken an Rücken und dann auseinandergehen, umdrehen und werfen).
- Als nicht wegrutschende Laufmarkierung oder Anlaufpunkte benutzen.
- Als Fächer bei verschiedenen Entspannungsübungen.
- „Frisbee-Golf" (vgl. GM 4).
- Spiele, wie „Haltet das Feld frei".

Baumwolltuch

- Das Tuch schwingen oder schweben lassen.
- Im Lauf ohne Hilfe der Hände vor dem Körper halten.
- Als Augenbinde verwenden (vgl. W 1).
- Gegenstände mit dem Tuch zudecken und sie ertasten lassen.
- Ein Tuch zu zweit halten und einen Gymnastikball hochwerfen und wieder auffangen; zwei Paare können sich auch einen Ball mit Hilfe des Tuchs zuwerfen.
- Gegenstände auf das Tuch legen und das Tuch so vorsichtig ziehen, daß die Gegenstände nicht herunterfallen.

Schwungtuch/Fallschirm

- In der Gruppe schwingen und schweben lassen.
- Unter dem Tuch herlaufen (vgl. R 8).
- Bälle oder Luftballons auf dem Tuch tanzen lassen.
- Jemanden im Schwungtuch schaukeln.
- Unter dem Tuch entspannen und ausruhen.
- Tuch zum Zeltbau (an den Ringen) verwenden.
- „Haifisch" (vgl. S 17)
- „Katz und Maus" (vgl. S 20)
- Unter einem Schwungtuch liegt in der Mitte ein Rollbrett. Ein Teilnehmer steht auf dem Tuch bzw. Rollbrett und wird von den anderen durch die Halle gezogen. Droht er zu fallen, verhindert ein kräftiges Ziehen aller am Tuch, daß er auf den Boden fällt.

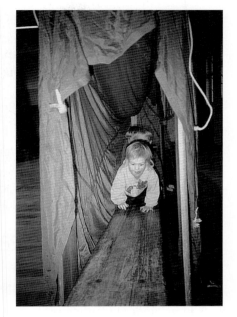

„Pezzibälle"

- Auf dem Ball in verschiedenen Körperpositionen balancieren.
- Den Ball partnerweise mit Hilfe verschiedener Körperteile transportieren.
- Über oder durch einen Hindernisparcours (evtl. mit geschlossenen oder verbundenen Augen) rollen.
- Mehrere Bälle werden durch die Halle gerollt; keiner darf die Bälle berühren (vgl. A 13).

Rollbrett

- Fortbewegen in verschiedenen Körperpositionen (stehend nur mit Hilfe!).
- Fahren durch eine Bewegungslandschaft mit Tunneln, Brücken, Garagen, Waschstraße usw.).
- Verkehrsspiele (mit kleinen Kästen, Kastenoberteilen, umgedrehten Bänken und Rollbrettern Fahrzeuge bauen; man kann sogar den „Flizzi-Führerschein" machen).
- Begegnungs- und Transportstaffeln.
- Fangspiele
- Mehrere Rollbretter unter einer Weichbodenmatte: „Rodeo"(vgl. G10), „Schlafwagen"(vgl. K 11).
- Fangspiele mit Rollbrettern: Z.B. „Klammerklau", indem jeweils zwei Partner Rücken an Rücken auf einem Rollbrett sitzen (vgl. A 20).

Pedalo (Einer-, Doppel-, Tandempedalo)

- Im Stehen mit und ohne Stützhilfe fahren.
- Über Unebenheiten (wie Gymnastikmatten) fahren.
- Gegenstände transportieren.
- Zu mehreren hinter- und nebeneinander fahren.
- Während der Fahrt Bälle hochheben, vielleicht sogar jonglieren.

Therapiekreisel

- Balanceübungen mit und ohne Provokationen.
- „Wattekreis" auf dem Kreisel (vgl. G 5).
- „Cobal" (vgl. D 19).

Flugschaukel

- In Ringe eingehängt kann der Schaukelnde versuchen, Bälle in oder auf ein Ziel zu werfen.
- Als Variation spielt sich der Schaukelnde mit einem stehenden Partner Bälle oder Luftballons zu.

Varussell

- Ohne fremde Hilfe in verschiedenen Körperlagen zum Drehen und Stoppen bringen; dabei Gegenstände aufnehmen (vgl. W 11).
- Mit Aufsatz zu zweit drehen.
- Jemanden in ein umgedrehtes Kastenoberteil auf das Varussell legen und vorsichtig drehen.
- Jemanden am Seilchen im Kreis herum ziehen (vgl. R 2).
- Kombination mit einem Rollbrett (vgl. G 12).

Hilfsmittel

Stab- und Reifenklammer/Stab- und Reifenhalter/Gurtsysteme zum Balancieren

- Mit Hilfe der Klammern und Stäbe eine Hindernisbahn oder einen „Irrgarten" bauen (vgl. GM 5); dieser kann noch teilweise mit einem Schwungtuch überdeckt werden.
- Mit Hilfe von Stäben und Reifen eine durch die Klammern verbundene „Rolle" bauen.

Kiphard, E.J.: Motopädagogik. Dortmund 1984

Sinnhuber, H.: Spielmaterial zur Entwicklungsförderung – von der Geburt bis zur Schulreife. Dortmund 1978

Zimmer, R./Cicurs, H.: Psychomotorik. Schorndorf 1993

5.
„Nachschlag"

5.1 Übungen und Spiele nach Wirkungsschwerpunkten

Der „verschluckte" Stock	GM1	27
Der verschwundene Ball	GM2	28
Kinkerlitzchen mit dem Luftballon	GM3	29
Frisbee-Golf	GM4	30
Irrgarten	GM5	31
Reifenstraße	GM6	32
Rollende Reifen	GM7	34
Mutige Schatzsucher	GM8	36
Fliegende Tücher	GM9	38
Rollbrettpendel	GM10	40
Weg da!	GM11	41
Flußüberquerung	GM12	42
Artistenball	GM13	43
Sprungteufel	GM14	45
Immer langsam!	GM15	47
Steilwand	GM16	49
Übersetzen	GM17	50
Berg und Tal	GM18	51
Luftballontennis	GM19	52
Seenot	GM20	53
Handschatten	FM1	57
Kinnmalerei	FM2	59
Neue Strümpfe	FM3	60
Auspackspiel	FM4	61
Fußtheater	FM5	62
Kartenhaus bauen	FM6	63
Goldfinger	FM7	64
Klammerturm	FM8	65
Ballkellner	FM9	66
Kreiselkegeln	FM10	67
Verdreht	FM11	68
Erbsengeschichte	FM12	69
Spielchen mit dem Japanball	FM13	70
Klickerbahn	FM14	71
Groschenroman	FM15	72
Groschenflipsen	FM16	73
Schnappschnabel	FM17	74
Wunderseil	FM18	76
Dirty Harry	FM19	77
Fußmalerei	FM20	79

Balanceakte auf der Turnbank	G1	83
Eisschollenspiel	G2	85
Seiltanz und Schaukelreck	G3	86
Schaufensterpuppen	G4	87
Wattekreis	G5	88
Eiertanz	G6	89
Leiterhüpfen	G7	90
Hängebrücke	G8	91
Reifenschaukel	G9	92
Rodeo	G10	94
Schwabbelsteg	G11	95
Mattenberg	G12	96
Karnevalsprinz	G13	97
Wagenrennen	G14	98
Schießbude	G15	99
Wackelkontakt	G16	100
Regenschirm	G17	101
Blindgänger	G18	102
Labil - Stabil	G19	103
Riesenrutsche	G20	104

Zauberreifen	K1	107
Fühlpost	K2	108
Drückeberger	K3	109
Handmalerei	K4	110
Regenmacher	K5	111
Das längste Telefon	K6	112
Komm in meinen Reifen	K7	113
Ball Gassi führen	K8	114
Spiegelbild	K9	115
Spaghetti finden	K10	116
Schlafwagen	K11	117
Reifenturm	K12	118
Riesenluftballon	K13	119
Ich höre was, was Du nicht hörst	K14	120
Das Hemd vom Kapitän	K15	121
Ein Ei gleicht dem anderen	K16	122
Verkabelt	K17	123
Ball auf leisen Sohlen	K18	124
Klingelball	K19	125
Einmauern	K20	126

Bärenruhe	E1	130
Eine Blume geht auf	E2	132
Alle für einen	E3	133
Beklop(f)t	E4	134
Tennisballmassage	E5	135
Pizza-Lutz	E6	136
Das Geschenk	E7	137
Clown-Gesicht	E8	138
Die Windmaschine	E9	139
gestern - heute - morgen	E10	140
Kreiselmatte	E11	141
Schüttelentspannung	E12	142
Gorilla und Schlappmann	E13	143
Zaubertrank	E14	144
Waschstraße	E15	146
Schwingungen	E16	147
Die liegende Acht	E17	148
Der Himmel dreht sich	E18	149
Riesenschaukel	E19	150
Ballgeschaukel	E20	151

Führen und geführt werden	W1	155
Fotograf und Kamera	W2	157
Erlebnisbahn	W3	159
Formen nachlegen	W4	161
Wesen erschaffen	W5	163
Schatzhüter	W6	164
Luftballonmoleküle	W7	166
Pfadfinder	W8	167
Lagebesprechung	W9	168
Halt den Ballon im Auge!	W10	169
Fische fangen	W11	170
Schwingende Taue	W12	171
Federleicht und bleischwer	W13	172
Der Kommissar	W14	173
Orgelpfeifen	W15	174
Haremsdame	W16	175
Mr. X	W17	176
Heulbojenspiel	W18	177
Alfa und Romeo	W19	178
Weg über den Bach	W20	179

Indianerspiel	R1	183
Dreh mich oder ich freß dich !	R2	184
Schattenlaufen	R3	185
Fechter	R4	186
Giftflasche	R5	187
Kitzelmonster	R6	188
Paß auf, Spitz	R7	189
Ortswechsel	R8	190
Mörderspiel	R9	191
Reaktionsball	R10	192
Butter, Eier, Käse, Milch	R11	193
Pustebällchen	R12	194
Schlangenspiel	R13	195
Versteinern	R14	196
Alle Vögel fliegen hoch	R15	197
Hausbesetzer	R16	198
Fuchs und Eichhörnchen	R17	199
Ball im Kreis	R18	200
Alle gegen einen	R19	201
Fangen wie die Feuerwehr	R20	202

Rollbrettrugby	A1	206
Hubschrauber	A2	207
Vom Storch und den Fröschen	A3	208
Hussa	A4	209
Tierfang und andere Fangspiele	A5	210
Begegnungsstaffel	A6	211
Riesentorlauf	A7	212
Haltet den Kreis frei	A8	213
Eisenbahnspiel	A9	214
Kreistauziehen	A10	215
Platznehmen	A11	216
Ägyptischer Transport	A12	217
Heißluftballon	A13	218
Reifendrehen	A14	219
Mattenathletik	A15	220
Halleputzen	A16	221
Knaller	A17	222
Die heiße Kartoffel	A18	223
Raubritter	A19	224
Klammerklau	A20	225

Irgendwas	D1	229
Mini-Golf	D2	230
Atomspiel	D3	231
Merk-Mal	D4	232
Geräte-Boccia	D5	233
Riesig	D6	234
Montagsmaler	D7	235
An der Nase herumführen	D8	236
Orientierungen	D9	238
Metamorphosen	D10	239
Bewegungswürfeln	D11	240
Karneval der Tiere	D12	241
Zollstockkonstrukteure	D13	242
Wo zwickt der Storch?	D14	243
Rauhaardackel	D15	244
Piratenschiff	D16	245
Schiffbruch	D17	246
Schatzräuber	D18	247
Cobal	D19	248
Kettenreaktion	D20	249
Autofahrer	S1	253
Luftpost	S2	254
Nachts im Dschungel	S3	255
Kranke Bälle	S4	256
Murmelbahn	S5	257
Vertrauenskreis	S6	258
Begrüßungen	S7	259
Begegnung auf der Bank	S8	260
Kleine Kämpfchen	S9	261
Kletten	S10	262
Ballmaschine	S11	263
Denkmal	S12	264
Baumstammflößen	S13	265
Wildgewordene Roboter	S14	266
Knallbonbon	S15	267
Marionette	S16	268
Haifisch	S17	269
Möhrenziehen	S18	270
Hängematte	S19	271
Katz und Maus	S20	272

5.2 Übungen und Spiele in alphabetischer Reihenfolge

Ägyptischer Transport	A12	217
Alfa und Romeo	W19	178
Alle für einen	E3	133
Alle gegen einen	R19	201
Alle Vögel fliegen hoch	R15	197
An der Nase herumführen	D8	236
Artistenball	GM13	43
Atomspiel	D3	231
Auspackspiel	FM4	61
Autofahrer	S1	253
Balanceakte auf der Turnbank	G1	83
Ball auf leisen Sohlen	K18	124
Ball Gassi führen	K8	114
Ball im Kreis	R18	200
Ballgeschaukel	E20	151
Ballkellner	FM9	66
Ballmaschine	S11	263
Bärenruhe	E1	130
Baumstammflößen	S13	265
Begegnung auf der Bank	S8	260
Begegnungsstaffel	A6	211
Begrüßungen	S7	259
Beklop(f)t	E4	134
Berg und Tal	GM18	51
Bewegungswürfeln	D11	240
Blindgänger	G18	102
Butter, Eier, Käse, Milch	R11	193
Clown-Gesicht	E8	138
Cobal	D19	248
Das Geschenk	E7	137
Das Hemd vom Kapitän	K15	121
Das längste Telefon	K6	112
Denkmal	S12	264
Der Himmel dreht sich	E18	149
Der Kommissar	W14	173
Der „verschluckte" Stock	GM1	27
Der verschwundene Ball	GM2	28
Die heiße Kartoffel	A18	223
Die liegende Acht	E17	148
Die Windmaschine	E9	139

Dirty Harry	FM19	77
Dreh mich oder ich freß dich!	R2	184
Drückeberger	K3	109
Eiertanz	G6	89
Ein Ei gleicht dem anderen	K16	122
Eine Blume geht auf	E2	132
Einmauern	K20	126
Eisenbahnspiel	A9	214
Eisschollenspiel	G2	85
Erbsengeschichte	FM12	69
Erlebnisbahn	W3	159
Fangen wie die Feuerwehr	R20	202
Fechter	R4	186
Federleicht und bleischwer	W13	172
Fische fangen	W11	170
Fliegende Tücher	GM9	38
Flußüberquerung	GM12	42
Formen nachlegen	W4	161
Fotograf und Kamera	W2	157
Frisbee-Golf	GM4	30
Fuchs und Eichhörnchen	R17	199
Fühlpost	K2	108
Führen und geführt werden	W1	155
Fußmalerei	FM20	79
Fußtheater	FM5	62
Geräte-Boccia	D5	233
gestern - heute - morgen	E10	140
Giftflasche	R5	187
Goldfinger	FM7	64
Gorilla und Schlappmann	E13	143
Groschenflipsen	FM16	73
Groschenroman	FM15	72
Haifisch	S17	269
Halleputzen	A16	221
Halt den Ballon im Auge!	W10	169
Haltet den Kreis frei	A8	213
Handmalerei	K4	110
Handschatten	FM1	57
Hängebrücke	G8	91
Hängematte	S19	271
Haremsdame	W16	175
Hausbesetzer	R16	198

Heißluftballon	A13	218
Heulbojenspiel	W18	177
Hubschrauber	A2	207
Hussa	A4	209
Ich höre was, was Du nicht hörst	K14	120
Immer langsam!	GM15	47
Indianerspiel	R1	183
Irgendwas	D1	229
Irrgarten	GM5	31
Karneval der Tiere	D12	241
Karnevalsprinz	G13	97
Kartenhaus bauen	FM6	63
Katz und Maus	S20	272
Kettenreaktion	D20	249
Kinkerlitzchen mit dem Luftballon	GM3	29
Kinnmalerei	FM2	59
Kitzelmonster	R6	188
Klammerklau	A20	225
Klammerturm	FM8	65
Kleine Kämpfchen	S9	261
Kletten	S10	262
Klickerbahn	FM14	71
Klingelball	K19	125
Knallbonbon	S15	267
Knaller	A17	222
Komm in meinen Reifen	K7	213
Kranke Bälle	S4	256
Kreiselkegeln	FM10	67
Kreiselmatte	E11	141
Kreistauziehen	A10	215
Labil – Stabil	G19	103
Lagebesprechung	W9	168
Leiterhüpfen	G7	90
Luftballonmoleküle	W7	166
Luftballontennis	GM19	52
Luftpost	S2	254
Marionette	S16	268
Mattenathletik	A15	220
Mattenberg	G12	96
Merk-Mal	D4	232
Metamorphosen	D10	239
Mini-Golf	D2	230

Möhrenziehen	S 18	270
Montagsmaler	D7	235
Mörderspiel	R9	191
Mr. X	W17	176
Murmelbahn	S5	257
Mutige Schatzsucher	GM8	36
Nachts im Dschungel	S3	255
Neue Strümpfe	FM3	60
Orgelpfeifen	W15	174
Orientierungen	D9	238
Ortswechsel	R8	190
Paß auf, Spitz	R7	189
Pfadfinder	W8	167
Piratenschiff	D16	245
Pizza-Lutz	E6	136
Platznehmen	A11	216
Pustebällchen	R12	194
Raubritter	A19	224
Rauhhaardackel	D15	244
Reaktionsball	R10	192
Regenmacher	K5	111
Regenschirm	G17	101
Reifendrehen	A14	219
Reifenschaukel	G9	92
Reifenstraße	GM6	32
Reifenturm	K12	118
Riesenluftballon	K13	119
Riesenrutsche	G20	104
Riesenschaukel	E19	150
Riesentorlauf	A7	212
Riesig	D6	234
Rodeo	G10	94
Rollbrettpendel	GM 10	40
Rollbrettrugby	A1	206
Rollende Reifen	GM7	34
Schattenlaufen	R3	185
Schatzhüter	W6	164
Schatzräuber	D18	247
Schaufensterpuppen	G4	87
Schießbude	G15	99
Schiffbruch	D17	246
Schlafwagen	K11	117

Schlangenspiel	R13	195
Schnappschnabel	FM17	70
Schüttelentspannung	E12	142
Schwabbelsteg	G11	95
Schwingende Taue	W12	171
Schwingungen	E16	147
Seenot	GM20	53
Seiltanz und Schaukelreck	G3	86
Spaghetti finden	K10	116
Spielchen mit dem Japanball	FM13	70
Spiegelbild	K9	115
Sprungteufel	GM14	45
Steilwand	GM16	49
Tennisballmassage	E5	135
Tierfang und andere Fangspiele	A5	210
Übersetzen	GM17	50
Verdreht	FM11	68
Verkabelt	K17	123
Versteinern	R14	196
Vertrauenskreis	S6	258
Vom Storch und den Fröschen	A3	208
Wackelkontakt	G16	100
Wagenrennen	G14	98
Waschstraße	E15	146
Wattekreis	G5	88
Weg da!	GM11	41
Weg über den Bach	W20	179
Wesen erschaffen	W5	163
Wildgewordene Roboter	S14	266
Wo zwickt der Storch?	D14	243
Wunderseil	FM18	76
Zauberreifen	K1	107
Zaubertrank	E14	144
Zollstockkonstrukteure	D13	242

5.3 Übungen und Spiele nach exemplarischen Einsatzbereichen

5.3.1 ... zur Begrüßung

Atomspiel	D3	231
Begrüßungen	S7	259
Das längste Telefon	K6	112
Der „verschluckte" Stock	GM1	27
Die heiße Kartoffel	A18	223
Drückeberger	K3	109
Ein Ei gleicht dem anderen	K16	122
Eine Blume geht auf	E2	132
Fliegende Tücher	GM9	38
Gorilla und Schlappmann	E13	143
Hussa	A4	209
Immer langsam!	GM15	47
Kinkerlitzchen mit dem Luftballon	GM3	29
Klammerklau	A20	225
Kletten	S10	262
Regenschirm	G17	101
Schattenlaufen	R3	185
Spiegelbild	K9	115

5.3.2 ... zur aktiven Pause

Alle gegen einen	R19	201
An der Nase herumführen	D8	236
Atomspiel	D3	231
Ball Gassi führen	K8	114
Ball im Kreis	R18	200
Begegnungsstaffel	A6	211
Begrüßungen	S7	259
Beklop(f)t	E4	134
Bewegungswürfeln	D11	240
Butter, Eier, Käse, Milch	R11	193
Cobal	D19	248
Die heiße Kartoffel	A18	223
Die liegende Acht	E17	148
Die Windmaschine	E9	139
Dreh mich oder ich freß dich!	R2	184
Eiertanz	G6	89
Eine Blume geht auf	E2	132

Eisenbahnspiel	A9	214
Fische fangen	W11	170
Fliegende Tücher	GM9	38
Fotograf und Kamera	W2	157
Frisbee-Golf	GM4	30
Fuchs und Eichhörnchen	R17	199
Giftflasche	R5	187
Gorilla und Schlappmann	E13	143
Groschenflipsen	FM16	73
Groschenroman	FM15	72
Haifisch	S17	269
Halleputzen	A16	221
Haltet den Kreis frei	A8	213
Heulbojenspiel	W18	177
Hubschrauber	A2	207
Hussa	A4	209
Indianerspiel	R1	183
Irgendwas	D1	229
Irrgarten	GM5	31
Katz und Maus	S20	272
Kinkerlitzchen mit dem Luftballon	GM3	29
Kitzelmonster	R6	188
Klammerklau	A20	225
Klammerturm	FM8	65
Kleine Kämpfchen	S9	261
Kranke Bälle	S4	256
Kreiselkegeln	FM10	67
Kreistauziehen	A10	215
Labil – Stabil	G19	103
Leiterhüpfen	G7	90
Luftballonmoleküle	W7	166
Merk-Mal	D4	232
Metamorphosen	D10	239
Möhrenziehen	S18	270
Montagsmaler	D7	235
Mörderspiel	R9	191
Orientierungen	D9	238
Pfadfinder	W8	167
Pizza-Lutz	E6	136
Platznehmen	A11	216
Pustebällchen	R12	194
Regenschirm	G17	101

Reifendrehen	A14	219
Reifenstraße	GM6	32
Reifenturm	K12	118
Rollende Reifen	GM7	34
Schattenlaufen	R3	185
Schlangenspiel	R13	195
Schüttelentspannung	E12	142
Spielchen mit dem Japanball	FM13	70
Steilwand	GM16	49
Tierfang und andere Fangspiele	A5	210
Übersetzen	GM17	50
Versteinern	R14	196
Wackelkontakt	G16	100
Wagenrennen	G14	98
Wildgewordene Roboter	S14	266
Wo zwickt der Storch?	D14	243
Zaubertrank	E14	144
Zollstockkonstrukteure	D13	242

5.3.3 ... umsonst und draußen

An der Nase herumführen	D8	236
Atomspiel	D3	231
Ballkellner	FM9	66
Ballmaschine	S11	263
Begegnungsstaffel	A6	211
Begrüßungen	S7	259
Bewegungswürfeln	D11	240
Butter, Eier, Käse, Milch	R11	193
Cobal	D19	248
Das längste Telefon	K6	112
Denkmal	S12	264
Der Kommissar	W14	173
Der „verschluckte" Stock	GM1	27
Die heiße Kartoffel	A18	223
Die Windmaschine	E9	139
Drückeberger	K3	109
Ein Ei gleicht dem anderen	K16	122
Erlebnisbahn	W3	159
Fangen wie die Feuerwehr	R20	202
Federleicht und bleischwer	W13	172
Fliegende Tücher	GM9	38

Formen nachlegen	W4	152
Fotograf und Kamera	W2	157
Frisbee-Golf	GM4	30
Fuchs und Eichhörnchen	R17	199
Fühlpost	K2	108
Führen und geführt werden	W1	155
Fußmalerei	FM20	79
Giftflasche	R5	187
Goldfinger	FM7	64
Gorilla und Schlappmann	E13	143
Groschenroman	FM15	72
Haifisch	S17	269
Halt den Ballon im Auge!	W10	169
Haltet den Kreis frei	A8	213
Handmalerei	K4	110
Heulbojenspiel	W18	177
Hubschrauber	A2	207
Hussa	A4	209
Ich höre was, was Du nicht hörst	K14	120
Immer langsam!	GM15	47
Indianerspiel	R1	183
Irgendwas	D1	229
Irrgarten	GM5	31
Katz und Maus	S20	272
Kinkerlitzchen mit dem Luftballon	GM3	29
Klammerklau	A20	225
Kleine Kämpfchen	S9	261
Kletten	S10	262
Klickerbahn	FM14	71
Kreistauziehen	A10	215
Leiterhüpfen	G7	90
Luftballonmoleküle	W7	166
Möhrenziehen	S18	270
Mörderspiel	R9	191
Murmelbahn	S5	257
Orientierungen	D9	238
Ortswechsel	R8	190
Pfadfinder	W8	167
Platznehmen	A11	216
Regenschirm	G17	101
Reifenstraße	GM6	32
Reifenturm	K12	118

Riesenluftballon	K13	119
Riesenrutsche	G20	104
Riesig	D6	234
Schattenlaufen	R3	185
Schatzhüter	W6	164
Schaufensterpuppen	G4	87
Spielchen mit dem Japanball	FM13	70
Spiegelbild	K9	115
Tierfang und andere Fangspiele	A5	210
Übersetzen	GM17	50
Versteinern	R14	196
Vertrauenskreis	S6	258
Vom Storch und den Fröschen	A3	208
Wattekreis	G5	88
Weg über den Bach	W20	179
Wesen erschaffen	W5	163
Wildgewordene Roboter	S14	266
Wo zwickt der Storch?	D14	243
Zollstockkonstrukteure	D13	242

5.3.4 ... auf kleinem Raum

Alle für einen	E3	133
Ballmaschine	S11	263
Beklop(f)t	E4	134
Cobal	D19	248
Das Hemd vom Kapitän	K15	121
Denkmal	S12	262
Der verschwundene Ball	FM2	28
Dirty Harry	FM19	77
Drückeberger	K3	109
Eiertanz	G6	89
Eine Blume geht auf	E2	132
Einmauern	K20	126
Erbsengeschichte	FM12	69
Federleicht und bleischwer	W13	172
Fische fangen	W11	170
Formen nachlegen	W4	161
Fühlpost	K2	108
Fußmalerei	FM20	79
Fußtheater	FM5	62
Goldfinger	FM7	64

Gorilla und Schlappmann	E13	143
Groschenflipsen	FM16	73
Groschenroman	FM15	72
Halt den Ballon im Auge!	W10	169
Handschatten	FM1	57
Hängematte	S19	271
Haremsdame	W16	175
Immer langsam!	FM15	47
Indianerspiel	R1	183
Irrgarten	FM5	31
Kartenhaus bauen	FM6	63
Kinnmalerei	FM2	59
Kitzelmonster	R6	261
Klammerturm	FM8	65
Komm in meinen Reifen	K7	113
Kreiselkegeln	FM10	67
Labil - Stabil	G19	103
Metamorphosen	D10	239
Mörderspiel	R9	191
Orgelpfeifen	W15	174
Paß auf, Spitz	R7	189
Pizza-Lutz	E6	136
Rauhhaardackel	D15	244
Regenmacher	K5	111
Reifenturm	K12	118
Schaufensterpuppen	G4	87
Schnappschnabel	FM17	74
Schwingungen	E16	147
Spaghetti finden	K10	116
Spielchen mit dem Japanball	FM13	70
Spiegelbild	K9	115
Tennisballmassage	E5	135
Verdreht	FM11	68
Verkabelt	K17	123
Versteinern	R14	196
Vertrauenskreis	S6	258
Wackelkontakt	G16	100
Wo zwickt der Storch?	D14	243
Zaubertrank	E14	144
Zollstockkonstrukteure	D13	242

5.3.5 ... ohne spezifische Geräte

Alle gegen einen	R19	201
An der Nase herumführen	D8	236
Atomspiel	D3	231
Baumstammflößen	S13	265
Begegnungsstaffel	A6	211
Butter, Eier, Käse, Milch	R11	193
Denkmal	S12	264
Die heiße Kartoffel	A18	223
Drückeberger	K3	109
Erbsengeschichte	FM12	69
Federleicht und bleischwer	W13	172
Fotograf und Kamera	W2	157
Fühlpost	K2	108
Führen und geführt werden	W1	155
Fußtheater	FM5	62
Giftflasche	R5	187
Gorilla und Schlappmann	E13	143
Groschenflipsen	FM16	73
Groschenroman	FM15	72
Handmalerei	K4	110
Haremsdame	W16	175
Heulbojenspiel	W18	177
Hussa	A4	209
Ich höre was, was Du nicht hörst	K14	120
Immer langsam!	GM15	47
Indianerspiel	R1	183
Irgendwas	D1	229
Kletten	S10	262
Leiterhüpfen	G7	90
Möhrenziehen	S18	270
Montagsmaler	D7	235
Mörderspiel	R9	191
Mr. X	W17	176
Neue Strümpfe	FM3	60
Orgelpfeifen	W15	174
Orientierungen	D9	238
Pfadfinder	W8	167
Regenmacher	K5	111
Schattenlaufen	R3	185
Schatzhüter	W6	164
Schaufensterpuppen	G4	87

Schnappschnabel	FM17	74
Spiegelbild	K9	115
Tierfang und andere Fangspiele	A5	210
Verdreht	FM11	68
Versteinern	R14	196
Waschstraße	E15	146
Wattekreis	G5	88
Wesen erschaffen	W5	163
Wildgewordene Roboter	S14	266
Wo zwickt der Storch?	D14	243

6. Literatur

Anders, W.: Unterrichtsdidaktisches Konzept zur Einführung von Entspannungsübungen bei verhaltensauffälligen Schülern. In : Motorik 7(1984)4, 157-166

Autoren der Zeitschrift „spielen & lernen": Toben, Turnen, Bewegen mit Kindern. Reinbek 1989

Ayres, J.: Bausteine der kindlichen Entwicklung. Berlin, Heidelberg, New York, Tokio 1984

Balster, K.: „Müll" für Sportgelegenheiten?, in: Praxis der Psychomotorik 16(1991)3, 169-170

Balz, Gall, Spiller, Trenner: Ausdauersport in der Schule. In: Sportpädagogik (1990)

Bartl, A. u. M./Michalsky, T.: Kinderspiele - Kinderpartys. Ravensburg 1989

Beins, H.J. (Hrsg.): Materialien zur Einführung in die psychomotorische Pädagogik. Bonn 1992

Beins, H.J.: Das große, kecke Zeitungsblatt - Alltagsmaterialien in der psychomotorischen Entwicklungsförderung, in: Praxis der Psychomotorik 18(1993)1, 46-50

Beins, H.J.: Gedanken zur Zeit oder Zollstöcke in der Psychomotorik. Praxis der Psychomotorik 19 (1994) 1, 29-30

Bielefeld, J.: Körpererfahrung. Grundlage menschlichen Bewegungsverhaltens. Göttingen 1986

Böhm, W.: Theorie der frühkindlichen Erziehung. In: Pädagogische Rundschau. Bern 42 (1988) 3, 261-28

Breithecker, D.: „Dick und rund - na und!?" Umfangbetonte Ausdauerbelastungen als gewichtsreduzierende Maßnahmen. In: Praxis der Psychomotorik 18(1993)3, 124-132

Brettschneider, W.D. u.a.: Bewegungswelt von Kindern und Jugendlichen. Bericht über den 8. sportwissenschaftlichen Hochschultag der Deutschen Vereinigung für Sportwissenschaft (DVS) Paderborn 1987. Schorndorf 1989

Brinkmann, A./Treeß, U.: Bewegungsspiele. Reinbek 1980

Brüggebors, G.: Das lustige Handtheater. Reinbek 1989

Bücken, H.: Das Große Spielbuch. Die besten Spiele und Spielideen für alle Gelegenheiten. Freiburg 1989

Dachilow, I.: Sanfte Massagen für Babys, Kinder und Eltern. Reinbek 1989

Decker, R.: Psychomotorische Erziehung im Vor- und Grundschulalter. In: Motorik 3 (1980), 17-23

Deutsches Institut für Fernstudien an der Universität Tübingen (Hrsg.): Behinderung und Schule. Konzentrationsstörungen. Tübingen 1988

Doering, W. u. W.(Hrsg.): Sensorische Integration. Dortmund 1990

Eggert, D./Kiphard, E.J. (Hrsg.): Die Bedeutung der Motorik für die Entwicklung normaler und behinderter Kinder. Schorndorf 1980

Esser, M.: Beweg-Gründe, Psychomotorik nach Bernhard Aicouturier. München/Basel 1992

Fetz, F.: Sensomotorisches Gleichgewicht im Sport. Wien 1984

Fluegelman, A./Tembeck, S.: New Games - Die neuen Spiele. Mülheim 1991

Friederich, S./Friebel, V.: Entspannung für Kinder. Übungen zur Konzentration und gegen die Ängste. Hamburg 1989

Friedrich, S./Friebel, V.: Entspannung für Kinder. Reinbek 1989

Fritz, A./ Frobese, R./Esser, O./Keller, R./Spengler, U.: Schule zum Anfassen. Heidelberg 1989

Greenspan, St.J. u. N.T.: Das Erwachen der Gefühle. Die emotionale Entwicklung des Kindes. München 1988

Große-Oetringhaus, H.-M.: United Kids - Spiel und Aktionsbuch Dritte Welt. Berlin: 1991

Hartmann, J.: Zappelphilipp, Störenfried. Hyperaktive Kinder und ihre Therapie. München 1988

Hölter, G. u.a.: Bewegungsbezogene Lebensweltanalyse bei Problemkindern als Grundlage für Entwicklungsaufgaben. In: Brettschneider u.a. (1989), 107-116

Hoerner-Nitsch, C.: Das Schmuse Buch. Reinbek 1989

Huber, G./Rieder, H./Neuhäuser, G.: Psychomotorik in Therapie und Pädagogik. Dortmund 1990

Irmischer, T./Fischer, K. (Red.): Psychomotorik in der Entwicklung. Zur Emeritierung von Prof. Dr. Ernst J. Kiphard. Schorndorf 1989

Jacoby, E./Berger, R.S.: Himmel, Hölle, Blindekuh - Spiele für drinnen und draußen. München 1993

Jansen, U.: Bewegen und Spielen mit dem Alltagsobjekt Partyteller", in: Praxis der Psychomotorik 16(1991)3, 149-155

Kiphard E.J.: In MOTORIK 2/85 Übungsvorschläge zur Verbesserung vestibulärer Funktionen

Kiphard, E.J.: Bewegungs- und Koordinationsschwächen im Grundschulalter. Schorndorf 1990

Kiphard, E.J.: Die psychohygienische Bedeutung der Entspannungsfähigkeit im Erwachsenen- und Kindesalter. In: Praxis der Psychomotorik 14(1989)4,

Kiphard, E.J.: Motopädagogik. Dortmund 1984

Kiphard, E.J.: Mototherapie I und II. Dortmund 1990

Kükelhaus, H.,/zur Lippe, R.: Entfaltung der Sinne. Frankfurt 1982

Kükelhaus, H.: Fassen Fühlen Bilden. Köln 1978

Langosch-Fabri, H.: Alte Kinderspiele neu entdecken. Kibbel-Kabbel, Hinkebock und andere fast vergessene Späße. Reinbek 1993

Lensing-Conrady, R.: SchülerInnen „sehen" lernen. Unterrichtsintegrierte Diagnostik und psychomotorische Entwicklungsförderung als präventives Konzept für den Primarschulbereich. In: Praxis der Psychomotorik 15 (1990) 3, 176-183

Lensing-Conrady, R.: Sensorische Integration am Beispiel vestibulärer Stimulation auf dem Varussell. In: Benkmann, K.H./ Saueressig, K.H.: Flexible Förderung in der Erziehungshilfe. Siegburg 1994

Miedzinski, K.: Erlebnispädagogik in Südamerika, Lüneburg 1991

Müller, Eberhard: Entspannungsmethoden in der Schule. In: Praxis der Leibesübungen 2(1978)

Müller, Else: spürst unter deinen Füßen das Gras. Autogenes Training in Phantasie und Märchenreisen. Frankfurt 1983.

Müller, H.J./Decker, R./Schilling, F.(Hrsg.): Motorik im Vorschulalter. Schorndorf 1975

Nickel, H./Schmidt-Denter, U.: Vom Kleinkind zum Schulkind. Eine entwicklungspsychologische Einführung für Erzieher, Lehrer und Eltern. München 1988

Pirnay, L.: Kindgemäße Entspannung . Ein Skript - nicht nur für den Schulalltag. Lichtenbusch (Belgien) 1992

Pousset, R.: Fingerspiele und andere Kinkerlitzchen. Spiel-Lust mit kleinen Kindern. Reinbek 1989

Sagi, A.: Kindergarten zu Hause. Vorschulische Förderung durch Eltern. Ravensburg 1973

Schminder, R./Fritz. A.: Tobias bewegt sich im Spiel. Ein spiel- und handlungsorientierter Förderansatz für die Grundschulpraxis. I: Praxis der Psychomotorik 18 (1993), 16-21Schraag, M./Jansen, W. u.a.: Geräte und Materialien in der Bewegungserziehung. Schorndorf 1991

Seewald, J.: Von der Psychomotorik zur Motologie. Über den Prozeß der Verwissenschaftlichung einer Meisterlehre. In: Motorik 14(1991)1, 3-16

Sinnhuber, H.: Spielmaterial zur Entwicklungsförderung - von der Geburt bis zur Schulreife. Dortmund 1978

Söll, H.: Psychomotorische Entwicklung im Kindes- und Jugendalter. Schorndorf 1982

Thiesen, P.: Konzentrationsspiele in Kindergarten und Hort. Freiburg 1990

Tomatis, A.: Der Klang des Lebens. Reinbek 1990

Trebels, A.H. (Hrsg.): Spielen und Bewegen an Geräten. Reinbek 1983

Vopel, K.: Zauberhände. Hamburg 1989

Watzlawick, P.: Wie wirklich ist die Wirklichkeit? München 1986

Zimmer, R./Cicurs, H.: Psychomotorik. Schorndorf 1993

Zimmer, R.: Kreative Bewegungsspiele. Freiburg 1989

Zinke-Wolter, P.: Spüren-Bewegen-Lernen. Dortmund 1992

Nachwort zur 8. Auflage

Wir hatten nur unsere Praxiserfahrungen zusammenstellen und ansprechend gedruckt weitergeben wollen. „Die Zeit ist reif für Psychomotorik", schrieben wir 1994 in unserem Vorwort zu diesem Handbuch – und so war das dann auch. Dass in jedem Jahr eine weitere Auflage dieser Praxissammlung gedruckt werden musste, zeugt vom großen Interesse an Bewegung, Spiel und Sport für die Entwicklungsförderung.

Es hat sich viel entwickelt in diesen 7 Jahren. Nicht nur bei uns in Bonn, wo die „psychomotorische Modelleinrichtung Förderzentrum E.J. Kiphard" unter erfreulichem Zuspruch aus allen Nähten platzt, eine psychomotorische Kindertagesstätte 90 Kindern und ihren Eltern offensteht, die Fortbildungen der Rheinischen Akademie regelmäßig ausgebucht sind und eine Beratungsstelle für Kindesentwicklung die Psychomotorikangebote ergänzt. Viele andere Vereine in Deutschland haben ähnliche Fortschritte gemacht. Als „unspezifischer Ansatz" hat Psychomotorik in vielen therapeutischen Bereichen seine Effizienz und Praxisrelevanz unter Beweis stellen können. In zahlreichen Kindergärten und Schulen wurden psychomotorische Schwerpunkte zu mittragenden Säulen der Alltagspädagogik.

Angesicht solch breiter Entwicklungen sind Umsetzungsvorschläge für die Praxis gefragt. Und hier schließt sich der Kreis. Neben der riesigen Nachfrage nach diesem Handbuch sind eine ganze Reihe von wegweisenden Veröffentlichungen zu psychomotorischen Fragestellungen zusammengekommen, die die Weiterentwicklung der Psychomotorik belegen.

Auch dieses zu einem „Standardwerk" gewordene Handbuch wollten wir nicht in die 8. Auflage entlassen, ohne uns für die vielen Anregungen und positiven Rückmeldungen zu bedanken und auf weitere Entwicklungen hinzuweisen. Und so finden Sie auf den Seiten dieses Anhanges für jede der Kategorien ein weiteres Praxisbeispiel. Den Abschluss bilden dann aktuelle Literatur- und Fortbildungshinweise.

Wir wünschen uns allen weiterhin viel Spaß und Erfolg mit der Psychomotorik!

- **Grobmotorik** Entspannung Denken und
  Feinmotorik ✔ **Wahrnehmung** Bewegen   **GM**
  Gleichgewicht Reaktion Sozialverhalten
  Konzentration ✔ **Ausdauer**

Zielstaffel

Quer durch den Raum wird eine Leine (Zauberschnur etc.) gespannt, an die Zeitungen geklammert werden. Nach einigen Wurfübungen mit dem Softball (die zur Überprüfung der Wurffähigkeiten und zur Ermittlung einer geeigneten Abwurflinie genutzt werden kann, wird die Gruppe in mehrere kleine Staffelgruppen geteilt. Sie laufen vom Ende der Halle bis zur Abwurflinie und versuchen, mit dem Softball eine Zeitung so zu treffen, dass sie von der Leine reißt.

Nach dem Wurf holen sie ihren Ball wieder, laufen zurück zur Staffelgruppe und übergeben den Spielball dem nächsten usw. Die Mannschaft, die zuerst drei Zeitungen von der Leine geworfen hat, hat gewonnen.

Gruppengröße: beliebig

Material: Zauberschnur / Leine; Wäscheklammern, Zeitungen

Altersgruppe: ab 4; je nach Organisationsform

Organisationshilfen:

Eine quergestellte Bank hilft, auch im Spieleifer, einen bestimmten Wurfabstand einzuhalten. Dieser soll genau wie die Größe der Wurfbälle dem Alter entsprechen. Beim Anklammern der Zeitungen kann ebenfalls gut differenziert werden: Bei lockerer Klammerung werden die Zeitungen relativ schnell gelöst, wird die Zeitung aber um die Leine geschlagen und dann festgeklammert, wird die Aufgabe erschwert.

Variationen:

- Zeitungsblätter halbieren (verkleinerte Zielfläche)
- statt einer Staffel als Aufgabe für die ganze Gruppe stellen (Wie schnell könnt ihr alle Zeitungen abwerfen?)
- einbinden in ein Spiel mit „Verteidigern" und „Angreifern" (vgl. „Schatzräuber" D18)

FM	Grobmotorik • **Feinmotorik** Gleichgewicht ✔ **Konzentration**	Entspannung ✔ **Wahrnehmung** ✔ Reaktion Ausdauer	✔ **Denken und Bewegen** Sozialverhalten

Kreiseln

Es gibt eine schier unendliche Vielfalt an Kreiseln und Kreiselspielen. Neben dem „Schnurkreisel", dem „Stockkreisel", dem „Wurfkreisel" und dem alten „Musikkreisel" findet man heute auch sehr moderne „Laser- und Leuchtdiodenkreisel" mit Licht- und Soundeffekten. Sie lassen sich auch unabhängig von weiterem Spielzubehör (wie Kegel, Spielbretter mit Hindernissen und Toren...) für vielfältige Spiele und Übungen im Rahmen der psychomotorischen Förderung einsetzen. Allein das Andrehen eines Kreisels übt und verbessert die Feinmotorik. Das Drehen und In-Bewegung-Halten lässt sich darüber hinaus auch mit großräumigen Bewegungen und/oder kognitiven Aufgaben verbinden.

Spielvorschläge:

- Möglichst viele Kreisel in Bewegung halten (dabei kann die Distanz zwischen den Kreiseln variiert werden)
- Während der Kreisel sich dreht,
  - soll eine vorher festgelegte Strecke abgelaufen oder möglichst weit weggelaufen werden;
  - soll ein Mitspieler möglichst viele Begriffe zu einem Oberbegriff nennen (z.B. „Obst")
  - darf sich kein Mitspieler bewegen
  - sollen jeweils zwei Mitspieler bestimmte Informationen austauschen, die nachher vom Spielleiter erfragt werden (z.B. „Welche sind deine drei Lieblingsmusikstücke?")

Gruppengröße: ab 1

Material: Kreisel aller Art

Altersgruppe: ab 4

Organisationshilfen:

- in der Verbindung mit Laufspielen sollte die Kreiselfläche, sofern sie sich am Boden befindet, entsprechend markiert und evtl. mit einer Zauberschnur vom übrigen Spielfeld abgetrennt werden, um eine Beschädigung der Kreisel zu verhindern.

Grobmotorik	Entspannung	Denken und	
Feinmotorik	Wahrnehmung	Bewegen	**G**
● **Gleichgewicht**	✔ **Reaktion**	✔ **Sozialverhalten**	
Konzentration	Ausdauer		

Air-Bag

Die Gruppe steht im Kreis und hält ein Schaukeltuch in der Hand. Mit diesem wird ein am Boden liegendes Rollbrett überdeckt. Eine Mitspielerin darf sich jetzt wie eine „Surferin" auf das Tuch über dem Rollbrett stellen (was ja sonst strikt verboten ist!).

Die restliche Gruppe hält das Tuch leicht gespannt nach aussen. Jetzt kann sie gemeinsam die Richtung bestimmen, in die die „Surferin" bewegt wird. Diese versucht trotz Richtungswechsel etc. so lange wie möglich stehen zu bleiben. Droht sie umzufallen, straffen alle Teilnehmerinnen rasch das Tuch indem sie sich nach hinten legen. So fällt die „Surferin" sanft ins gespannte Tuch („air-bag").

Gruppengröße: ab 10

Material: 1 Schaukeltuch (festes (!) Tuch), 1 Rollbrett

Organisationshilfen:

Die Gruppe darf zunächst das Tuch nur soweit spannen, wie die „Surferin" festen Kontakt zum Rollbrett halten kann. Je nach Stehvermögen der „Surferin" können die Geschwindigkeit und Richtungswechsel der Gruppe differenziert werden. Bei einem glatten Hallenboden geht es auch ohne Rollbrett.

Variation:

Ein Teilnehmer („Luftikus") stellt sich in der Mitte auf das Schaukeltuch. Durch das Rückwärtsziehen der um das Tuch verteilten Mitspieler, wird der „Luftikus" vom Boden abgehoben. Vielleicht kann er ja auf dem gespannten Tuch auch laufen?

K	Grobmotorik Feinmotorik Gleichgewicht ● **Konzentration**	Entspannung Wahrnehmung Reaktion Ausdauer	✔ **Denken und** **Bewegen** ✔ **Sozialverhalten**

Alien

Alle Mitspieler stehen im Kreis. „Alien" ist eine widerliche, schleimige Glibbermasse, die sich plötzlich aus dem Weltraum herabfallend auf das Gesicht eines Mitspielers niedergelassen hat (ein vorher bestimmter Mitspieler legt sich mit einem lauten Schlürfgeräusch die Hand auf das Gesicht). Damit den beiden Spielern links und rechts neben diesem nichts geschieht, schützen sie ihr Gesicht seitlich mit einer Hand. Der „befallene" Spieler nimmt mit einem schlürfenden und schmatzenden Geräusch die „Glibbermasse" aus seinem Gesicht und „wirft" sie pantomimisch einem anderen zu. Dadurch sind er und seine beiden Nachbarn (zunächst) wieder frei. Bei demjenigen, dem „Alien" zugeworfen wurde (und seinen Nachbarn), beginnt das Spiel wieder von vorn. Dabei wird die Geschwindigkeit gesteigert.

Gruppengröße: ab 10

Material: –

Altersgruppe: ab 5

Organisationshilfen:

– Damit das Spiel interessant bleibt ist darauf zu achten, dass sich nicht immer dieselben Spieler „Alien" zuwerfen und dass die Geschwindigkeit gesteigert wird.

Variationen:

– Eine Mitspielerin steht in der Mitte und zeigt auf einen Kreisspieler. Dieser und seinen beiden Nachbarn sollen schnell pantomimisch ein Tier (z.B. einen Elefanten mit Rüssel und zwei großen Ohren) oder einen Gegenstand (z.B. einen Mixer mit zwei Quirlstäben) darstellen. Die Anzahl der Aufgaben wird dabei allmählich erhöht.

Querverweise:

– Begrüßungen (S 7)

Grobmotorik	● Entspannung	Denken und	
Feinmotorik	Wahrnehmung	Bewegen	E
Gleichgewicht	Reaktion	✔ Sozialverhalten	
Konzentration	Ausdauer		

Menschenrüttelbank

Jeweils vier oder fünf Spieler knien sich Schulter an Schulter in Bankstellung. Eine weitere Person legt sich vorsichtig mit dem Rücken auf diese „Bank". Durch sanfte Bewegungen der unteren Spieler (vorwärts-rückwärts; hoch-runter) wird die obere massiert bzw. sanft durchgerüttelt.

Gruppengröße: ab 6

Material: -

Altersgruppe: ab 8

Organisationshilfen:

- Das auf der Bank liegende Kind sollte sich zunächst zwischen die knienden Spieler stellen, sich vorsichtig auf eine Person (nah am Gesäß) hinsetzen und dann zügig hinlegen. Darauf achten, dass der liegende Mitspieler möglichst nah am Gesäß bzw. den Hüften der unteren liegt.

Variationen:

- statt in Rückenlage, kann sich der obere Spieler auch in Bauchlage massieren lassen

- evtl. Entspannungsmusik einspielen

Querverweise:

- Baumstammflößen (S 13)

- Schüttelentspannung (E 12)

W	Grobmotorik ✔ **Feinmotorik** Gleichgewicht Konzentration	Entspannung ● **Wahrnehmung** Reaktion Ausdauer	✔ **Denken und** **Bewegen** Sozialverhalten

Knetmännchenspiel

Mit einer handvoll Knete oder Ton wird zunächst experimentiert. Dann setzen sich die Mitspieler in einen Kreis und formen ein Knetmännchen, d.h. eine Figur, die steht, sitzt, liegt, Arme und Beine gestreckt oder angewinkelt hat.... Der „Schöpfer" schaut sich nun seine Figur an und ahmt die Haltung nach.

Anschließend bewegt sich nun die ganze Gruppe nach Musik um alle Knetmännchen.. Bei Musikstop bleiben alle Mitspieler vor einer Figur stehen, schauen sie an und ahmen deren Haltung nach.

Gruppengröße: 2-20

Material: Knete oder Ton (die Konsistenz sollte nicht zu hart und nicht zu weich sein)

Altersgruppe: ab 5

Organisationshilfen:

- gut ist es, wenn die Gruppe vorher viel Zeit hat, mit dem Material zu experimentieren

- Knete und Ton läßt sich bei entsprechender Aufbewahrung mehrfach verwenden

Variation:

als Weiterentwicklung werden 2-4 Knetmännchen in Position zueinander gebracht deren Konstellation durch die entsprechende Anzahl von Mitspielern nachgebildet werden soll.

✔ Grobmotorik	Entspannung	Denken und	
Feinmotorik	Wahrnehmung	Bewegen	R
Gleichgewicht	● **Reaktion**	✔ **Sozialverhalten**	
Konzentration	Ausdauer		

Duckstein

Duckstein ist so etwas wie ein uralter Vorfahre des Brennballspiels: Gebraucht werden ein Ziegelstein, zwei faustgrosse Steine, sowie etwa 10 Mitspielerinnen.

Um den auf dem Boden liegenden Ziegelstein wird (z.B. mit Kreide) ein Kreis von etwa 2m Durchmesser gezogen, um den herum alle Spielerinnen stehen. Eine Mitspielerin ist „Werferin", eine weitere „Auflegerin", die anderen sind „Läuferinnen". Auf dem Ziegelstein liegt der „Duckstein".

Die Werferin versucht, mit dem zweiten Stein den „Duckstein" vom Ziegelstein herunterzuwerfen. Gelingt es ihr, ruft sie „Duckstein fällt!" und die am Kreis stehenden Läuferinnen rennen sofort nach allen Seiten fort bis die „Auflegerin" den „Duckstein" wieder auf den Ziegelstein gelegt hat und ruft: „Duckstein liegt!". Alle Läuferinnen müssen wie angewurzelt stehen bleiben. Dann wird gemessen, welche Läuferin am weitesten weggekommen ist – sie ist anschließend die neue Werferin.

Gruppengröße: ab 5

Material: 1 Ziegelstein, 2 faustgroße Steine, Kreide

Altersgruppe: 5-13

Organisationshilfe:

Das Spiel eignet sich auch für eine große Wiese. Der Kreis wird dann z.B. mit Seilchen ausgelegt. In der Turnhalle muss natürlich statt der Steine auf anderes Wurfmaterial zurückgegriffen werden (z.B. kleiner Kasten / Sandsäckchen).

Variationen:

– unterschiedliche Fortbewegungsarten, z.B. als „Frosch", „Känguruh"...

A	Grobmotorik Feinmotorik Gleichgewicht Konzentration	Entspannung ✔ **Wahrnehmung** Reaktion ● **Ausdauer**	✔ **Denken und Bewegen** Sozialverhalten

Kartenstaffel

Die Gruppe wird in vier gleiche Mannschaften geteilt. Jeder Mannschaft wird die Farbe eines Skatspiels zugeordnet: Karo, Herz, Pik, Kreuz. Die Reihenfolge der Karten, von 7 bis Ass wird festgelegt. Die Karten werden auf einer den Gruppen gegenüberliegenden Raumseite in der jeweiligen Kartenfarbe in einem größeren Kreis gemischt ausgelegt.
Der erste Läufer der Staffel rennt zu den ausgelegten Karten, sucht die 7, nimmt sie mit und legt sie auf die Grundlinie, der zweite Läufer holt die 8 usw.

Gruppengröße: 6 – 25

Material: 1 Skat-Spiel (andere Kartenspiele gehen auch); evtl. ein Rollbrett

Altersgruppe: ab 6 (bei Bildkarten auch früher)

Organisation:

geeignet als Staffelspiel; Lauf-, Rollbrett-, Rollerstaffel etc.; Bei kleinen Gruppen kann auch mit nur zwei Farben gespielt werden.

Variation 1:

Die Karten werden umgekehrt ausgelegt. Jeder Läufer darf so lange die Karten herumdrehen, bis er die passende gefunden hat, muss sie aber immer wieder mit dem Bild nach unten hinlegen.

Variation 2 (Memorie):

Die Karten werden gemischt, aber in einer festen Ordnung ausgelegt: zwei mal drei und einmal zwei Karten hintereinander. Jetzt darf der erste Läufer eine Karte herumdrehen. Ist es die 7, darf er sie mitnehmen. Ist es eine andere Karte, muss er sie wieder umgedreht an die selbe Stelle ablegen. Er läuft zurück, darf der Gruppe aber sagen, welche Karte er an welcher Stelle gefunden hat. Der Zweite versucht sein Glück...

✓ Grobmotorik Feinmotorik Gleichgewicht Konzentration	Entspannung Wahrnehmung Reaktion ✓ Ausdauer	● Denken und Bewegen ✓ Sozialverhalten	**D**

Familie Meyer

Zunächst zieht jeder Spieler verdeckt ein Kärtchen von einem großen Stapel. Auf diesem Kärtchen steht ein Familienname und ein Familienmitglied (z.B. Mutter Meyer). Jede Familie besteht aus „Vater", „Mutter", „Tochter" und „Sohn". Die Namen der Familien klingen ähnlich (Meyer, Geier, Schmitz, Fritz...). Wenn alle Mitspieler ein Kärtchen gezogen haben, laufen sie kreuz und quer zur Musik durch die Halle. Auf ein Signal hin (Musikstop) sollen sich ganz schnell alle Familien finden und in einer bestimmten Reihenfolge auf die bereitgestellten kleine Kästen setzen: Zuerst der Vater der entsprechenden Familie, dann die Mutter auf seinen Schoß, dann folgt der Sohn und zum Schluss die Tochter. Man kann seine eigene Familie nur durch lautes Rufen finden. Die Familie, die zuerst komplett sitzt, hat gewonnen. Die Kärtchen werden während der folgenden Laufphase beliebig gewechselt. Beim erneuten Musikstop gibt es wieder neue Familien.

Gruppengröße: ab 12

Material: Spielkärtchen mit Familiennamen oder Symbolen

Altersgruppe: ab 8

Organisationshilfen:

Es empfiehlt sich bei 12 Spielern vier Familien mit je drei Mitgliedern zu nehmen.

Variationen:

Bei Kindern, die noch nicht lesen können, werden ähnliche klingende Symbole auf die Kärtchen gezeichnet (z.B. „Hase", „Nase", Vase"). Von jedem Symbol gibt es vier Kärtchen.

Querverweise:

- Giftflasche (R 5)
- Alle Vögel fliegen hoch (R15)

S	✔ **Grobmotorik** Feinmotorik Gleichgewicht Konzentration	Entspannung ✔ **Wahrnehmung** Reaktion Ausdauer	Denken und Bewegen ● **Sozialverhalten**

Reifenwandern

Die Spielleiterin legt sich einen Reifen über den Arm. Dann bilden alle einen Kreis und geben sich die Hände. Nun soll der Reifen im Kreis wandern, d.h. alle steigen durch den Reifen ohne die Hände dabei loszulassen. Besonders spannend wird es, wenn ein zweiter, dritter, vierter Reifen den ersten jagt oder wenn zwei Reifen sich begegnen (bei unterschiedlicher Größe oder bei Kunststoffreifen möglich). Sind bei einer Gruppengröße von ca. 20 Personen 5 Reifen unterwegs und im Kreis einigermaßen gleich verteilt, ruft die Spielleiterin „Stop". Nun versuchen alle Mitspielerinnen ein Körperteil in einen Reifen zu bekommen. Ist dies zu einfach, versucht jede zwei Körperteile in zwei Reifen zu positionieren.

Gruppengröße: 6 – 30

Material: einige Reifen, möglichst unterschiedlicher Größe

Altersgruppe: ab 5 – 60

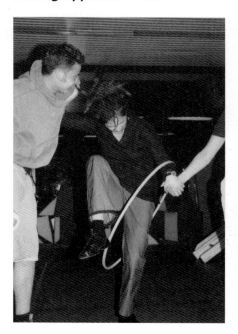

Organisationshilfen:

erste Runde mit einem Reifen, und dann langsam steigern

Variation:

auch mit zusammengeknoteten Seilen möglich

Alltagsmaterialien

Leiterkonstruktionen

Oben sind die Pflaumen am Besten. Aber steigen Sie zum Pflaumenpflükken gern auf Leitern oder schwindelt es Sie angesichts großer Höhe?

Leitern stellen auch für Kinder eine attraktive Herausforderung dar. Über eine am Boden liegende Leiter kann gehüpft werden, eine senkrecht liegende Leiter bietet Fenster zum durchklettern. Eine an Ringen fixierte Leiter, die oben schwingt, ist besonders schwer zu bewältigen. Hier ist auf eine besonders gute Absicherung zu achten.

Besonders variationsreich läßt sich eine vierteilige klappbare Standleiter aus dem Baumarkt einsetzen:

– ein großer Berg

– zwei kleine Hügel

– die Hochebene

...sind zu bewältigen.

Beim Bonner Psychomotorik-Kongress „Adler steigen keine Treppen..." wurde als Aktion eine Kletterlandschaft aus 50 Aluminiumleitern installiert, die vielfältigste Möglichkeiten des Kletterns, Balancierens und Hangelns eröffnet (Foto). Die Leitern wurden mit Seilen und Kabelbindern unter Anleitung eines Kletterexperten verbunden.

Gruppengröße: je nach Leitern beliebig

Material: mindestes eine Leiter

Altersgruppe: ab 4

Organisationshilfe: Din-Normen bei der Belastung der Leitern beachten

Standardgeräte

Batman

Wir bauen einen Reifenturm, wie unter K 12 beschrieben. Jetzt wird eine besonders mutige Mitspielerin (Batman) gesucht, die sich von der Gruppe so durch die „1.Etage" des Reifenturmes tragen läßt, dass dieser nicht einstürzt. Batman sollte die Arme über den Kopf strecken und Körperspannung halten.

Gruppengröße: ab 8 Mitspieler

Material: mindestens 11 Reifen

Altersgruppe: ab 8 Jahre mit Erwachsenenbegleitung

Organisationshilfen:

– Vorbereitung durch Übungen wie z.B. Federleicht-Bleischwer (W13)

– darauf achten, dass die Gruppe die körperlichen und sozialen Voraussetzungen für die Aufgabe erfüllt.

Variation: ein Kind hält einen Reifen wie ein Fenster, die anderen reichen Batman hindurch

Querverweis: Reifenturm (K12)

Psychomotorische Übungsgeräte

Schwingbanksystem „Hau-Ruck"

Die Schwingbank ist eine etwas andere Schaukel: Statt einer Aufhängung rollt eine (mit Rollböcken versehene) Turnbank über eine am Boden ausgelegte Wellenbahn hin und her.

Wie beim Schaukeln kann die Schwingbank nun durch Schwungbewegungen des Körpers (bzw. so vieler Körper, wie auf die Bank passen) hin und herbewegt werden: HAU-RUCK! Ein besonderes Erlebnis ist dabei die gemeinsame Überquerung des Scheitelpunktes!

Spielvorschläge mit der Schwingbank:

– **Bergüberquerung**:

Die Schaukelbewegungen werden so verstärkt, dass es gelingt, einen Wellenhügel zu überqueren. Besteht die Bahn aus mindestens 10 Wellenelementen, geht´s auch wieder zurück.

– **Wiege**:

2 Personen sitzen an den Kopfseiten und führen Schaukelbewegungen aus; eine dritte Person liegt dazwischen in Rückenlage auf der Bank und wird so hin- und hergewiegt.

– **Treiben**:

Zwei oder mehr Personen sitzen sich gegenüber. Jetzt versucht die eine, die andere über den gegenüberliegenden Hügel zu treiben! Diese kann sich durch entsprechende Gewichtsverlagerungen wehren und ihrerseits versuchen... - ein schweißtreibendes Spiel!

– **Kombinationen**:

Wellenbahn als Fortsetzung der Rollbrettbahn...

– **Verwendung anderer Banklängen**:

Statt der 4m Bank lassen sich auch andere Banklängen verwenden, die dann aber eine andere Bewegungscharakteristik mit sich bringen.

– Verwendung der **Wellenbahn für andere Rollgeräte**:

Rollbretter, Inliner, Rollschuhe, Skateboards, Skaty, Laufrad u.a.m.

Literatur

Aktuelle Titel, die nach dem Erscheinen der Erstauflage dieses Handbuches hinzugekommen sind.

ANDERS, W./WEDDEMAR, S. (2001): Häute scho(e)n berührt? Körperkontakt in Entwicklung und Erziehung. Dortmund: borgmann publishing

BALLREICH, U./GRABOWIECKI, U. (1992): Zirkuskünste. Lichtenau: AOL

BAUMANN, N./HUNDELOH, H. (1996): Alternative Nutzung von Sportgeräten. München: Bundesverband der Unfallkassen, Reihe Sicherheit im Schulsport, Heft 9

BEINS, H.J./COX, S. (2001): „Die spielen ja nur!" Psychomotorik in der Kindergartenpraxis. Dortmund: borgmann publishing

BEINS; H.J./LENSING-CONRADY; R./PÜTZ, G./SCHÖNRADE, S.(Hrsg.)(1999): Wenn Kinder durchdrehen... Vom Wert des „Fehlers" in der Psychomotorik. Dortmund: borgmann publishing

BEUDELS; W./ANDERS, W. (2001): Wo rohe Kräfte sinnvoll walten. Handbuch zum Ringen, Rangeln und Raufen in Pädagogik und Therapie. Dortmund: borgmann publishing

BEUDELS, W./KLEINZ, N./DELKER, K. (Hrsg.)(1999): Außer Rand und Band. WenigKostenvielSpaßgeschichten mit Alltagsmaterialien. Dortmund: borgmann publishing

FISCHER. E. (2000): Wahrnehmungsförderung. Handeln und sinnliche Erkenntnis bei Kindern und Jugendlichen. Dortmund: borgmann publishing

LENSING-CONRADY, R. (2001): Von der Heilsamkeit des Schwindels. Gleichgewichtswahrnehmungen als Motor für Entwicklung und Lernen. Dortmund: borgmann publishing

LENSING-CONRADY, R./BEINS; H.J./PÜTZ, G./SCHÖNRADE, S. (Hrsg.)(2000): Adler steigen keine Treppen. Kindesentwicklung auf individuellen Wegen. Dortmund: borgmann publishing

NIENKERKE-SPRINGER, A./BEUDELS; W.: Komm, wir spielen Sprache. Handbuch zur psychomotorischen Förderung von Sprache und Stimme. Dortmund: borgmann publishing

PASSOLT, M. (Hrsg.) (1993): Hyperaktive Kinder: Psychomotorische Therapie. München: Ernst Reinhardt

PASSOLT, M. (Hrsg.) (1996): Mototherapeutische Arbeit mit hyperaktiven Kindern. München: Ernst Reinhardt

PÜTZ, G./LENSING-CONRADY, R./SCHÖNRADE, S./BEINS, H.J./BEUDELS, W. (Hrsg.)(1999) An Wunder glauben. Die Kunst der Psychomotorik, das „Unbegreifliche" erfahrbar zu machen. Dortmund: borgmann publishing

SCHÖNRADE, S. (2001): Kinderräume - KinderTräume ... oder wie Raumgestaltung im Kindergarten sinnvoll ist. Dortmund: borgmann publishing

SCHÖNRADE, S./BEINS-, H.J./LENSING-CONRADY; R. (Hrsg.)(2002): Kindheit ans Netz? Was Psychomotorik in einer Informationsgesellschaft leisten kann. Dortmund: borgmann publishing

SCHÖNRADE, S./PÜTZ, G. (2000): Die Abenteuer der kleinen Hexe. Bewegung und Wahrnehmung beobachten, verstehen, beurteilen, fördern. Dortmund: borgmann publishing

ZIMMER, R. (1993): Handbuch der Bewegungserziehung. Freiburg: Herder

ZIMMER, R. (1995): Handbuch der Sinneswahrnehmung. Freiburg: Herder

ZIMMER, R. (1999): Handbuch der Psychomotorik. Freiburg: Herder

Fortbildung:

Aktuelle Entwicklungen der Psychomotorik werden in vielfältigen Fortbildungen der Rheinischen Akademie in Theorie und Praxis weitergegeben:

Rheinische Akademie im Förderverein Psychomotorik Bonn e.V.,

Wernher-von-Braun-Str. 3, 53113 Bonn, Tel: 02 28 / 24 33 94 22,

www.psychomotorik-bonn.de

Wir bringen Lernen in Bewegung ...

Hans Jürgen Beins / Simone Cox
„Die spielen ja nur!?"
Psychomotorik in der Kindergartenpraxis
◆ 2. Aufl. 2002, 320 S., viele Farbfotos, Format 16x23cm, fester Einband
ISBN 3-86145-213-8
**Bestell-Nr. 8400,
sFr 35,90, € 20,40**

Das Video zum Buch:
ISBN 3-86145-214-6
**Bestell-Nr. 9304,
sFr 51,30, € 29,80**

Silke Schönrade / Hans Jürgen Beins / Rudolf Lensing-Conrady (Hrsg.)
Kindheit ans Netz?
Was Psychomotorik in einer Informationsgesellschaft leisten kann
◆ 2002, 280 S., Format 16x23cm, fester Einband
ISBN 3-86145-219-7
**Bestell-Nr. 8314,
sFr 37,85, € 21,50**

Rudolf Lensing-Conrady
Von der Heilsamkeit des Schwindels ...
Gleichgewichtswahrnehmungen als Motor für Entwicklung und Lernen
◆ 2001, 264 S., farbige Abb., Format 16x23cm, fester Einband
ISBN 3-86145-216-2
**Bestell-Nr. 8405,
sFr 39,60, € 22,50**

Silke Schönrade
Kinderräume – KinderTräume
... oder wie Raumgestaltung im Kindergarten sinn-voll ist
◆ 2001, 200 S., farbige Abb., Format 17x24cm, fester Einband
ISBN 3-86145-181-6
**Bestell-Nr. 8303,
sFr 39,60, € 22,50**

Wolfgang Beudels / Rudolf Lensing-Conrady / Hans Jürgen Beins
... das ist für mich ein Kinderspiel
Handbuch zur psychomotorischen Praxis
◆ 9., unverädn. Aufl. 2003, 336 S., über 200 Fotos, Format 16x23cm, fester Einband
ISBN 3-86145-221-9
**Bestell-Nr. 8523,
sFr 39,60, € 22,50**

Silke Schönrade / Günter Pütz
Die Abenteuer der kleinen Hexe
Bewegung und Wahrnehmung beobachten, beurteilen, fördern
◆ 3. Aufl. 2003, 208 S., farbige Fotos, Format 16x23cm, fester Einband
ISBN 3-86145-211-1
**Bestell-Nr. 8391,
sFr 35,90, € 20,40**

Portofreie Lieferung mit Rechnung auch durch unsere Versandbuchabteilung!
Kostenlosen großen Farbkatalog anfordern bei:

borgmann publishing   Hohe Str. 39 • D-44139 Dortmund
Tel.: (0231) 12 80 08 • FAX: (0231) 12 56 40